Aus Freude am Lesen

Mord aus Habgier, aus Rache, aus Eifersucht, aus politischen Motiven – kaum ein anderes Thema fasziniert die Öffentlichkeit auf so zwiespältige Weise wie das schwerste aller Verbrechen. In zwanzig atmosphärisch dichten Reportagen blickt der renommierte Autor Jürgen Schreiber hinter die Kulissen, lässt Täter, Angehörige von Opfern, Ermittler und Prozessbeteiligte ausführlich zu Wort kommen. Seine Reportagen sind der fortwährende Versuch, die Geheimnisse des Bösen zu ergründen.

Jürgen Schreiber, geboren 1947, mehrfach ausgezeichneter Journalist und Sachbuchautor, war bis 2007 Chefreporter beim *Tagesspiegel*. Er schrieb für das *SZ-Magazin*, das *ZEITmagazin*, die *Frankfurter Allgemeine Zeitung*, die *Stuttgarter Zeitung* und die *Frankfurter Rundschau*. Schreiber war Gründungsmitglied von *Die Woche* und erhielt zweimal den *Wächter-Preis* der deutschen Presse sowie 1991 den *Theodor-Wolff-Preis*.

Jürgen Schreiber

Gnadenlos

Warum Menschen morden

btb

Verlagsgruppe Random House FSC-DEU-0100
Das für dieses Buch verwendete
FSC®-zertifizierte Papier *Lux Cream*
liefert Stora Enso, Finnland.

1. Auflage
Genehmigte Taschenbuchausgabe Mai 2012,
btb Verlag in der Verlagsgruppe Random House GmbH, München
Copyright © der Originalausgabe 2011 by C. Bertelsmann Verlag,
München, in der Verlagsgruppe Random House GmbH
Umschlaggestaltung: © semper smile, München, nach einem
Umschlagentwurf von R·M·E, Roland Eschlbeck
Umschlagmotiv: © Caspar Benson/fstop/Corbis
Druck und Einband: CPI – Clausen & Bosse, Leck
LW · Herstellung: BB
Printed in Germany
ISBN 978-3-442-74453-4

www.btb-verlag.de

Besuchen Sie auch unseren LiteraturBlog www.transatlantik.de!

Inhalt

Vorwort 7

Wo ist Tristans Mörder? 11

Tödlicher Ausgang 20

Der Mann, der sie zum Schweigen brachte 35

Blutige Tränen 43

Wie trauert eine stolze Stadt? 51

Der Millionen-Raubzug 59

Eine tödliche Lektion 67

Der Berühmte und der Berüchtigte 76

Sonntagsmorde 84

»Ja, Mama, ich war's« 98

Leben auf der Kippe 114

Blutrache 122

Wer ist Jenny S.? 133

Ein Ehrenmord, der keiner war 142

Wie lebt ein Mörder? 152

Der Anwalt des Bösen 161

Der Türspion 177

Der perfekte Mord 192

Sein brennendes Bekenntnis   203

Der Knastintellektuelle   210

Quellen   219

Personen- und Sachregister   221

Vorwort

1970 war ich dreiundzwanzig und Volontär bei der »Neuen Württembergischen Zeitung«. Am 15. April preschte ich zu einem Wohnblock an der B10 in Geislingen/Steige. Dort hatte ein Mann aus Eifersucht seine Ehefrau mit drei Kopfschüssen getötet. Der Tatort schwamm im Blut. Bis dahin hatte ich noch nie eine Leiche gesehen. Der Anblick trieb mich gleich wieder aus dem Haus. Alles Weitere ist mir entfallen. Das war mein erster Toter.

In einem langen Reporterleben kommt einiges an Mord und Totschlag zusammen. Der Aufmarsch von Gescheiterten, den ich in drei Jahrzehnten erlebt habe, reicht für ein dickes Verbrecheralbum. Da gab es den Killer, der beim 166. Freigang eine blutige Spur durch Deutschland zog. Da war die Geliebte, die ihrem Freund aus Habgier eine Kugel in den Kopf jagte, um zwei Wochen später im weißen Brautkleid einen anderen zu heiraten. Da war die Frau, die mit dem »Würger von Untergriesbach« lebte, ihn aber nicht verriet. Da war der Stenz, der in mondloser Nacht eine Frau im Auto mitnahm und auf freiem Feld erschlug, weil sie ihm Sex verweigerte.

Es gibt Geschehnisse, die kann man einfach nicht mehr in sein Leben integrieren. Die Vorstellung, dass ein Mädchenmörder im Hochzeitsanzug vor seinen Richter tritt. Die Vorstellung, dass einer sich daheim zur Gattin ins Bett legt, nachdem er eben im Vorbeigehen auf dem Heimweg eine Frau umgebracht hat. Die Vorstellung der dünnen Membran, die uns im Alltag von der Schattenlinie trennt.

Der Bogen der hier versammelten Texte reicht von wochenlangen Spurensuchen bis zu Miniaturen, die Tagesaktualitäten geschuldet sind. Gemeinsam ist den Geschichten, dass sie keinen Zweifel daran lassen, mit wem wir fühlen. Über den Tätern dürfen die Opfer nicht vergessen werden. Niemand bleibt unberührt von all dem Elend, das bei Gericht auf der Tagesordnung steht. Das hindert uns nicht an Erklärungsversuchen und dem Bemühen, Verstrickungsmotiven auf den Grund zu kommen. Hinter papierenen Existenzen in Sachakten und Expertisen stehen Menschen, in deren Vita es auch die Zeit der Unschuld gab. Die Diskrepanz zwischen Täter und Tat, die Kluft zwischen äußerer Erscheinung und innerem Zustand sind viel beschriebene Phänomene. Ebenso das ewige Rätsel, warum Leute, die absolut durchschnittlich wirken, sich von Impulsen wegschwemmen lassen, zu Grausamkeiten fähig, die als »unbeschreiblich« gelten. Die unfassbare Verbrechen begehen wie Magnus Gäfgen – die Entführung und Tötung Jakob von Metzlers bleiben im kollektiven Gedächtnis präsent.

Viele der Recherchen habe ich auf das persönliche Umfeld von Tätern und Opfern ausgedehnt. Mörder bringen nicht nur Kinder oder Nebenbuhler um, sondern damit indirekt auch Familien. Übrigens auch die eigene, die sie durch ihr Verbrechen fortdauernder Verzweiflung überantworten. Nichts habe ich mehr gefürchtet als Begegnungen mit Angehörigen, die unverschuldet in Epen des Scheiterns hineingezogen wurden. Journalisten sind nicht frei von Gefühlen, es gibt keine Chance, mit einer solchen Situation professionell umzugehen.

Magnus Gäfgens Mutter interviewte ich zu Hause, Blumensträuße von ihrem Geburtstag standen auf dem Tisch. In der Kunst wird ein Detail, das ein Bild weit über andere Bilder hinaushebt, »punctum« genannt. In diesem Fall ist das »punctum« die Erwähnung, der Sohn habe im Polizeipräsidium zu ihr gesagt: »Ja, Mama, ich war's.« Ein Satz, der sich ein für allemal in einem festkrallt. Bei der Frau, die ihren Liebhaber aus Habgier erschoss, ist es der Pelzmantel, den sie im überheizten Gerichtssaal anbehielt. Bei dem Vater, der seine Buben wie überzählige Katzen im Main ertränkte, sind es die Schlafbrillen, die er den Opfern aufsetzte, ehe das schwarze Wasser über ihnen zusammenschlug.

Als junger Redakteur interessierte ich mich für Täterbiografien. Idealistisch, naiv, dem Zeitgeist folgend, sah ich Angeklagte als Opfer gesellschaftlicher Verhältnisse. Überwältigt von den ins Feld geführten Ungerechtigkeiten ihrer Sozialisation und der Gottverlassenheit mancher Kindheit, nahm ich Verurteilte bei der »psychologischen Durchdringung«, wie das hieß, oft genug in Schutz. Mit der Zeit ist die Milieutheorie eher skeptischer Betrachtung gewichen, nicht zu verwechseln mit der unproduktiven Empörung, die nach monströsen Verbrechen aus Boulevardblättern schallt. Wie sich herausstellte, waren viele Beschuldigte keinesfalls die Pechvögel, als die sie sich ausgaben, kaum zu stoppen im Mitteilungsdrang über ihre komplizierte Einsamkeit, die Verbrechen entschuldigen sollte. Viele waren Gefangene ihrer Selbsttäuschung, heillos verheddert in eigenen Widersprüchen.

Gute Journalisten sind Menschenforscher. Reportagen können – wie sonst nur Fotografien – Momente einfrieren und festhalten. Entscheidend ist das Authentische. Dabei lasse ich mich gern zu weiten Umwegen verlocken und von Zufällen inspirieren bei dem Versuch, zum Kern einer Wahrheit vorzudringen. Oft genug sind Täter nur deshalb schuldig geworden, um dieser Wahrheit aus dem Weg zu gehen. Strafprozesse lassen sich mit dem Dechiffrieren gesellschaftlicher Zustände vergleichen, insoweit reflektieren die ausgewählten Artikel auch Bewusstseinszustände. Verhandlungen sind Parabeln der Gegenwart und ihrer Paranoia, Gerichte keine Adressen, die an Vernunft und klassische Aufklärung glauben lassen. Präziser als an jedem anderen Ort offenbart sich dort die Ungewissheit der Zeit.

Wir Reporter graben von Berufs wegen in der zerbrechlichen Schicht der »Normalität«, bemühen vernünftige Erklärungen für das Unerklärliche, philosophieren über den »Zerfallsmoment der Rationalität«, flüchten in Formulierungen wie: »Er war von Dämonen getrieben«, die alles und nichts bedeuten, aber der Schwermut wehren wollen. Weil wir irre werden müssten beim Blick in Abgründe, lassen wir nichts unversucht, sperrige Angeklagte zu enträtseln und auszudeuten. Deshalb sind die hier gedruckten Geschichten von zeitloser, man könnte auch sagen, von beschämender Aktualität.

Die Texte sind teilweise ergänzt und aktualisiert. Wo ich mehrmals über große Prozesse berichtete, sind die Artikel analog zu Filmschnitten ineinander montiert.

Meine Arbeitsweise setzt Chefredakteure voraus, die einen Autor nicht im Regen stehen lassen, der ihre Geduld mit dem Motto »Genauigkeit vor Schnelligkeit« strapaziert. Sie teilen mit ihm das Wissen, dass jedes Geheimnis eine Geschichte verbirgt. Um hinter die Geheimnisse zu kommen, schreiben wir so gut, wie wir können.

Jürgen Schreiber, Dezember 2010

Wo ist Tristans Mörder?

Der grausame Tod des Schülers ist ohne Beispiel in der Kriminalgeschichte – eine Spurensuche

Niemand hört Tristan schreien. Tausende sind in seiner Nähe, als der Schüler zur Hauptverkehrszeit beim Bahnhof Frankfurt-Höchst ermordet wird. Es ist am 26. März 1998, er ist genau 13 Jahre, fünf Monate und 23 Tage alt.

Der Zeiger in der Wartehalle springt auf 17.05 Uhr: Mit ungläubiger Bestürzung nähern sich die mit jeder erdenklichen Tötungsart vertrauten Beamten der Mordkommission seiner Leiche. Später bürgerte sich in Artikeln der Satz ein, der alles sagen sollte: Das Opfer habe »wie ein abgeschlachtetes Tier dagelegen«. Für die Hinrichtung wählte Tristans Peiniger eine 112 Meter lange Unterführung, die das Gleisfeld quert. Die Röhre fasst den Liederbach und einen Fußpfad.

Der schwarze Trichter, der das Entsetzliche ansaugte, ist ein besonders trostloser Platz zum Sterben. Sofern man die enge, hallende, modrig riechende Finsternis nicht scheute, war der Stollen eine Abkürzung. Ihn zu nehmen kam einer Mutprobe gleich. Der Junge dürfte von dem Schleichweg angezogen und abgeschreckt worden sein wie Kinder, die beim Verstecken mit Angstlust die dunkelste Ecke wählen.

Jeder Fall ist fürchterlich. Aber keiner gleicht diesem Verbrechen, das Rudolf Thomas mit der »Soko Tristan« aufzuklären versucht. Der Erste Hauptkommissar, der zur rituellen Gesprächseröffnung in Zimmer 364 des Präsidiums die Pfeife stopft und den Besucher wachsam durch die Brille mustert, fahndet seit über vier Jahren mit bis zu 100 Kollegen nach einem Unbekannten. Von dem weiß er im Grunde nur mit Bestimmtheit: »Er ist in größtem Maße geisteskrank.«

Der Leiter der Mordkommission ist seit dem 18. Lebensjahr Polizist. Dreißig Jahre dient er beim K11, einem Team von Fahndern, »die schon ziemlich alles gesehen haben«. Was er bei 40 versuchten und vollendeten Morden jährlich an Elend erlebt, reicht für eine Galerie des Schreckens: »abgetrennte Köpfe, Arme, Hände«, der Zustand manches Getöteten ist der Presse nur geschönt zu schildern. Dann kam dieser März-Donnerstag 1998.

Der Chef hatte Feierabend, saß daheim in Rödelheim, das Abendessen auf dem Tisch. Eben spielte er mit den schwarzen Katzen Max & Moritz und den Artgenossen Cindy & Bert. Für die Namen Letzterer geniert er sich; man habe sie vom Tierheim übernommen. Da kam der Alarmruf. Unheil lauerte, weit über das Übliche hinaus kündigte sich Abartiges an: »Am Tatort sieht es sehr merkwürdig aus. Ein totes Kind, übel zugerichtet!« Auch Rudolf Thomas wählt in den folgenden Stunden drastische Bilder, »damit Sie verstehen, wovon wir reden« – von einem Irren, der die Grenze des Sagbaren überschritt.

Von der Wohnung braucht er zehn Minuten bis Höchst. Im Polizeibericht steht, es sei zehn bis zwölf Grad warm gewesen. Zur »relevanten Zeitspanne« zwischen 15.30 und 16 Uhr herrschte gute Sicht. Jedoch nicht am Schauplatz, dem selbst am helllichten Tag zappendusteren Tunnel. Obwohl die Zugänge längst vergittert sind, bleibt es ein fröstelnmachendes Labyrinth der Angst. Mitten im Getöse nimmt man eine gefährliche Stille wahr. Solange dem Täter sein dunkles Geheimnis nicht entrissen ist, geistert der Schatten des unschuldigen Tristan herum, Opfer eines Verbrechens, welches die Staatsanwaltschaft »das schrecklichste der Frankfurter Kriminalgeschichte« nennt. Vorbei an der Werbung »Leben ist schön« durchstreift man das Gebiet mit einem Gefühl der Bedrohung, ertappt sich beim Umsehen, denn der in unsägliche Grausamkeiten Verstrickte läuft frei herum. In Kneipen liegen Bierdeckel mit dem Aufdruck »Frankfurt sucht einen Mörder«.

Es gibt keine Zeugen. Sein Freund B. sieht Tristan zuletzt gegen

14 Uhr am Bahnhof. Drei Stunden später findet die Polizei einen Verstümmelten. Im Büro knistert die Luft vor Stille, Rudolf Thomas schildert das Grauen: Mitten in Höchst (zur fraglichen Zeit verkehrten 16 S-Bahn-Linien, diverse Züge, Dutzende Busse, herrschte dauerndes Kommen und Gehen) war einer mit teuflischer Fertigkeit am Werk. Er verletzt Tristan schwer im Gesicht, schlägt ihn buchstäblich grün und blau. Dann zwingt er das Kind in einen Unterarmwürgegriff. Noch im Freien zieht er von hinten das Messer mit einem Schnitt von Ohr zu Ohr durch die Bubenkehle, trennt fast den Kopf vom schmächtigen Körper. Beim Gemetzel im Bach lässt er den Schüler in der schwachen Strömung ausbluten. Das knöcheltiefe Rinnsal lief laut Thomas »rot« vom stoßweise aufschießenden Blut.

Kampfspuren fanden sich nicht. Vor dem Tunnelmund lag ein Zwei-Mark-Stück im Gras. Man mag sich Tristans Angst nicht ausmalen, schutzlos Einsamkeit und Martyrium preisgegeben, als der vergehende Nachmittag ihn dem Tod auslieferte. Gleich, ob er den Killer hinter sich schnaufen hörte, gleich, ob der ihn abfing und ins Gebüsch zerrte – es gab kein Entkommen. Rumpelnde Züge hätten jeden Schmerzenslaut übertönt.

Der Kripo bot die von ihr filmreif ausgeleuchtete Gruft gleichzeitig einen Anblick zum Heulen und Speien: Vor dem Hintergrund der mit Graffiti beschmierten Wände lag der Knabe auf dem Rücken. Ein zerbrechlicher, grotesk zugerichteter Leichnam, Beweis für die Perversion seines Peinigers. »Das Entdeckungsrisiko hat den Täter nicht gejuckt. Er ließ sich 20 Minuten Zeit.« In dieser Spanne macht er sich an ihm zu schaffen, säbelt linksseitig Muskelfleisch ab, entnimmt die Hoden, steckt die Körperteile ein.

Fügt man die Details zu einem Bild, sieht man in Tristan das Opfer eines Rituals. Der Fahnder spricht von einer »bestimmten Systematik des Vorgehens«, deutlichen Merkmalen des Schächtens, Schlachtens und, in Konsequenz, des Aufessens. Es geschah zwei Tage vor Neumond, wenige Tage vor dem islamischen Opferfest, Fingerzeige für die erste polizeiliche Annahme: »Der Täter stammt wahrscheinlich aus einem anderen Kulturkreis.« Das Zerteilen, ein

Ausweiden fast am öffentlichen Ort, verglich die Soko weltweit mit anderen Gräueltaten. Es gibt dazu keine Parallele. Thomas kennt das Gesicht des Mörders nicht, aber die Handschrift ist die eines Monsters mit dem Repertoire des Unberechenbaren. Der Mann mit dem Messer muss metzgern können, »er hat gemacht, was er konnte«.

Kriminalisten arbeiten mit Wahrscheinlichkeiten. Demnach bewegte sich der Täter von Süd nach Nord durch die Unterführung. Es war Tristans Nachhauseweg. Der Schlächter ging in Richtung von Kindern, die zur fraglichen Zeit zum Tunnel kamen. Im Zwielicht nahmen die beiden eine ihnen unheimliche Gestalt mit auffälligem Zopf wahr, rannten in Panik vor dem Schattenriss zurück, um Hilfe zu holen. Das dauerte. Zwischenzeitlich stob der Täter Richtung Westen in die Liederbacher Straße, makaber genug Tristans Adresse. Sein Vater kam zu ebendieser Zeit von der Arbeit heim. Niemandem fiel der Flüchtende auf, der nasse Hosenbeine und Schuhe gehabt haben muss wie der Tote.

Rudolf Thomas hat nicht gezählt, wie oft er zum Tatort zurückkehrte, das Feld auf der Suche nach der erlösenden Antwort durchmaß. Oder wie oft er sich mit seinen Leuten über die Farbfotos beugte beim Versuch, das Unbegreifliche zu begreifen. Wie sie erörterten, noch und noch: »Haben wir was übersehen?« An die 20 000 Spuren sind abgearbeitet, der Fall überlagert alles, was ihm kraft Amtes begegnete. Jeder gute Detektiv erlebt die Stagnation als persönliche Niederlage. Er auch. Den Chef plagt die Vorstellung: »Der Täter sitzt vor unserer Nase, und wir sehen ihn nicht. Warum fällt er nicht auf?«

Dem Verfolger ließ er nichts außer »Spur Nummer 1«: einen blutigen Fingerabdruck auf Tristans Deutsch-Sprachbuch. Die Schulsachen lagen verstreut im Gras der killing zone, der Täter leerte den Rucksack des Fünftklässlers aus. In einem Heft wischte er die blutige Klinge ab, der Umriss der Waffe mit geriffelter Schneide, Küchenmessern ähnlich, blieb zurück. Erst ein Jahr später taucht der Ranzen 30 Kilometer entfernt in Niedernhausen wieder auf, am Wanderweg zum Eselskopf. Das Fleisch des Opfers soll darin transportiert worden sein. Ferner fanden sich eine tschechische Deutschlandkarte, Preis 6,50 Euro, und ein blauer Müllsack.

Seit dem März-Mord ist für Rudolf Thomas nichts mehr, wie es war. Sicher, es stehen weitere 160 Kapitalverbrechen am Main in der Statistik. Aktuell hat er »ein halbes Dutzend hochkarätiger Mordverfahren gleichzeitig« auf dem Tisch. Aber kein Tag verging, ohne dass er in Gedanken bei Tristan war, die bohrende Erinnerung »wird man nicht mehr los«. Seine Hartnäckigkeit in der Sache lässt eine Verpflichtung gegenüber dem Gemarterten spüren. Sein Bild prägte sich ihm fotografisch ein. Auch die Sorge vor einer »Rückfalltat« verlässt ihn nicht, die latente Anspannung wegen des im Tatmuster angelegten Wiederholungszwangs. Ein Albtraum: Der Mörder greift sich erneut Beute.

Privat versucht Thomas seinen Gewohnheiten treu zu bleiben, zieht Tomaten, Paprika und Gurken im Gewächshaus. Der Kassenprüfer des Schrebervereins »Fuchstanz« rühmt sich eines grünen Daumens, »das Gemüse gedeiht prächtig«. Er wandert gern und angelt Hechte und Zander in der Kiesgrube bei Stockstadt, »das entspannt unheimlich«. Während er im Büro von den Hobbys erzählt, eine historische Weltkarte hinter und den Stadtplan an der Wand vor sich, fällt ihm plötzlich Gemeinsames auf. »Ich kann dabei allein bleiben wie meine Katzen.«

Der Erste Hauptkommissar bemüht sich, ruhige Gewissheit auszustrahlen, die ruhige Gewissheit des geduldigen Jägers. Trotzdem ist es, als würden beim Jaulen von Martinshörnern im K11 alle den Atem anhalten, aber er besonders. Thomas spürt im Ringen mit dem Bösen das Bewusstsein eines Defizits. Der »Horrorfall«, von dem er in starkem frankfurterischen Dialekt berichtet, entwickelte sich »zum Super-Gau«. 1998, im Angesicht des Ausgelöschten, meinten sie, »der Fall ist leicht zu lösen«. Unter Profis, erklärt er und schenkt Tee aus dem Keramikkännchen nach, gelte nicht die Devise: »Ach, du lieber Gott, wie furchtbar, sondern, wie arbeite ich den Tatort sauber ab.«

Sich vollkommen gefangennehmen zu lassen von der Arbeit bedeutet nicht, frei von Gefühlen oder innerer Bewegung zu sein.

Es ist ein probates Mittel, um das Elend nicht zu nah an sich heranzulassen. Oder der Bitterkeit nachzugeben, die steter Umgang mit der abgründigen Seite des Homo sapiens fördern könnte. Sonst müsste man sich das Gehirn zermartern über die Frage »Was ist der Mensch?« und resignieren in Leid und Kummer. Er beherrscht für sich selbst die Abspaltung perfekt. »Ich habe noch von keinem einzigen Fall geträumt.«

Rein von der Statur her ist er einer mit breiter Brust, scheinbar unerschütterlich, Schnauzer und Bäuchlein wirken vertrauensbildend. Sein zur Linie zusammengepresster Mund, die hartnäckige Bestimmtheit des Vortrags bezeugen seine Energie. Der gelernte Starkstromelektriker ging in jungen Jahren nicht zur Bundeswehr, sondern machte Polizeidienst – und blieb. Er stieg vom Revierpolizisten zum K-11-Leiter auf. Thomas legt Wert darauf, ein »echter Frankfurter Bub« zu sein, von einem Bürgersinn motiviert, für den die Stadt einst bekannt war. Männer, die ihn kennen, berichten, über die Jahre sei bei ihm die zarte Melancholie eines Menschenforschers hinzugekommen. Wie in alten Krimis erhellt im Gespräch das Pfeifenanzünden ab und an sein Gesicht, der Blick schwer, wissend, skeptisch.

Wie war die Lage? »Durch den Tunnel gingen nicht allzu viele Menschen.« Er dachte, »da finden sich Spuren«. Man legte den Bach trocken, setzte Hunde und Sonden ein. Aus dem Monströsen ergab sich die bei allem Entsetzlichen tröstliche Annahme: »Wir haben es mit einem psychisch Kranken zu tun, der in seiner Auffälligkeit erkennbar ist.« Die Festnahme schien nur eine Frage der Zeit, »das war der große Irrtum!« Mittlerweile läuft die größte Massenuntersuchung von Fingerabdrücken hierzulande. Es ist der letzte Versuch, in den Zeiten von DNS mit der klassischen daktyloskopischen Reihenuntersuchung den Täter aus der Menge zu fischen. In Frankfurts Westen gaben über 10 000 Personen im Alter zwischen 18 und 49 Jahren ihre Prints ab. Gleichzeitig dehnte man die Reichweite aus, wo immer auf der Welt einschlägige Datenbanken existieren, von Vietnam bis Usbekistan, ist »Tristan-Spur 1« hinterlegt, der wichtigste Beweis zur Identifizierung des Täters. Jeder neue Eingang beim BKA wird mit dem Höchster Fall abgeglichen. »Wenn er irgendwo gerollt wird [erkennungsdienstlich behandelt], haben wir ihn.« Einmal spürten sie in Frankreich einen Verdächtigen auf, der »zu 99 Prozent« den Analysen entsprach. Er war am Main gewesen, konnte schlachten. Zur Tatzeit lag er in einer Prager Klinik.

Es gibt viele Hypothesen. Die wichtigste stammt von BKA-Profilern. Ihre Studie siedelt den Psychopathen im Tunnel-Umkreis an, »er lebt in diesem Bereich«. Die Annahme lässt ihn im Radius von einem Kilometer zum Tatort wohnen, entsprechend 15 Gehminuten. Der Einzelgänger ohne festen Partner werde schnell aggressiv und raste aus. Eventuell sei er früher als Tierquäler in Erscheinung getreten.

Diesem vagen Umriss steht das Wissen gegenüber: Sein Opfer liegt auf dem Höchster Friedhof, Feld 11 an der nördlichen Umgrenzung. Tristans letzte Ruhestätte unter Birken, mit drei ewigen Lichtern, von Bodendeckern gesäumt, Plastikmargeriten in der Vase. Anrührend das steinerne Herz mit silbernen Schmetterlingen auf dem Grab, Symbole von Freude und gaukelnder Leichtigkeit, aber auch Zeichen des Vergänglichen. Die Inschrift, herzzerreißend: »Tristan, geboren 1984, ermordet 1998«. Vater, Oma, Pfarrer, ein Schulfreund und drei Journalisten folgten dem weißen Sarg.

Wer war Tristan? Sein Papa sagte in seiner einzigen Stellungnahme, er könne sich nicht vorstellen, dass der Junge »irgendeinem Menschen Anlass gab, ihn so schrecklich umzubringen«. Ihn quält die Frage nach »dem Warum«. Für die Kripo ist der Hübsche mit Engelsgesicht und Pagenschnitt »der klassische Opfertyp«. Klein und schmal, eher für sich. Auf der Gasse kompensierte er Ängstlichkeit durch ein loses Mundwerk. Seine Kluft aus schwarzen Adidas-Hosen, Bomberjacke sowie Turnstiefeln entsprach dem, was man haben musste. Er entbehrte sonst viel im kurzen Leben, war mit Verlust und Schmerz vertraut. 1995 ging die Mutter in den Freitod, der Vater schaffte. Tristan war ein Schlüsselkind.

Als hätte sich alles gegen ihn verschworen, leitet eine Notlüge das Ende ein. Am Tattag meldet sich Tristan mit Rückenschmerzen in der Sindlinger Ganztagsschule ab, er müsse zum Arzt. Mit dem blauen 55er-Bus fährt er gegen 13.45 Uhr die paar Minuten zum Bahnhof Höchst, wo er oft herumstromerte. In der Bruno-Asch-Anlage habe er ihren Hund »Charly« gestreichelt, erinnert sich eine Zeugin. Beim Weggehen beobachtet sie, wie sich zwei Männer neben den Buben auf die Bank setzen. Dann das letzte Telefonat mit dem Vater, und warum auch immer geht er weiter Richtung Tunnel. Dort war er mal »gerippt«, ausgeraubt, worden. Deshalb bunkerte er seine Zigaretten davor im Gebüsch.

In der Unterführung kreuzt sich schicksalhaft sein Weg mit dem des Mörders. Und von Stund an der des unentwegten Rudolf Thomas mit dem eines Phantoms, dem er sich für die Suche anverwandeln muss. Verschwand der Täter samt sozialem Umfeld ins Ausland? Lieferte ihn die Familie in die Psychiatrie ein? Doch die Polizei hat keinen Zugang zu den Patientendaten, für Thomas »die größte Lücke unserer Ermittlung«.

Er hätte den Beruf verfehlt, würde er »die Flinte ins Korn werfen«. Thomas ist keiner, der sich »von ein paar 1000 Spuren erschlagen lässt«. Der Job förderte eine Beharrlichkeit, die man stählern nennen könnte. Auch nimmt er es nicht als böses Omen, dass sein erster Mordfall anno '70 trotz des auf der Tatwaffe gefundenen Fingerabdrucks ebenfalls ungeklärt blieb. Dem Ansturm von Zweifeln wehrt er mit Leidenschaft, ohne die er sein aufreibendes Amt nicht aushielte. Mehr noch, er hadert mit sich: »Was mich am meisten ärgert, ist, dass ich ihn noch nicht erwischt habe.« Also sucht Sisyphos weiter, setzt Bilder zusammen, verwirft sie, formt neue, taucht wieder und wieder in ferne, entlegene Gedankenwelten ein. Er macht sich Mut: »Wir kriegen ihn.« Das klingt wie ein Schwur.

Mehr als Thomas lieb ist, zwingt ihn sein größter Fall in die Öffentlichkeit. Die merkwürdige Dialektik des Jobs setzt die eigene Bedeutung in ein Verhältnis zur Schwere der Taten. Er, der sich am liebsten ausschweigt, erzählt um der Sache willen Reportern in einer Bescheidenheit von sich, die man Politikern wünschen möchte. Der Kriminalist sitzt in einer anspruchslosen Stube, Schaumstoff quillt aus dem Stuhl. Dirndlmalerei hängt an der Wand, im Schrank steht die grüne Reihe »Leitfaden zur Spurensicherung«. Die Totenmaske einer Ertrunkenen schaut ihm über die Schulter. Das ganze Ambiente drückt aus: Ich stecke meinen Genauigkeitssinn in die Arbeit.

»Toi, toi, toi«, Thomas klopft auf Holz: Der Mörder habe die ganzen Jahre nicht mehr zugeschlagen. Aber wenn er nicht gestorben sei, »ist er ja irgendwo da draußen!« Er deutet aus dem Fenster hinaus auf die Stadt.

(Inzwischen destillierte die Kripo aus drei Zeugenaussagen ein Phantombild des möglichen Täters. Er ist ca. 1,75 Meter groß, 20 bis 30 Jahre alt, ungepflegt, hager, mit blassem Gesicht, langem dunkelblonden Haar, möglicherweise zum Pferdeschwanz gebunden. Eventuell hat er eine Hasenscharte an der Oberlippe. Das Fahndungsfoto ist auf einer BKA-Seite im Internet zu finden.)

Tödlicher Ausgang

Der Staat bekennt sich schuldig: Weil der Lebenslängliche Erich H. seinen dritten Mord im Hafturlaub beging, erhalten die Eltern des Opfers 1,2 Millionen Mark.

Der Tod trug Cowboystiefel. In auffällig verzierten Westernboots mit schiefen Absätzen betrat Erich Hauert am 30. Oktober 1993 das Flurstück Gross Gfänn an der Zürcher Stadtgrenze. Gegen 12.50 Uhr taucht mit der zwanzigjährigen Pasquale Brumann sein nächstes Opfer arglos in dem Wäldchen auf. Ihr Mörder wartet am Start des von der Vita-Lebensversicherung eingerichteten Trimmdich-Pfads auf einer Bank. Hauert isst Semmeln, lauert, das eben im Migros-Markt gekaufte Messer in der Jackentasche. Er springt auf, bedroht »Pasqui« mit der Waffe, zerrt sie ins Gebüsch, fesselt ihr die Hände mit Klebeband auf den Rücken, befiehlt: »Uf de Bode abe«, reißt ihr die Kleider vom Leib, versucht zwei Vergewaltigungen, hält der sich Wehrenden die elf Zentimeter lange Klinge »unter den Hals«. Als ein Bernhardiner auftaucht, erstickt Hauert ihre Hilfeschreie, zieht laut Vernehmung »von rechts nach links durch«, sieht das Blut hoch aufspritzen, weiß nach den drei ineinander übergehenden Schnitten, »dass die Frau sterben würde«. Die Nackte schleift er in eine Mulde, bedeckt sie mit Ästen und Laub.

Auf der Skizze des Kriminalfotodienstes Zürich ist Pasquales Adresse mit »A« gekennzeichnet. »B« ist der Tatort bei der kaum 800 Meter entfernten Fännerwisstraße. Die Koordinate für das Messtischblatt ist mit »686.800/244.380« angegeben. Geodätisch exakt ist damit der Schauplatz eines Sexualverbrechens bestimmt, das die Schweiz unvermindert wegen seiner jammervollen Details aufwühlt. Der »Zollikerberg-Mord« geriet zum Schnittpunkt vieler Schicksale, ist trotz des im September 1996 ergangenen Urteils »Lebenslänglich und Verwahrung« unbewältigt. Immer noch gilt, was Familie Brumann in der Traueranzeige formulierte: »Unser großes WARUM ist bis heute nicht kleiner geworden.«

Der damals 34-jährige Schriftsetzer war kein unbeschriebenes Blatt. Vielmehr lieferte ein tödlicher Irrtum dem einschlägig Vorbestraften das dritte Opfer buchstäblich ans Messer. 1985 bereits wegen zweier vergleichbarer Tötungen zu lebenslänglicher Haft im Zuchthaus verurteilt, genoss er am Tattag wieder einmal »Beziehungsurlaub«. Freigang 103 für den Killer, der überdies 16 Raubüberfälle, 14 Diebstähle, zehn Notzuchtdelikte auf dem Kerbholz hatte. Einmal wollte sich der Gnadenlose vor den Augen ihrer Buben an einer Mutter vergehen. Als sei das Grauenvolle noch zu steigern, ist der Täter erneut mit den spitzen, schwarzen Stiefeln der Größe 43 unterwegs, in denen ihn die Polizei schon 1983 ablichtete, nachdem man ihn beim Überfall auf die Post Läufelfingen festgenommen hatte.

Zehn Jahre später reicht er im Gefängnis Regensdorf das fatale Urlaubsgesuch ein. Am 21. Oktober genehmigt Hans Ribi, Generalsekretär der Justizdirektion Zürich, den Ausgang. Rechts unten kritzelt er aufs Formblatt sein »Ribi«. Links daneben verfügt Anstaltschef Hans-Ulrich Meier: »bewilligt«. Der Ausgang gilt von »Freitag, 29. Oktober 1993, 12 Uhr, bis Samstag, 30. Oktober 1993, 21 Uhr«. Mit seiner Unterschrift, das E von Erich übertrieben verschnörkelt, erklärt der Häftling, »mich im Urlaub korrekt zu betragen« und pünktlich, nicht alkoholisiert zurückzukehren. Ein Sachbearbeiter fügt hinzu: »Die Beziehungsurlaube sind immer gut verlaufen. Kein Einwand.« Der dreifach positiv beschiedene Antrag besiegelt Pasquis Todesurteil.

Nach dem Mord verdrückt sich Hauert ins Gebüsch, checkt die Lage. Dann kehrt er zur Leiche zurück, rafft die Kleider zusammen. Im nahen Nebelbach wäscht er die Hände. Auf blutgetränktem Boden bleibt eine Kreole liegen, der Ohrring gibt der schaurigen Situation einen bizarr funkelnden Tupfer. Profillose, konisch verlaufende Absätze sowie Sohlen mit feinen Querrillen zeichnen sich im Erdreich ab. Mit der Tramlinie 11 zockelt der Häftling zum Bahnhof Stadelhofen runter. Das »fünffränkische Küchenrüstmesser« wirft er fort, verteilt die Textilien in Abfallcontainer. Pasquales Adidas-Wanderschuhe landen bei der Station Rehalp. Seine Seiko-Uhr, Blutspritzer »stirnseitig oberhalb 11 Uhr« am Gehäuse, behält er am Arm. Überpünktlich steigt Hauert in die Linie S6 Richtung Knast.

Als stehe er unter Wiederholungszwang, zeigt das planmäßige Aufräumen nach der Raserei Parallelen zu Hauerts ersten Verbrechen. Am 5. April 1982 fällte er die Deutsche Jutta Kirstein im Landforst von Thalwil ebenfalls bei einem Vita-Parcour mit einem Judowurf, knebelte sie, stach die verzweifelt um sich Schlagende beim Vergewaltigungsversuch ab. Beiblatt 5 im Ordner der Kantonspolizei Aargau zeigt die von Hauert mit verzitterter Linie angefertigte Zeichnung der Waffe im »ungefähren Maßstab 1:1«, lakonisch bestätigt mit: »Der Beschuldigte E. Hauert.« Damals wütete er mit einem Messer der Marke Opinel, made in France, für 8,50 Franken, kehrte 15 Minuten später kaltblütig zu der grausam Verstümmelten zurück, weil er die Schlüssel für die Handschellen vermisste, in deren Zangen er die Ärmste laut Urteil »mit Gefühlsroheit ohnegleichen« gezwungen hatte. Hauert drehte die Tote um, fand den Schlüssel unter ihr.

Nach der Ermordung der 72-jährigen Alice Pabst (13. Januar 1983) suchte er seelenruhig seinen verloren geglaubten Krebs-Anhänger bei der Leiche. Anschließend hockte sich Hauert hin, studierte die Sparheftli der Frau: eines von der Basellandschaftlichen Kantonalbank mit einem Saldo von 66 084 Franken, eines der Aargauischen Kantonalbank über 107 432 Franken. Die Beute fand die Polizei in seiner Zürcher Wohnung.

Am 30. Oktober 1993 empfängt der diensthabende Beamte den Freigänger an der Gefängnisschleuse. Der Wärter notiert die Ankunft: »20 Uhr«. Unter »Zustand« heißt es: »i. O.«, in Ordnung. Anstaltsleiter Meier gibt zu Protokoll: »Hauert kam pünktlich und emotional normal zurück, hatte aber an einer Hand Schnittwunden, auf die er vom diensttuenden Aufseher angesprochen wurde.« Bei der Attacke hatte er sich am rechten Zeigefinger verletzt, dann die Wunde mit dem Slip des Mädchens umwickelt. Am Sonntag danach hört er in der Zelle Musik, sieht fern, weiß, die Festnahme ist nur eine Frage der Zeit. Montags wird er verhaftet. Auf dem Foto der Spurensicherung steht seine Uhr bei 12.23.

Die Ermittler stellen Hauerts Wäschesack sicher. Darin eine Jeansjacke »Big Star«, Größe L, mit 16 Blutflecken. Vier weitere Spritzer zählen die Fahnder am Lee-Hemd, zwei an der Hose vorn, einen hinten. Die Stellen markiert die Kripo zum Beweis mit Stecknadelköpfen und roten Pfeilen – eine makabre Collage. Ebenso »blutverdächtige Antragungen« im Ristbereich der abgewaschenen Westernschuhe, am Fingerring und auf Seite 14 oben des Sexmagazins *Fiesta*. Weitere Aufnahmen gelten seinen Kratzstellen vom Kampf. Sie zu dokumentieren, muss er sich bis auf die mittelblaue Unterhose ausziehen, auf der das hinten aufgenähte Namensschild »Hauert« zu lesen ist.

Das Polizeiporträt hält eine mittelgroße, teigige Gestalt mit der vergilbten Haut des Weggeschlossenen fest. Er trägt eine zu große, eckige Brille. Der dichte, schwarze Bart verschattet das Gesicht. Diese undurchdringliche, seine Düsterkeit verstärkende Maske legte er sich nach dem Mord zu, als wolle er ein anderer sein. Er behielt sie bis heute. In dieser Aufmachung erscheint er bei der Bezirksanwaltschaft Meilen zur Tatrekonstruktion, nun in schwarzen Mephisto-Schuhen. Er trägt Pferdeschwanz. Aus dem gestreiften, weit geöffneten Kurzarmhemd quillt das Brusthaar. Resopalmöbel, Zimmergrün, eine Luftaufnahme des Kantons Zürich an der Wand, davor kniet Hauert, Messer griffbereit, auf einer lebensgroßen Puppe – eine wüste, deprimierende Szene. Fehlt bei ihm sonst auf bestürzende Weise jegliches Gemütsecho, in diesem Moment drücken die unterm Blitzlicht weit aufgerissenen Augen Angst aus.

Die Mutter des Opfers, Jeanette Brumann, sah ihre Pasqui zum letzten Mal lebend um 12.45 Uhr, beim Verlassen des Hauses. Die Tochter ist am Parkplatz Ober Allmend mit ihrem Freund Roberto verabredet. Um 13 Uhr hätte die Pfadfinderführerin eine Übung der Abteilung Morgenstern leiten sollen, sie kommt nie an. Hauert trinkt auf dem Weg nach Regensdorf noch zwei Cola am Kiosk

Bellevue-Brücke, da meldet Vater Brumann um 19.15 Uhr seine Älteste als vermisst. Mit Telex 1/10492/93 geht die Polizeimeldung hinaus. Einundzwanzig Schutzleute und sechzig Freiwillige beginnen mit der Suche. Erfolglos. Im fraglichen Gebiet herrscht leichter Hochnebel.

Einen Tag später, sonntags, 14.50 Uhr, sieht ein Helfer die »Innenseite des linken Knies« aus dem Geäst ragen. Wie zu einem letzten Abwehrversuch ist Pasquales linker, mit einem Stoffband geschmückter Arm über dem Kopf angewinkelt. Um 17 Uhr identifiziert der Vater die Tote; es gibt kein Wort für die Beschreibung seines Unglücks. Von nun an bekommt der Fall die Nummer 301093/100. Die Heimsuchung liefert die Eltern einer nagenden, nie nachlassenden Verbitterung aus: über eine Vollzugsbürokratie, die den gerichtsnotorischen Verbrecher frei herumspazieren ließ, der dann ihr Lebensglück vernichtete.

51,7 Kilo schwer, 1,60 Meter groß, ein Maßband zur Linken – so liegt die Leiche vor hellblauem Hintergrund in der Pathologie. Ein unvergesslicher Anblick die zur Decke starrenden, dunklen Augen des Mädchens. Der amtliche Rapport vom 2. November listet die letzte Habe auf: drei Schmuckstecker im Ohr, Anhänger, silberfarbene Metallkugel am Lederband um die weit klaffende Halswunde. Die Rechtsmediziner der Uni Zürich befinden: »Todesursache war die scharfe Durchtrennung beider Äste der Halsschlagader.«

Die Zeitungen verbreiteten das Foto eines munteren Teenagers: erwartungsvoll, heiter ihr Blick in die Kamera. Pasqui dachte sozial, half anderen als Krankenschwester. Sie trug eine mit Blumen gemusterte Mütze. Diese Blüten korrespondieren fast unerträglich mit den stilisierten Rosen auf dem Hosengürtel ihres Peinigers. Mit der Lupe ist auf alten Bildern zu erkennen, dass Hauert dieses Accessoire schon bei früheren Überfällen trug. Der Delinquent mit schmalem Schnauzbart und leicht gewellter Haartolle bevorzugte Jeanskluft, ein stenzhaftes, theatralisches, djangomäßiges Outfit, durch die markanten Stiefel verstärkt, die er Ende der Siebzigerjahre in Basel kaufte. Die Aufmachung passt irgendwie zu den Größenfantasien, die gemäß Gutachten bei den Tötungen »eine nicht unerhebliche Rolle spielen«.

Von Entsetzen gepackt, hört Hauerts Therapeut D. am Montagmorgen von der Verhaftung: »Das kam aus heiterem Himmel.« Am Telefon ist ein Sachbearbeiter vom Gefängnis Regensdorf. Donnerstag, 21. Oktober, hatte D. den zu diesem Zweck von 12 bis 18.30 Uhr beurlaubten Häftling zuletzt zur Doppelstunde bei sich in der idyllisch gelegenen Praxis empfangen. Kinder schaukeln im Garten des gepflegten Hauses, wilder Wein rankt an Fassaden. Beim Staatsanwalt gibt er regelrecht geschockt zu Protokoll, der Klient sei ihm zuletzt »stabil wie selten« erschienen, habe einen »ausgeglichenen, erwachsenen, emotional adäquaten Eindruck vermittelt«. Im Nachhinein fiel auf: Hauert reichte das ihm mitgegebene neue Terminkärtchen im Knast nicht ein.

Fünf Jahre zuvor hatte der Psychologe den damaligen Doppelmörder zum ersten Mal in der Sprechstunde gesehen. Seinerzeit arbeitete der gebürtige Münchner noch als Angestellter im Gefängnis, hielt für eine geplante Doktorarbeit fest: Hauerts Führungsbericht sei einwandfrei, »doch wirkt er in seiner gesamten Erscheinung für das Haus zu kalt und unemotional«. Bis zu Pasquales Tötung durfte D. annehmen, niemand durchschaue den verpanzerten Einzelgänger besser als er, der mit ihm eine »analytisch orientierte Therapie im Sitzen« durchführte. Hauert schenkte D. ein auf dem PC erzeugtes Porträt des Dichters Gottfried Keller. Mit einer Stimme, so klamm, als fürchte sie ihr Echo, nuschelt der Betreuer, er wisse nicht, wo das Präsent abgeblieben sei. Bei ihrer ersten Begegnung kannte D. weder das Urteil von 1985, das auf lebenslänglich lautete, noch die Expertise der Kantonalen Psychiatrischen Klinik Rheinau von 1984. Auf 28 Seiten dokumentiert der Rapport die chaotische Biografie eines früh gestrandeten Menschen von »ausgeprägter und uneinfühlbarer Brutalität«. Seine »besondere Gefährlichkeit« habe »der Explorand mit der brutalen Natur seiner Delinquenz […] offenbart«.

»Innere Auseinandersetzung, Reue oder gar depressive Zerknirschung?« Davon lasse er nichts spüren. Tief verwurzelter Milieuschaden, erzieherische Verwahrlosung, psychopathisch zu nennende Störungen der Charakterstruktur seien »durch noch so lange und intensive ärztliche Bemühungen in einer psychiatrischen Klinik kaum wesentlich zu beeinflussen!« Im Licht dieses Befundes warnten die Richter, bei »einer allfälligen bedingten Entlassung« werde man sehr sorgfältig zu prüfen haben, »ob angesichts der nach heutigen Erkenntnissen kaum therapierbaren Abnormität des Angeklagten dannzumal eine Reintegration in die Gesellschaft überhaupt in Frage kommen kann«.

Als die Strafkammer Hauert wegen der ersten Kapitalverbrechen hinter Gitter schickt, lässt sich D. etwa zeitgleich im Zürcher *Tagesanzeiger* über die Frage aus: »Ist Psychotherapie im Gefängnis überhaupt möglich?« Der Dreißigjährige präsentiert sich hemdsärmlig, in zupackender Pose. Seine Antworten verwandeln Kriminelle in »Patienten«, lesen sich wie Glaubensbekenntnisse eines Gutmenschen. Nicht umsonst heißt es im Entwurf der Doktorarbeit: »Ein Diener zweier Herren – Psychotherapie zwischen den Stühlen«. Dort ist zu lesen: »Betrachtet man die Gesellschaft als psychischen Organismus, so heißt dies, dass sie gewisse Anteile, die ihr zu eigen sind, nicht ertragen kann und diese daher ausgrenzen und abspalten muss.« Die Wortwahl lässt wenig Zweifel, dass hier jemand eher eine Mission zu haben meinte als bloß einen Beruf.

Mit dieser Einstellung kam er Gefängnisdirektor Meier wie gerufen. Die beiden seien in Ehrgeiz, Ideologie, Willensstärke und Sendungsbewusstsein verwandt, erklärt ein Kollege. Meiers Doktrin beschränkte sich, kurz gesagt, nicht auf die gesetzlich verbriefte Resozialisierung. Vor Getreuen sattelte er das Credo drauf, wonach »auch der Elendste unter den Insassen sich verändern lasse«.

Diese Haltung berief sich auf breit angelegten Optimismus, Aufbruchstimmung, Liberalität der Siebzigerjahre. Vorauseilendes Mitgefühl sah den Täter gern als Opfer der Gesellschaft. Insofern nahm man im Gefängnis Regensdorf keine Kriminellen in Empfang, sondern gefallene Menschen, die es zu läutern galt, übersah im Eifer, dass jeder Fehler den humanen Strafvollzug insgesamt diskreditieren würde.

Einem Typ vom Härtegrad Hauerts muss der ambitionierte, idealistische, fast gleichaltrige Zuhörer D. als wahrer Bruder, ja als Knastbruder erschienen sein. Der Seelenforscher will die Atmosphäre nicht belasten, führt deshalb (entgegen internationalem Standard) keine Akten über weit mehr als hundert Sitzungen mit dem wahrlich prekären Kunden. Nach dem Drama erklärt D. entwaffnend ehrlich: »Die Krankengeschichte bin sozusagen ich selbst«, gibt damit den Hinweis auf eine Überidentifikation. 44-mal darf der Gefangene, allein, zu dem inzwischen frei praktizierenden D. hinaus. Meist ist die Konsultation für 10 Uhr anberaumt, Hauert fährt mit S6 und Forchbahn in die Praxis am Zollikerberg. Die Tram gleitet dabei wie in Zeitlupe am Grün vorbei, in dem später Pasquale verblutet ist. Nach der Sitzung bleibt Zeit für »Konsumation«, meist eine Bratwurst. Rückmeldung im Gefängnis um 13.30 Uhr.

Dort kreuzte sich der Weg des vom Gericht als brandgefährlich eingestuften Insassen verhängnisvoll mit Direktor Meiers Bahn. Im schmalen Gesicht des Sozialpädagogen, Jahrgang '45, steht starker Wille; ein unwirscher Zug ums Kinn ist nicht zu übersehen. Vom Maschinenschlosser brachte er es zum Chef der Schweizer Vorzeigeanstalt. Der Aufsteiger wusste, was er wollte, schildern Untergebene, erwartete Resultate, bügelte Einwände nieder, schritt missionarsgleich voran, als gäbe es auf dem Experimentierfeld Psyche absolute Gewissheit. So hielt Meier dafür, dass Hauert »ein deliktfreies Leben führen könne«, mochte ihn auch das Urteil zum fast hoffnungslosen Fall gestempelt haben. Mag sein, dass man im Regensdorfer Pandämonium gar nicht anders konnte, als mit dem Mut der Verzweiflung das Gute im Schlechten zu suchen. Sonst wäre der klaustrophobische Festungsalltag unerträglich gewesen. Ebenso denkbar, dass der mit miserabler Prognose Überstellte den Humaningenieuren das Modell für die Reparatur einer defekten Seele abgeben sollte. Elend und Sozialisationsdefizite im Leben des Erich Hauert boten genügend Stoff für Milieutheoretiker. Mit den bekannten Fakten – Mussehe, Scheidung der Eltern, Selbstmord des Vaters, fehlende Geborgenheit, Erziehungsheim – forderte seine aus den Fugen geratene Kindheit Zuwendung heraus. Hatte nicht schon der Lehrer die

Intelligenz des Fleischverkäufers, Hundepflegers, Rampenarbeiters hervorgehoben?

Je schlimmer die Untaten, desto höher im Erfolgsfall der Ruhm für die Betreuer. Sie stehen in einer dialektischen Beziehung zu den monströsesten Verbrechern, abgestoßen, angezogen, abhängig von ihnen. Hauerts luziferische Geschichte bedeutete eine echte Herausforderung für alle, die sich mit leicht zu erweckendem sozialen Bewusstsein daranmachten, seine Verstocktheit aufzubrechen. Sprach er, dann mit dem Lispeln des Gehemmten. Illusionsbereit griffen die Zuständigen ins Arsenal, nachdem sie aus dem Zuchthausurteil herausgelesen hatten, was dezidiert nicht drinsteht, nämlich: »Durch eine geeignete Betreuung ist eine erzieherische Nachreifung anzustreben.« Ihr Rezept lautete: ichstärkende Maßnahmen dank beruflicher Ausbildung und Lehrabschluss zur Abwehr aggressiver Strebungen, Identifikation mit einer positiven Bezugsperson »im Sinne des älteren Bruders«, begleitende Therapie, Hinführen zu einer »normalen Sexualität«. Hauert beginnt in der Gefängnisdruckerei eine Lehre, kurz vor dem Rückfall schließt er sie mit der hervorragenden Note 5,1 ab.

Ein Lernprozess, aber mit tödlichem Ausgang. Trotz umfassender Fürsorge, Empathie, finanziellem Aufwand musste es bei dieser Persönlichkeit unausweichlich zur Explosion kommen. Fernsehüberwachung, Drahtzäune, Mauern, Regensdorfs abweisende Architektur suggerierten Bewachung und Sicherheit. Still und leise begann mit dem ersten begleiteten Berufsschulausflug Mitte 1988 der verhängnisvolle Prozess, der schließlich mit Pasquales Tod endet.

Drei Jahre nach dem ersten Lebenslänglich atmet Hauert wieder Freiheit, unter Obhut des Wärters geht es raus. Zu Mutters Geburtstag, 28. Juni 1990, 7 bis 17.30 Uhr, darf er mit 150 Franken Urlaubsgeld. In der Folgezeit reist der »Gesuchsteller« am 11. Oktober 1990 in die Stiftsbibliothek St. Gallen, das Winterthurer Technorama mit seiner Blechspielzeugsammlung. An der Lehrlingswanderung 1992 auf die Rigi, mit »guten Schuhen, Regenschutz, Rucksack«, ist er mit 30 Franken »ab verfügbarem Konto« dabei. Minutiös rechnet er beim Antrag von 34 Stunden Beziehungsurlaub vor: »32 Stunden und 2 Stunden vom Urlaub am 26. März 93, wo ich früher zurückkam.«

Wohlgefällig beobachten Meier & Co. das emsige Pendeln zwischen Innen- und Außenwelt. 1992 tauscht der Häftling 39-mal die braune Anstaltskluft gegen Zivilkleidung ein. Psychologe D. entgehen die schwarzen Stiefeletten nicht, auf denen der Proband dann bei ihm eintritt. Fleißig werden Fortschritte bei »Ordnungssinn, Zuverlässigkeit, Regelmäßigkeit« rapportiert. Tests sollen Hauerts Entwicklung kontrollieren: »Innere Bewegung« des Pflegefalls wird registriert. Zwischen »Ende 1990 bis Ende 1991« will der Therapeut »Trauerarbeit« beim Schützling bemerkt haben. Obwohl er sich der Tränen schämte, habe er über die Opfer und über sein gescheitertes Leben geweint. Vom eigenen Pathos ergriffen, behauptet D.: »Jetzt tut sich was.« Gemeinsam überlegen sie, warum er den ersten Mord nach dem Tod der geliebten Großmutter beging, den zweiten, als seine knapp 17-jährige Freundin bei einem Unfall verstarb. Es wäre das simpelste Modell, Hauerts Gemetzel mit Einsamkeit zu erklären, sein Wüten mit Rache an Überlebenden. Echte Anzeichen von Besinnung überblendeten warnende Stimmen. Die übliche Rückfallquote aggressiver Sexualtäter – 70 Prozent! – verlor die Crew aus dem Blick.

Im privaten Rahmen von Meiers Zuhause traf sich das Team zu »Standortbestimmungen« über Hauert. Ende 1990 wird, bei Speis und Trank, die Frage erörtert, ob er in Begleitung von Verwandten und Bekannten in Tagesurlaube entlassen werden könne. Resultat: Lockerung ist möglich. Ein Jahr später soll die Frage beantwortet werden, ob künftig »unbegleitete Urlaube« denkbar seien. Gemeingefährlichkeit wird verneint. Passenderweise fällt das Ja zum ersten »unbegleiteten Sachurlaub« mit der Eröffnung von D.s Zollikerberger Privatpraxis zusammen, Stundenhonorar zuletzt 140 Franken für ihn. Am 8. Januar 1992 verfügt Meier: »Ab sofort geht Herr Hauert vierzehntäglich zu Herrn D.« Anfang 1993 schließlich – in der Therapie laufen Gespräche über »das Einüben von normaler Sexualität« – kommt das Konsilium zum Ergebnis, unbegleitete Urlaube mit Übernachtung seien verantwortbar. Auf einem

Urlaubsformular steht direkt neben dem Vermerk »lebenslänglich Zuchthaus«: »Herr D., sein Psychotherapeut, ist mit dieser Öffnung einverstanden.«

Anstaltspsychiater Wolfgang B. amtierte zeitweise als der faktische Vorgesetzte von D. Der meldet ihm telefonisch Hauerts Verhaftung. Der Leiter des Psychiatrisch/Psychologischen Dienstes (PPD) war eine aktenkundige Fehlbesetzung. Auf B.s Empfehlung hatte man zuvor den wegen schwerer Sexualdelikte einsitzenden Dieter Blum bedingt entlassen. Mentor B. faselte noch von »positiven Veränderungen«, da brachte der Kriminelle zwei Frauen um. An dem »führungsschwach« genannten Chefarzt wäre es gelegen, die Protokolle von D. zum Fall Hauert abzufordern. Die wünschte er zwar, setzte sich jedoch nie durch. Vielleicht, weil die beiden Deutschen sich in unterschwelliger Rivalität beharkten? B. trug Titel, stach damit D. aus, der bloß auf Dissertationsmaterial saß, sich indes gern als der Spezialist für gefährliche Straftäter sah, Herrschaftswissen für sich behielt. Die Autorität B.s soll er unterlaufen haben, indem er sich hinter dessen Rücken mit Meier arrangierte, berichten Insider. Immerhin ist die Frage von B. an Meier verbürgt, warum Hauert jetzt auf Urlaub gehen müsse, »wo er doch lebenslänglich habe«. Danach schwieg B. resigniert.

Resozialisierung »à tout prix« und mit hohem Risiko. So sieht das jetzt die Staatsanwaltschaft. Derweil sich Hauerts Aktionsfeld erweiterte, klammerten die gleichgesinnten Entscheider wie unter Berührungsfurcht die Kernfrage nach dessen womöglich unverminderter Gefährlichkeit aus. Klang sie an, lösten die Experten Vorbehalte in ihrem Sinne auf: 1990 erstattete der Gutachter Markus Laeri einen Bericht mit der hoffnungsvollen These, die Haft scheine eine Situation geschaffen zu haben, die »korrektive Beeinflussung als möglich erscheinen lässt«. Der in fernster Möglichkeitsform mitschwingenden Zuversicht vorangestellt war aber die glasklare Warnung vor dem Risiko; Hauert sei zuerst zu einem »adäquateren Umgang mit seinen aggressiven Impulsen« zu bringen, um »die so gefährliche Aufstauung von Feindseligkeiten zu verhindern«. Erst dann sei ihm 48-stündiger, unbegleiteter Urlaub zu gewähren. Daraus zog die Runde den Schluss, ihn dann eben nur 36 Stunden solo rauszulassen. Wie bei Verschwörern liegt die Entscheidungslogik völlig im Dunkeln, das Team hielt nichts schriftlich fest. Im Kantonsparlament Zürich wird gemutmaßt, die Experten seien wohl mit eigenen Beziehungskisten beschäftigt gewesen.

Zu blinden Flecken in der Wahrnehmung kamen hanebüchene Kommunikationsprobleme. Im fidelen Gefängnis wusste der Direktor nicht, dass D. keine Aufschriebe machte. Dafür erfuhr D. von Meier nicht, dass in Hauerts Zelle mehr als hundert Sexheftli gefunden wurden, für die Arbeit mit einem tötenden Notzüchtiger eine evident wichtige Information. Chefarzt B. las das Lebenslänglich-Urteil erst, als es zu spät war: nach dem Mord an Pasquale. Bei der zweiten »Standortbestimmung« – es ging um den gefährlichen unbegleiteten Ausgang – fehlte er, und damit der befähigtste Fachmann. Ein weiterer involvierter Spezialist kannte weder das Gutachten 1984 noch das Urteil 1985 noch Laeris an düsteren Vorahnungen reiches Votum. Dafür guckte er ein bisschen in die Sterne, entwarf für Hauert ein Astrogramm. Jeder Beteiligte stellte sich unter »strukturiertem Urlaub« etwas anderes vor. Indes streifte der Killer fast unkontrolliert herum.

In der Summe hatte der Amtsgang eine dramatische Neigung zum schrecklichen Ende. So viel Gelehrsamkeit und hohes Empfinden sich um den vermeintlichen Musterzögling versammelte, die für Täter seines Kalibers charakteristische Beziehungslosigkeit und emotionale Leere fielen nicht weiter auf. Guter Wille drängte sich vor die Realität. An eine Gefährlichkeitsprognose durch Externe (in Deutschland Vorschrift) dachte niemand. Sie hätte mutmaßlich zu Hauerts »dunklem eigengesetzlichen Inneren« geführt. Nach Pasquales Ermordung kam heraus, dass ihn etwas besetzt hielt, Zwänge durchtobten, von denen just jene nichts ahnten, die meinten, sie hätten sich in den Unbehausten eingefühlt.

Hauert handele unter dem Kommando »des durchflutenden Triebes«, spalte in einer Art Doppelleben wichtige Bereiche des Erlebens und Verhaltens in hochgradigem Autismus radikal ab. Heute krampfartiges Heulen, morgen Ausrasten, »mechanisch-roboterhaftes« Morden. Bei dem Gestörten kamen Urlaubspässe einer Lizenz zum Töten gleich. Im Abschlachten äußerte sich, dass er sich die Nachtseite seines Wesens selbst verheimlichen konnte, wie wenig Gegenkräfte aufgebaut, wie wenig verlässlich die Begriffe waren, mit denen die Betreuer bekenntnishaft hantierten. Die übersahen die Tiefe des Bösen, drangen nie bis zur inneren Heillosigkeit vor.

Bestürzend-schauderhaft glich Hauerts Aktionsraster 1993 dem früherer Taten: Von den alten Dämonen getrieben, lässt er sich an den Trimm-dich-Pfad treiben, benutzt für die Gewaltorgie Fesseln, es kommt zum »Overkill« mit ultrabrutalen Messerschnitten, der Horrorfilm beginnt von vorn. Hinterher fällt ihm wieder nur ein, »Seich« gebaut zu haben. Ergänzt um glatte Äußerungen, die seine Unauffälligkeit als geschickte Anpassung an amtliche Erwartungen entlarven und intensive Therapieerfahrung verraten. Wie die, er, Hauert, habe immer unter Fehlern anderer gelitten, der Mutter, der Behörden und, besonders makaber, des Opfers: Wenn es sich nicht gewehrt hätte, »hätte ich es ja nicht ruhigstellen müssen«.

Das Nachspiel zu dem Skandal ist nicht weniger bedrückend als das Vorspiel. Zürichs Justizdirektor Moritz Leuenberger setzte seinen Duz- und sozialdemokratischen Parteifreund Staatsanwalt Marcel Bertschi zur Untersuchung ein. Rechtsstaatlich ein Unding, das Versagen eigener Beamter durch Angehörige des eigenen Ressorts durchleuchten zu lassen. Erst massive Interventionen und eine Strafanzeige von Rechtsanwalt Atilay Ileri, der die Eltern Brumann vertritt, machten Vertuschungsversuche, Farce und Filz öffentlich. Seitdem beherrscht der außerordentliche Staatsanwalt Andreas Keller aus St. Gallen die Bühne. Er klagte B., D., Meier und die mit Hauerts Urlaub befassten Mitarbeiter R. und W. wegen fahrlässiger Tötung an. Für Ileri steht fest: »Sie haben Pasquale Brumann auf dem Gewissen!« In erster Instanz sprach der Einzelrichter, ebenfalls Mitglied der Sozialdemokraten, die fünf Strategen frei, die in dieser Sache eine Gesellschaft mit sehr beschränkter Haftung bildeten. Es lasse sich nicht widerlegen, dass Hauert tatsächlich auf die Therapie angesprochen und Fortschritte gezeigt habe. Gegen vier Urteile ging der Staatsanwalt – erfolglos – in die Berufung.

Der dritte Mord seines Klienten traf den Psychologen D. wie eine persönliche Katastrophe, stürzte ihn in eine Krise. Als hätte Hauert ihm unwiederbringlich Energien entzogen, folgte Krankheit auf Krankheit. Er möge an dieser Sache »stückweise zerbrechen«, hatte ihm die untröstliche Mutter Brumann gewünscht. Obwohl von der Wirklichkeit grässlich widerlegt, erklärte er dem Gutachter, er habe sich »nichts vorzuwerfen«. Zu einem Interview fühlt sich D. wegen des laufenden Verfahrens nicht imstande, wirbt im Therapeutensound für sich selbst um Verständnis: »Von mir ist eh nicht mehr viel übrig.« Chefarzt B. ist an die Arbeitserziehungsanstalt Uitikon versetzt. Das hört sich nach Bewährungsstrafe an. Der 53-Jährige klingt älter, als er ist, wenn er andeutet: »Das bringt man aus dem Leben nie mehr weg.« Ein avisiertes Gespräch sagt er ab, verweist auf »das Amtsgeheimnis«. Dient ihnen der Rückzug in verletztes (und beredtes) Schweigen dazu, sich aus der Verstrickung zu winden? Meier quittierte den Gefängnisdienst. Justizdirektor Leuenberger, der politisch Verantwortliche, trat nicht zurück, obwohl ihm im Parlament vorgeworfen wurde, er habe »wiederholt gelogen«. Der Sozi stieg sogar schnurstracks zum Bundesrat (Minister) auf, bei der Siegesfeier amtierte Meier als Tafelmajor. Keiner aus der Riege, die eine Leiche im Keller hat, brachte die Größe auf, jenseits rechtlicher Fragen Irrtum und moralischen Schuldanteil an diesem wahrhaftigen Justizmord einzugestehen. Das Ergebnis ist ein widerlicher Streit um Worte. Alle Beteiligten sind unschuldig, aber die arg- und wehrlose Pasquale, die noch ihr ganzes Leben vor sich hatte, ist tot, ermordet von dem Häftling, den die Unschuldigen haben frei herumspringen lassen. Der Kanton Zürich zahlte den vom Schicksal gewürgten Brumanns inzwischen 980 000 Franken Abfindung. Die Eltern behielten keinen Franken davon für sich.

Auf dem Friedhof Zollikerberg dreht sich ein Windrad auf Pasquales Grab, Vergissmeinnicht blühen. Der nahe Tatort liegt unwirklich still und friedlich da. Der Mörder wird in Lenzburg verwahrt, teilt die Zelle mit seinen Gespenstern und Geheimnissen, verlässt den Raum nur zum Einzelhofgang. Eingeschlossen in Schweigen, schaut Hauert auf ein Leben wie auf ein Schlachtfeld.

Den Wunsch nach einem Interview mit dem Häftling lehnte der Justizminister ab. Im Knast träumt der Killer von der idealen Frau: Sie soll kein Stubenhocker sein, unternehmungslustig, nicht geldgierig und nicht hochnäsig. Rücksichtsvoll, ja, rücksichtsvoll müsse sie auch sein.

Die Spur seiner Cowboystiefel, mit denen alles begann und endete, führt zur Kantonspolizei. Unter Nummer WD 93 10 30-05 bleiben die Beweismittel bis zum 31. Dezember 2013 archiviert. Danach werden Hauerts Symbole des Todes vernichtet.

(Der Lebenslängliche ist 2010 vom Obergericht neu beurteilt worden. Gutachter attestieren Hauert eine »kaum therapierbare Abnormität«. Der heute 50-Jährige wird als Person ohne Mitgefühl, Werte, Moral bezeichnet, sogar als »Roboter«. Hinzu komme eine gefährliche sexuelle Neurose, die sich in genereller Wut auf Frauen äußere. Anzeichen »positiver Veränderung« fanden sich nicht. Der Sexualmörder bleibe »verwahrt«.)

Der Mann, der sie zum Schweigen brachte

Sie schlug wild um sich, am Ende lag sie ermordet auf ihrem Bett. Erst jetzt, 18 Jahre später, überführte ein DNA-Test den »Würger von Griesbach«. Seine Frau wusste die ganze Zeit, dass er Roswitha Kornexl getötet hatte. Die Geschichte einer Ehe am Abgrund.

Die Glocke vom Passauer Dom schlägt neun. Es besteht »Beichtgelegenheit«. Im Nebenhaus tritt Erwin M. vor seinen irdischen Richter. 18 Jahre trug der so genannte »Würger von Griesbach« ein schreckliches Geheimnis mit sich herum, die Tötung der Roswitha Kornexl am 24. August 1985. 6716 Tage später verliest der Staatsanwalt die Mordanklage gegen ihn. M.s Flucht vor sich selbst endet unter einem barocken Deckengemälde: Mariä Himmelfahrt, umschwebt von Engeln, prächtig genug, die Sehnsucht nach dem Paradies zu wecken.

Die 2. Große Strafkammer tagt in der einstigen Hofkapelle des fürstbischöflichen Palais. Giftiges Licht von 27 Strahlern holt den Angeklagten aus der dörflichen Dunkelheit, in die er nach dem Verbrechen 1985 unerkannt abtauchte. Er blickte auf ein Holzkreuz, höbe er den wie unterm Urteil gesenkten Kopf nur ein einziges Mal. Die Schulter weggedreht vom Publikum, stiert er ins Leere. Ein Finger spielt am Ehering.

Volles Haus, die 85 Plätze im Schwurgerichtssaal sind besetzt. Man hört M. den Andrang kommentieren: »Mir san guad beinand.« Zum Aufruf kommt der letzte ungeklärte Mord der bald endenden Amtszeit des Leitenden Oberstaatsanwalts Günther Albert, fürs Vorzimmer: »der Chef«. Sein Fall Kornexl ist besonders spektakulär, modellhaft dafür, dass DNA-Analysen, Standard seit den Neunzigern, die Verbrechensbekämpfung grundlegend verändern. Laut BKA-Statistik führten Gentests schon 12147-mal zu einem Treffer. Wie bei M.

Alberts Behörde sitzt im einstigen St.-Valentin-Seminar unter einem Dach mit der Domsingschule. In 35 Dienstjahren lernte der Jurist: »Es gibt nichts, was denkbar ist, was nicht passiert!« Das albtraumhafte Verbrechen an Roswitha Kornexl verfolgt ihn, seitdem er anno '85 zum Schauplatz gerufen wurde. Wegen Fahndungspannen brauchte es 18 Jahre bis zur Aufdeckung. Die Schlampereien möchte er im Gespräch am liebsten beiseite lassen, betont schmallippig: »Jetzt schließt sich der Kreis. Die DNA-Analyse ist ein Segen für uns.«

»Der Chef« spielt mit dem silbernen Taschenmesser, schildert »die gewaltige Verunsicherung«, die der Fall auslöste. In seiner Region passiere jährlich ein Mord, höchstens. Auf die ungläubige Nachfrage des Besuchers versichert er sich der Zahl beim Sekretär. In Griesbach zog man 60 Beamte zusammen, installierte ein Lagezentrum, Hubschrauber kreisten. 353 Personen wurden vernommen. Jeder war verdächtig. Man suchte einen »Triebtäter«, befürchtete, er werde wieder zuschlagen. Die Polizei warnte: »Möglicherweise lebt der Mörder mitten unter euch.«

1985. Die M.s glichen einer Familie aus der Bayern-Werbung: Fürs Album posierten Frau und Töchterchen auf gedrechseltem Gestühl, herausgeputzt mit Dirndl, Spitzenbluse, Medaillon. Links saß der Gatte, sichtlich ein fescher Bursche, die Miene deutet ein besitzerstolzes Lächeln an. Kein Vergleich mit dem Angeklagten von heute, die Hände schützend vors Gesicht geschlagen. Er möchte sich umsehen, ohne selbst gesehen zu werden, als käme es ihm noch darauf an, draußen nicht als des Mordes angeklagt erkannt zu werden. Er wird von Polizisten hereingeführt, fahl, beinah gelbsüchtig, wie es Häftlingen nachgesagt wird, die lange Zeit weggeschlossen waren. Sein Blick ohne Kraft, verdrießlich. Der Atem beklommen. Er wirkt wesentlich älter als 47, zu lange hat er das tödliche Geheimnis in sich eingeschlossen. Sein Auftritt im grauen Blouson ist um jene Unauffälligkeit bemüht, mit der er dem Schicksal die letzten Jahre in Freiheit abstahl. Der mehrfache Vater fühlte sich sicher, leugnete bei der Festnahme im Mai 2003. »Er glaubte, er kommt durch«, sagt sein Vernehmer.

Die Tatzeit. Am 23. August 1985 brannte die Sonne zehn Stunden. Wie immer kam er an jenem Freitagabend mit dem Bus von der Schicht in der Zahnradfabrik ins Dorf zurück. Er hockte sich zu den Spezln im »Moser« am Marktplatz. So dürftig seine Auskunft im Übrigen ausfällt – dass er beim Kartenspiel »zugschaut« habe, fleißig Halbe trank, hat er parat. M. machte sich auf den Heimweg. Es war nach eins.

Die Stunde bricht an, die nie mehr enden wird, die Stunde, die ihm die Grenzen von Angst und Lust, Recht und Unrecht, Leben und Tod verwischt. Er ist zur falschen Zeit am falschen Ort mit den falschesten Absichten. Der Heimkehrer ist auf ein Abenteuer erpicht. Gegen zwei passiert es. An einer Baustelle unweit von Kornexls Wohnung kürzt er mit der Handsäge eine Leiter, will bei ihr einsteigen. Unweit, am südwestlichen Ortsrand, wartete die eigene Frau, das neue Haus war für Zuwachs gebaut, das zweite Kind kam. Im Gericht behauptete er zu aller Überraschung, schon »ein halbertes Jahr« mit dem späteren Opfer intim gewesen zu sein. Etwa so lang, wie Gattin Margot in anderen Umständen war.

Roswithas Schlafzimmer, sein Schlachtfeld, lag im Dunkeln; »Kiefer hell«, mit modernen Einbaumöbeln, Bücher, sauber gefaltete Wäsche im Regal, Flokatiteppich. M. nahm, so die Staatsanwaltschaft, »sein erigiertes Glied aus der Hose«, legte sich zu ihr ins Bett. Sie sei »in die Höh gsprungen voll Schreck«, habe um sich gehauen. Er, ein Baum von einem Mann, 1 Meter 85 bei 80 Kilo, sie 1 Meter 69 bei 53,5 Kilo. Er wisse nicht, wie lang das Hin und Her gedauert habe. Am Ende des ungleichen Kampfes ist die sich heftig Wehrende tot, »hot sich nimmer grührt«. Der Rechtsmediziner stellte »ungewöhnlich starke Gewalteinwirkung gegen den Hals« fest. Folge eines »Unterarmwürgegriffs mit intensivem Anpressen« über mindestens eine Minute bis zum letzten Schnaufer, der sich ihrer Kehle entwand. Dennoch behauptete der Angeklagte allen Ernstes, er habe die Flüchtende bloß vorm Sprung aus dem Fenster bewahren wollen.

Als er das Licht anknipste, bot sich ihm ein grausiger Anblick: »Die Roswitha«, leblos, ein Rinnsal Blut und Speichel im Mundwinkel. »Vom Anschein her hat's tot ausgschaut.« Der schmiedeeiserne Leuchter, beim Handgemenge umgestürzt, lag in der Ecke. Die Boulevardpresse dichtete: »Sie war nackt, hatte die blauen Augen weit aufgerissen, die zarten Finger ins Leintuch verkrampft.« Den Täter durchzuckte: »Die ist tot, i kann nix mehr dou.« Er zog ihr den Slip aus, manipulierte mit einer Kerze an der Scheide. »Wie sind Sie auf die Idee gekommen, dass durch sexuelle Stimulation jemand reanimiert werden kann?«, wollte ein Gutachter wissen. M. drapierte eine helle Decke über die Leiche. So fand ihr Bruder Helmut sie am Morgen.

Die Kripo schloss auf eine »Beziehungstat« und einen Eindringling mit Ortskenntnis, versprach die Aufklärung »in drei Tagen«. Der Gesuchte muss gewusst haben, wo genau in dem ländlichen Giebelhaus – Geweih an der Stirnseite, geschnitztes Gebälk und schönes Spalier – die 31-Jährige lebte. Heute bieten dort Hecken und Obstbäume Deckung, die Bewohner wehren dem vom Sensationsprozess ausgelösten Medienansturm, indem sie Frager aufs nächste Anwesen verweisen: »Dort drüben ist's passiert.« Vis-à-vis steht das Kriegerdenkmal mit der Fürbitte: »Herr, nimm unsere Verstorbenen in Dein Reich auf.«

Kaltnervig von jetzt auf nachher räumt M. hinter sich auf, wischt Fensterbrett und Leiter ab. Bei aller Hast vergisst er nicht, die draußen abgestellte Aktentasche an sich zu nehmen. Mondlos, lautlos, der Täter entkommt. Die Spuren bleiben. Beim Handgemenge hatte er einen braunen Taschenkamm verloren, Beweismittel 49 in der Akte. Drei abgerissene Perlmuttknöpfe vom Hemd liegen da. Ein Fingerabdruck am Bettkastl geht in die »daktyloskopische Spurensicherung« ein, Dokument 533/404/3. Das Opfer hatte ihm Kratzer an der Oberlippe beigebracht. Unter ihren Fingernägeln gefundene Hautpartikel werden asserviert, Nummer II/11 bis 20, getrennt nach linker und rechter Hand. Mikroskopisch klein, Material für die DNA-Analyse, die ihn jetzt überführen half.

Der Täter wohnt zwei Straßen weiter, stürmt heim. Er sei ins Bad gegangen, habe sich gewaschen, »Brechreiz gespürt«. Im Spiegel sah er den Fremden, sah einen, der die Maske hat fallen lassen. Seine Augen blickten in diese anderen Augen, sahen denjenigen, der nie mehr der war, der er zu sein glaubte, Erwin M.

Der Morgen kam. Roswitha Kornexl, eine Dorfschönheit, mit sanft gewelltem Haar, war tot. Ihr Peiniger verschanzt sich hinter einer Biedermannrolle. Tag für Tag steigt er bei ihrem Haus in den Bus zur Arbeit, vorbei am Schild »Staatlich anerkannter Erholungsort«, als wäre nichts gewesen. Die Zeitung bringt den Obduktionsbefund mit der Feststellung, »dass ein Bruch des Ringknorpels und des Zungenbeinknorpels vorlag. Die Frau war also erwürgt worden.« Die Traueranzeige erscheint. »Völlig unbegreiflich für uns alle verschied am 24. August 1985 unsere liebe Tochter und Schwester im Alter von 31 Jahren selig im Herrn.«

In den verzweifelt-verschlüsselten Sätzen schwingt das Unsagbare mit. Später brachte der Kummer ihren Vater ins Grab, ruinierte die Mutter gesundheitlich. Sie könne nicht überwinden, wie allein und elend ihr Kind sterben musste, wird berichtet. Mit Verlorenheit im Gesicht deutete Roswithas Schwester als Zeugin den weiten, schmerzerfüllten Raum an, in dem sich die Hinterbliebenen mit dem »Warum« abquälten. Zuvor mussten sie noch ertragen, wie gleichsam über das Opfer zu Gericht gesessen wurde, im Dorf Stammtischgeschwätz über angeblich lockere Sitten der Alleinstehenden kursierte. Motto: Wer nackt schläft, ist selber schuld. Als würde das die Tat entschuldigen.

Wahr ist: Man kann nicht sagen, sie habe im kurzen Leben viel Glück gehabt mit Mannsbildern. Und dass sich der Niederbayer an sich gern das Maul über andere zerreißt. Oberstaatsanwalt Albert registrierte befremdet, wie sich manche Griesbacher den Täter als »netten Zeitgenossen« schönredeten, Mitleid mit ihm zeigten. In gebotener Schärfe stellte der Ankläger klar: »Völlig sinnlos hat er die Frau Kornexl umgebracht, sich seine Existenz selbst verpfuscht.«

Es gehört zum Wahnsinn dieses Falls: Die Polizei hatte M. anno '85 schon. Er gab seinen Fingerabdruck ab, Blatt 105 der Akte. Das LKA stempelte beim Vergleich des Prints mit der an Kornexls Bett gefundenen Spur jedoch »Keine Übereinstimmung!« aufs Papier – niemand weiß bis heute, warum. Die Kripo läutete bei ihm, keiner öffnete, da gingen die Beamten weg. Man suchte halt ein Monster, dem man die Tat ansieht, keinen normalen Familienmenschen.

Zunächst rechnete M. stündlich mit der Verhaftung. Seine erste Ehefrau Margot erzählt uns ausführlich, »zwei Tage vor der Geburt unseres Sohnes« sei die Aufforderung gekommen, Fingerabdrücke abzuliefern. Kurz danach ging er hin. Der 29-Jährige war am Ende, konnte die Schuld allein nicht tragen, lud sie bei der Ehefrau ab. Ihr gestand er das Verbrechen, machte sie zur Mitwisserin, verwickelte die strenggläubige Katholikin in die tief vergrabene Tragödie. »Von einer Sekunde auf die andere« habe sich ihr Leben verändert. »I hob nimmer lachen können, bin halbert kaputtgangen.« Aber sie versiegelte ihre Lippen. Der stummen Gefährtin hängte sein Bekenntnis ein Bleigewicht um den Hals. Niedergedrückt von der aufgestauten Angst wurde sie krank. »Ich bin halt auf der Strecke geblieben.« Sie ringt um die Worte.

In ihrer Idylle wohnte fortan das Grauen, mühsam inszenierte Harmonie, auf den Tod eines unschuldigen Menschen gebaut. Mann und Frau, sie standen doch in Beziehung zueinander. Doch in welcher? Man fragt sich, wie sie es anstellten, auch nur eine Minute froh zu sein. Oft mögen die Eheleute im stockkatholischen Sprengel die paar Schritte zur St.-Michael-Kirche gegangen sein. Vater und Sohn sind auf einem Bild bei der Kommunion zu sehen. Was ist gebeichtet worden von ihm, von ihr im Laufe der Jahre? In das barocke Kleinod, zwei Minuten vom Tatort, sickert Licht feierlich durch Sprossenfenster, St. Michael erscheint auf Fresken als »Bekämpfer sündhafter Begierden«. Beim Hinausgehen fällt an der Empore ein Bibelspruch auf: »Die Hölle hat ihren Rachen aufgethan ohne alles Maaß.«

Das unerträgliche Wissen schweißte das Paar zusammen. Sie verschworen sich gegen die Wahrheit jener Sommernacht und hatten einander doch schon verloren. Oft sei sie mit ihrem Erwin im Wallfahrtsort Altötting droben gewesen. Nach Lourdes sei man gepilgert. Immer wieder konnte man die M. in der Kapelle finden. Wieder und wieder habe sie sich betend gefragt: »Warum muss i so viel leiden?« – fand die Antwort: »Weil es mich immer näher zu Gott bringt.« Was geschah, nennt sie »Vorbestimmung«, ihr auferlegt wie eine Prüfung. So sucht sie im Sinnlosen einen Sinn.

Wie soll man nennen, was sie, aneinandergekettet durch grausame Fakten, noch lange miteinander hatten? Glück? Das Dasein am Abgrund, die gestundete Zeit – aus den Tiefen der Verdrängung tauchte Roswitha auf. Unauslöschlich. Mit der hatte sie kurz zuvor noch ein paar Worte gewechselt, besuchte später ihr Grab. Man mag sich nicht ausmalen, was Margot und Erwin in lastender Stille ineinander gesehen haben mögen, was sie empfanden im Schrecken von Umarmungen, beschwert mit »der unendlichen Last, die wo zwischen uns gstanden hat«. Sie habe »gelitten mit ihm, das Packl mitgetragen«.

Das Schweigen, die Gebieterin dieser Existenz, zerstörte ihren Bund. Scheidung 2002. Es war dann so, dass er seine treue Margot verriet. Sie blieb die Gefangene der Erinnerung, von ihrem Mann wegen einer anderen verlassen. In der hellen Düsternis der Wohnung hielt die Frau weiter dicht, gelobte: »I sog nix, des is deins.« Als hätte seine Geschichte noch eine weitere makabre Pointe gebraucht, hatte er seine viel jüngere Neue bei einem Aufenthalt in Brasilien geschwängert. Auch sie zog er samt Kindern ins Drama.

Zwischen Seufzern nennt Margot M. »den Erwin« ihre »erste große Liebe. Im Grunde ein guter Mensch, wir waren 24 Jahre beisammen.« Er habe in der Haft geweint, sie tröstet ihn beim Besuch mit dem Satz: »Vor unserem Herrgott bist du scho wieder frei«, findet diese Überzeugung aufgehoben im Deckengemälde von St. Michael, das Glaube, Liebe, Hoffnung versinnbildlicht. Von der *Passauer Neuen Presse* wird sie mit den Worten zitiert: Der Herrgott habe es damals gewollt, dass die Tat verborgen blieb. Gott werde die Sache auch zum richtigen Ende bringen. Pfarrer Kleiner mag sich dazu nicht äußern: »Soso, des hot's gsogt, die M., soso.«

Starr verfolgt der Angeklagte den Gerichtsauftritt seiner Ex-Frau. Dunkles Cape, dunkle Sonnenbrille. Sie verweigert die Aussage, verabschiedet sich von ihm mit einem wehen Blick. Danach eilt die 42-Jährige davon, fürchtet Fotografen, schaut sich sichernd um.

Wie groß muss ihre Furcht gewesen sein, die Sorge vor dem Verlust des schönen Geheges. Der irre Glaube, das Monströse verkleinere sich über die Distanz, man könne dem durch Wegducken entrinnen. Sein Davonlaufen vor Schuld und Sühne, die frommen Lügen, es klappte ja. Langsam und schließlich ganz ausgeblendet, der Fahndungsdruck schwand. M. entschlüpfte der Justiz und war frei, sah seine Kinder wachsen. Roswithas Tod, der Fall, sein Fall, schien das perfekte Verbrechen.

Der erste Jahrestag verging und der nächste, jedoch der 24. August 1985 blieb und blieb. Gespenster ruhen nicht. 2001 schickte die Kripo Passau ihre Kornexl-Asservate ans LKA, die besagten Hautfetzen genügten für eine Genanalyse, der Speicheltest 2003 brachte die Gewissheit: M. war's.

Wegen Totschlags erhält er 15 Jahre Gefängnis, das Gericht wertet die Tat »sehr, sehr knapp« nicht als Mord. Am Ende sind drei Familien zerstört.

So leise, dass es kaum zu hören ist, hofft seine Ex-Frau, nach ihrem von Leid durchtränkten Dasein irgendwann wieder zu einer Partnerschaft fähig zu sein. Zum Geburtstag schickt sie dem Mann, dem sie alles verzieh, eine Bibel in die Zelle.

Blutige Tränen

C. wollte sich rächen für die Trennung. Seine Frau wusste, wie gefährlich er ist. Kein Amt nahm sie ernst – und er ertränkte die Kinder.

Am Ende ihres kurzen Lebens liegen Kevin und Steven steif und kalt in einer orangefarbenen Plastikwanne am Frankfurter Mainufer. Die Kinder sind an der Taille mit einem Nylongürtel aneinandergefesselt. So eng, man könnte meinen, sie suchten noch im Tod die brüderliche Nähe. Feuerwehrleute fischten die Fünf- und Vierjährigen aus dem Fluss, ihr Mörder war schon seit Tagen auf der Flucht. Einem wüsten Vermächtnis gleich hinterließ er bei sich daheim noch die Tatzeit groß und rot auf einem weißen Laken: »23.50 Uhr«!

Nachdem C. am 20. Juli 2002 im Frankfurter Südosten seine beiden Söhne ertränkt hat, inszeniert er theatralisch den eigenen Abschied. In der Wohnung drapiert er eine Plastikrose aufs Bett, malt wie bei einem Grabstein mit Filzstift ihre Geburts- und Sterbedaten unter ein christliches Kreuz. Nach Hindu-Ritus verbrennt der indischstämmige Deutsche Räucherstäbchen. Eine kleine US-Flagge an der Wand, daneben das berühmte Foto Marilyn Monroes mit wehendem Rock und ein kitschiges Marienbild komplettieren das schauderhafte Arrangement.

Offenbach, Taunusring 29 – C. zieht vor dem Verschwinden die Bilanz des Mordtages. Er hinterlässt wirre Briefe an seine Frau und die Polizei, kritzelt mit Filzstift eine Skizze vom Schauplatz des Verbrechens, markiert mit »X« die Stelle, wo die Buben bei Flusskilometer 38 lägen. Allerdings verschweigt der 44-Jährige, dass er sie selbst hinterhältig ins Wasser stieß. Kevin und Steven starben auf halber Strecke zwischen dem Wegweiser »Stadtmitte 3,0 km« und der Anlegestelle für Touristendampfer – »Volle Fahrt voraus, Richtung Vergnügen«, direkt bei der Gerbermühle, einem von Goethe besungenen Treffpunkt: »Von der Isar bis zum Rhein / Mahlen manche Mühlen / Doch die Gerbmühl' am Main / Ist's, wohin wir zielen.«

Wer die grüne Idylle besichtigt, erinnert sich unweigerlich der vom Dichter im »Faust« verewigten Kindsmörderin Susanna Margareta Brandt, aber auch seines vom Verliebtsein am Main inspirierten »West-östlichen Divan«. Nun fällt es schwer, sich an dem beliebten Ausflugsziel nicht von der Traurigkeit überwältigen zu lassen, die dem Ort durch das sinnlose Morden eingeschrieben ist. Unweit davon steht zum Gedenken an einen 1490 verübten Totschlag ein verwitterter Bildstock, Maria, Mutter Gottes, beweint ihren Sohn.

In grenzenlosem, kindlichem Urvertrauen waren die Kleinen am besagten Samstag mit dem Papa auf dem Fahrrad unterwegs. Es war kurz vor Mitternacht, sie konnten glauben, er bringe sie heim. Wie hätten sie Unheil ahnen können nach diesem mit Schleckereien versüßten Herumstreifen durch Frankfurt. Die nächtliche Stunde muss ihnen abenteuerlich erschienen sein. Zum Abschluss gab es gegen 22.40 Uhr bei McDonald's Huhn und Pommes. Ihre Henkersmahlzeit. Die Beweisaufnahme erbrachte, »spätestens zu diesem Zeitpunkt« entschloss sich der Angeklagte, den Plan auszuführen.

Von Süden zogen Gewitter auf. Das Ende für Kevin und Steven nahte, ihr Vater warf sie achtlos weg, ins nasse Grab. Er hatte die Geschwister mit einem blauen Gürtel umschlungen und zusätzlich durch einen Strick an der Sattelstütze des Velos fixiert. Ein Schubser von der Kaimauer genügte für zwei Morde, die nicht teuflischer ersonnen werden konnten: Die Kinder fielen drei Meter tief, wurden sofort vom Fahrrad in die Tiefe gezogen, unrettbar verloren, das schwarze Wasser des Todes schlug über ihnen zusammen. Zuvor hatte er ihnen angeblich wegen der Mücken Schlafbrillen aufgesetzt. Sofern die Schauergeschichte überhaupt einen tröstlichen Aspekt hat, dann den, dass sie nicht sehen mussten, wie ihr Mörder die zuvor ausbaldowerte Stelle ansteuerte. Exakt am Ende des Ufergeländers.

Gegen zehn am Morgen hatte der Vater die Buben bei seiner getrennt von ihm lebenden Frau in Frankfurt abgeholt. Er kam mit dem »Clipper-Sport«-Damenrad, auf dem Gepäckträger ein 50 Zentimeter langes, durch Tuch gepolstertes Holzbrett zum Sitzen für die Kleinen. Wie sie ihren letzten Tag verbrachten, konnte die 21. Strafkammer des Frankfurter Landgerichts nicht genau klären. Sie verurteilte den Kindsmörder jetzt in dem reinen Indizienprozess zu »Lebenslänglich« mit besonderer Schuldschwere. Der Vorsitzende Richter hob hervor, die Tat hebe sich »deutlich ab von den erfahrungsgemäß gewöhnlich vorkommenden Mordfällen«. C. habe sich nicht gescheut, die eigenen Kinder aus »rachsüchtigen, egoistischen Motiven zu vernichten«.

Selbst dem von Amts wegen mit menschlichen Abgründen zutiefst vertrauten Richter, Vater zweier Töchter, war in den vielen Dienstjahren ein solcher Fall noch nie begegnet. Ein Fall, der ein lähmendes Gefühl von Trostlosigkeit angesichts des Bösen auslöst. Das Verbrechen passierte zeitnah zur Entführung und Ermordung des Bankierssohns Jakob von Metzler. Ein gewaltiges Medienecho folgte. Die ebenfalls im Gerichtssaal 165 verhandelte Auslöschung von Steven und Kevin wurde eher lokal oder gar nicht wahrgenommen, was das Gericht sich so erklärt: »Wer interessiert sich schon für zwei kleine Inder?«

Am Tag, an dem sie sterben müssen, tragen die Kinder identische, mit einem Comic-Tiger bedruckte Disney-Jacken, dazu Capri-Hosen, Sandalen und bunte Bändchen am Handgelenk. Fuß- und Fingernägel sind nach heimatlicher Sitte rot lackiert. Eigenartige, verstörende Farbtupfer sind das in der grässlichen Szene der »Leichenländung«, wie die Bergung im Polizeijargon heißt. Es nieselte, Männer setzten Bojen, hantierten vorsichtig mit Bootshaken an einem im Wasser schaukelnden Bündel, den von der Mutter vermisst gemeldeten Steven und Kevin. Es wirkte, als hätten sie in letzter flehentlicher Abwehrgeste die Fäustchen geballt.

Schwimmen konnten sie nicht, waren »weder in der Lage, um

Hilfe zu rufen noch sich zu befreien oder in irgendeiner Art zu retten«, hielt das Urteil fest: »Mehrere Minuten lang erlebten sie ihr Sterben«, versanken nach dieser Schilderung in lautloser Klage im Strom. Die dem Vater blindlings vertrauenden Opfer hätten keinen Angriff auf ihr Leben befürchtet, hätten keine Chance gehabt, ihn in letzter Sekunde durch Weinen und Betteln vom Vorhaben abzubringen. Flüchten konnten sie auch nicht. Nur elendiglich ersaufen konnten sie.

Der Rechtsmediziner schilderte, das eindringende Wasser habe einen Stimmritzenkrampf bewirkt, bald sei eine Unterversorgung des Hirns mit Sauerstoff eingetreten, die erst zur Bewusstlosigkeit führte. Nach einer sich noch fortsetzenden Schnappatmung und weiterem Eindringen von Wasser trat der Tod ein. Die Brüder gingen relativ schnell unter, »da sie keinen hohen Körperfettanteil hatten und das Rad sie hinunterzog«. Ein vom Vater umgemodeltes Gefährt von 16,5 Kilo Gewicht mit den 34,5 Kilo schweren Kindern hinten drauf.

Am linksseitigen Mainufer beobachteten Spaziergänger gegen 21.30 Uhr die seltsame Fuhre, das mit drei Personen besetzte Rad. Am Lenker der Angeklagte. Was Zeugen als »mürrisch« an ihm schilderten, mag seine Entschlossenheit gewesen sein. Auf dem Sozius die vergnügten, mit Fechtkämpfen beschäftigten Söhne. Passanten fielen ihre kuriosen, mit Gummifäden verknoteten Schlafbrillen auf, die für »Augenklappen« gehalten wurden. Niemand ahnte, dass es die Totenmasken sein würden. Kevin trug eine beige, als er im Unterwasser treibend vom Kapitän der »Steigerwald« gesichtet wurde. Stevens dunkelblaue war verrutscht, baumelte am Hals.

Dem Mörder konnte es nicht duster genug sein. Bis 23.40 Uhr drückte er sich mit den Söhnen auf einem nahen Spielplatz herum, checkte die Lage. Mit dem Ende der sommerlichen Dämmerung gegen 23 Uhr senkte sich Finsternis über die Gerbermühle. Zur Linken funkelten in der Ferne die Bankentürme, rechter Hand auf einer Mittelinsel genügten Leuchten für die Orientierung. Am Uferweg funzelte eine einzige Peitschenlampe, von C. aus jedoch nicht einzusehen. Die Kulisse für das perfekte Verbrechen: Der Mörder fuhr ohne Licht, verschmolz mit der Schwärze, die Kinder wurden von Nacht und Wasser verschluckt.

Der Angeklagte schwieg bei Gericht zur Sache, heulte, den Blick gesenkt, ins Taschentuch. Überwältigte ihn die Erinnerung an die unschuldigen Söhne, an die Lügen, die er ihnen ins Ohr säuselte, derweil er den Gürtel um sie schlang? Er, der sein Herz verschloss vor ihrem letzten fragenden Blick, ihrer Verlorenheit, ihrer Qual?

Was für hübsche, bronzefarbene Buben er doch hatte! Schnappschüsse liegen bei den Akten, zeigen kleine Erwachsene in Pagenjacken, mit weißem Hemd und Fliege für Familienbilder zurechtgemacht, das Haar artig links gescheitelt. Mit braunen Augen strahlen sie den Fotografen an – war es der Papa? –, ahnen nicht, welch Los ihnen bald beschieden war.

Die zwei wurden hineingeboren ins Unglück. Der Vater war ein wüster Geselle, ein Kotzbrocken sondergleichen. Er nahm sich jedes Recht, verprügelte und vergewaltigte seine Frau V., duldete keinen Widerspruch, begegnete Einwänden, wie das Gericht es ausdrückte, »mit physischer Gewalt«. Die 37-Jährige hielt er mit Geld kurz. So hatte er davor schon über seine deutsche Gattin geherrscht; die Ehe brachte ihm die Einbürgerung. Die Ermittler fanden heraus, er sei damals in Indien noch verheiratet gewesen.

Die Mutter von Steven und Kevin hatte er 1995 per Katalog über eine Vermittlung in Bombay ausgesucht. 1996 schloss man die Ehe, die Neue war mit Kevin hochschwanger. V. stammte aus armen Verhältnissen, wurde von C. damit geschmäht, sie verdanke es nur »seinem Schwanz«, Kinder bekommen zu haben. Ihren Eltern schwindelte er vor, einen guten Job am Frankfurter Flughafen zu haben. C. war seit Jahr und Tag arbeitslos und bezog Stütze.

Das Gericht sah es so: Nach seinem kruden Selbstverständnis hatte er V. aus dem indischen Elend erlöst und ins gelobte Land geholt. Dafür hatte sie dankbar und gehorsam zu sein. Er genoss die westliche Zivilisation – lebte aber die in Indien praktizierte Unterdrückung der Frauen handfest aus.

Der Vorsitzende Richter gilt als ein Spezialist fürs Unergründliche. Seine Verhandlungen sind schonungslose Momentaufnahmen, die der Gesellschaft einen Spiegel vorhalten. In diesem Fall die Chronik eines angekündigten Todes. Denn seitdem die Söhne in den Kindergarten gingen, emanzipierte sich V. zaghaft vom brutalen Gatten, überwand die anerzogene Unmündigkeit. Andere Mütter halfen ihr, wenn er sie einmal mehr übel zugerichtet hatte. Kurzfristig flüchtete V. ins Frauenhaus. Der »Verein für geschlagene Frauen« überredete C. zum Auszug. Es ist bestürzend, dass er stets ungeschoren davonkam, obwohl er nach amtlicher Erkenntnis 1986 illegal eingereist war und es mit der Wahrheit offenkundig nie genau nahm.

Die Polizei ging davon aus, er sei zehn Jahre älter, als er vorgab. Daheim in Surat soll er Wohnungen und ein Geschäft besitzen. Hier aber schickten ihn Behörden trotz sehr mangelhaftem Deutsch fürsorglich zu Umschulungen, finanzierten Lehrgänge etwa in Buchführung. Er saß schon ein Jahr in U-Haft, trotzdem zahlte das Sozialamt seine Wohnung weiter, bis das Gericht jetzt darauf aufmerksam machte, dass der rundum Versorgte längst hinter Gittern sitzt.

Solange sie kaum Deutsch sprach, war V. ihrem Gatten ausgeliefert, auch in Angst vor der Ehr- und Rechtlosigkeit zu Hause in Indien. Endlich ging er weg, sie löste sich vom Haustyrannen, knüpfte Kontakte, begann mit den Kindern ein, ja, neues Leben. Mit Hilfe Dritter richtete V. ein Konto ein, Kindergeld und Sozialhilfe gingen an sie, »womit sie zum ersten Mal über eigenes Geld verfügte«. Sie sei »zunehmend aufgeblüht« – trotz seiner Verfluchungen. Die Situation eskalierte im Streit um das Sorgerecht für die Söhne.

Vermittelt vom Jugendamt durfte der Vater seit November 2001 die Kinder »einvernehmlich« alle zwei Wochen abholen, Besuchszeit: Samstag 10 bis Sonntag 18 Uhr. Dabei gab regelmäßig ein Wort das andere. Der Vater drohte, die Mutter umzubringen, die Kinder wegzunehmen. Am 8. Juni 2002 gipfelte seine Verwünschung in dem Satz: »Du wirst sehen, was ich mache. Du wirst noch blutige Tränen weinen!« Steven und Kevin lebten noch fünf Wochen.

Zwar verfügte das Jugendamt zum Schutz der Kinder, das »Aufenthaltsbestimmungsrecht« stehe allein der Mutter zu. Wie der

Sachbearbeiter noch im April 2002 das »gemeinsame Sorgerecht« für beide Eheleute empfehlen konnte, bleibt sein Geheimnis. Laut Schwurgericht nahm er die wiederholten Befürchtungen von V., der Mann werde ihr und den Jungs etwas antun, »trotz entsprechender Information nicht ernst«, sondern ordnete sie der »unbewältigten, aber ungefährlichen Konflikthaltung« des Vaters zu.

Es ist nicht viel, was von einem Kinderleben bleibt, das sich auf Tatortskizzen im Maßstab 1:10 000 reduziert, auf rote Pfeile und Punkte mit Erklärungen wie »Bergeort« oder »2. Sichtung der Leichen«. Der Gürtel, den er um sie schlang, erhält in der Auflistung »sonstiger Augenscheinobjekte« den Buchstaben »l«, mit »m« und »n« folgen die Schlafbrillen, mit »y« die von ihm theatralisch für die Kinder auf dem Bett dekorierte rote Plastikrose. Taucher holten neun Meter vom Ufer entfernt das Rad vom Grund, die Reifen fast platt, ihre Fahrt auf dem Streubelag am Ufer muss von einschläferndem Knirschen begleitet gewesen sein. Kevin, der Ältere, trägt die Spurennummer 1, in der Pathologie ist er die Nummer 735, Steven die 736. Am Nabel eines Buben klebt eine Flaumfeder, zart und weiß und jammerwürdig.

Für einen Mann, der angeblich seine Söhne beweint, denkt C. erstaunlich strategisch. Unter Unschuldsbeteuerungen versuchte er schriftlich, den Geschehnissen am Wasser eine andere Version zu geben: Eine Mücke sei ihm ins Auge geflogen, er habe die Kontrolle übers Rad verloren, sei vom Pfad abgekommen, deshalb seien die Kinder in den Main gefallen. Ein Sachverständiger widerlegte die Darstellung vom tragischen Unfall. C.s wie auswendig gelernten Sätzen fehlte jede Begründung dafür, warum er keine Hilfe holte, sondern einfach weglief.

In der Wohnung hatte er noch die Stecker aus den Geräten gezogen, den Kühlschrank geleert und in krauser Verbrecherlogik die von ihm getragene Kleidung unter der Dusche nass gemacht. Das sollte suggerieren, er habe die Buben retten wollen, nach ihnen getaucht, sie nicht gefunden. Das »diatomologische Gutachten« erbringt, Hose und Hemd seien nie mit dem Fluss in Berührung gekommen, es finde sich kein Hinweis auf die charakteristischen

Kieselalgen. Am nächsten Morgen flieht er nach Dublin, reist unter dem Namen Rachid Ghandi ein, begehrt Asyl.

In abstoßenden Einlassungen spielt er die Rolle des Fürsorglichen, ist nach Feststellung des Gerichts hinter grotesken Rechtfertigungsversuchen jedoch ein eiskalter Killer. »Ohne jeden vernünftigen Zweifel« stehe fest, er habe die Söhne »wissentlich und gewollt« umgebracht, »um seiner von ihm gehassten Ehefrau den größtmöglichen Schmerz zuzufügen«. »Was kann es Niedrigeres geben?«, fragt der Richter. Indem C. seine Söhne ertränkte, richtete der die Toten als Waffe gegen seine Frau, vernichtete ihr einziges Glück in der Fremde.

Zwei Tage nach dem Mord geht beim Familiengericht der Vorschlag des Jugendamtes ein, der Mutter das alleinige Sorgerecht für die Söhne zuzuweisen, da das väterliche Handeln sich nicht an deren Wohl ausrichte.

Wie trauert eine stolze Stadt?

Im Atocha-Bahnhof hängt ein Spiegel. Darauf steht: »Schau dich an. Es hätte dich treffen können.« Es gibt kein Entrinnen in Madrid, die Bilder des Attentats sind überall. Bericht aus einem gebrannten Ort.

Weithin sichtbar steht das Friedhofskreuz von Alcalá de Henares auf einer schroff abfallenden Felswand. Bis dort hinauf steigt das Wehklagen der Trauernden, die sich unter einem Zipfel blauen Himmels zur Totenwache versammeln.

Supermärkte grenzen an die Gräber, die moderne Anlage mit Teich und Skulpturen hat nichts von einem herkömmlichen Gottesacker. Am Eingang das schicke Infobüro, rechts hat das Café für den Leichenschmaus geöffnet. Heute ist alles anders. Heute drängen Journalisten aus aller Welt zum Tresen. Im Gelände parken Übertragungswagen, Antennen werden ausgefahren. Schon richten sich Kameras auf die vielen Kränze. Ein überreiches Gebinde rot-weißer Nelken kommt laut der Schleife vom »Bürgermeister von Madrid«.

Es sind die Tage nach dem 11. März, an dem islamistische Terroristen in der spanischen Hauptstadt 191 Menschen ermordeten und 1400 verletzten. Keine 30 Minuten Fahrzeit von hier starben bei dem Massaker auch jene, die in Alcalá de Henares beweint werden. Am schwarzen Donnerstag fuhren sie mit der voll besetzten Linie C2 Richtung Madrid ins Verderben. Auf dem Friedhof flattert Absperrband in der kühlen Luft, mannshohes Schilfgras zittert. Stiefmütterchen säumen den Weg. Im Gegenlicht glänzen die Ulmen, dankbare Motive für die internationale Fotografenschar. Aber unter den Hinterbliebenen ist niemand, der einen Blick für die Natur hätte. Es ist die Landschaft nach der Schlacht.

An der nahen Bahnstation prangt weiter die Werbung: »Die besten Träume habe ich, wenn ich wach bin.« Vor der Tür aber flackern neben einem Fotoautomaten 16 ewige Lichter, die zum Symbol des trauernden Landes geworden sind. In der Kneipe berichtet die Bedienung stockend, hier vorne habe eines der Opfer seinen Stammplatz gehabt, »ein Rumäne. Auch er ist tot, wir werden ihn nie vergessen.«

Auf dem Friedhof wird in Raum 2 gleich des 51-jährigen Felix González gedacht, Leutnant der Luftwaffe, verheiratet. Ihn trafen die Bomben auf dem Weg zur Fortbildung in Madrid. Eben trug man seinen Sarg in die Turnhalle zur Gedenkfeier, die Compañeros salutierten. In den bleichen Gesichtern seiner Söhne Marco und Mariano malte sich bei der Zeremonie eine um Tapferkeit bemühte Verständnislosigkeit. Ihr Vater starb an Marianos neuntem Geburtstag, die Mutter sorgte dafür, dass der Kleine trotzdem gefeiert wurde. Die Familie rückt eng um den Aufgebahrten zusammen, als könne man durch Nähe des Elends irgendwie besser Herr werden.

Zeitgleich treffen sich in Raum 5 Verwandte und Freunde von Francisco und Rodrígo Sánchez: Vater und Sohn, 51 und 22 Jahre alt. Am 11. März gleichfalls mit dem Todeszug unterwegs, der eine wollte in die Hauptstadt zur Arbeit, der andere studierte Elektronik an der TH. Da rissen die in Rucksäcken versteckten Sprengsätze sie aus dem Leben. In Raum 6 ist die Stunde des Abschieds von Francisco Moreno gekommen, das Wehklagen ist kaum zu ertragen. Es werden immer mehr Menschen, die Spiegelungen in den Glasscheiben des Leichenschauhauses verdoppeln das Leid. Morenos Sohn wankt aus dem Gebäude, fällt schluchzend auf den Rasen. Sanitäter kümmern sich um ihn, er wird beatmet und im Rollstuhl weggefahren.

Madrid kann so schön sein, aber seit »11-M« (wie der Terrortag heißt) lastet ein Albtraum auf der Metropole. Vordergründig herrscht die vertraute Geschäftigkeit, Verkehr tost auf der Gran Vía. Wie gehabt lässt der Pianist im Hotel Palace Kaffeehausmelodien dahinplätschern. Im Retiro-Park bolzen Freizeitkicker. Zur Hochzeit von Kronprinz Felipe und Letizia Ortiz läuft die Stadtkosmetik auf Hochtouren, nur dass vor dem für einschlägige Fernsehfeatures beliebten Metropolis-Bau bis gestern eine haushohe schwarze Trauerschleife hing.

Unter der pulsierenden Oberfläche ist dieses Madrid eine gebrannte Stadt, eine Stadt mit einer Katastrophenzone. Ground Zero. Die Schockwelle pflanzt sich fort, ein Ende des Bebens ist nicht abzusehen. Gerüchte kursieren. Wie viele Täter waren es? Fünf, zehn? Die Fernsehschirme in der U-Bahn zeigen Königin Sofia in Nahaufnahme bei der Trauermesse in der Kathedrale. Mit schmalem Mund ringt sie auf ihrem rotsamtenen Gestühl um Fassung. In der San-Bernardo-Straße beklagt die Versicherung »Reale« mit Aushang den Tod der Kolleginnen Dolores und Nuria; andere Betriebe tun es ihr nach. Spätabends brennt Licht im schwer bewachten Nationalen Gericht bei der Plaza Colón. Die Festgenommenen werden verhört. Nachbarn diktieren Reportern das Üblich-Nichtssagende zu den ihrer Meinung nach »freundlichen« Männern. Zeitungen bringen das Schema der Bombenzünder, mit dem alarmierenden Effekt, wie wenig es eigentlich braucht, die Zivilgesellschaft aus den Angeln zu heben.

Bis tief in die Nacht durchstreifen Menschen den Atocha-Bahnhof, der für immer mit den Bildern Sterbender belastet sein wird. Am Gleisfeld, auf Höhe des Tatorts, schildern zwei Kabelverleger, sie hätten kurz vor dem Anschlag Schichtende gehabt, deuten zur Halle und beteuern, das Ganze wäre in die Luft geflogen, hätte sich nicht der erste von vier mit 100 Kilo Plastiksprengstoff bestückten Zügen verspätet: »Was für ein Desaster.«

Rasch wachsen die Inseln mit roten Grabkerzen, täglich werden es mehr in dieser Woche. Dorthin zieht es die Masse, eine Dauerprozession aus Mitgefühl, Neugier, Sensationslust. Auf handgemalten Zetteln steht: »Warum?«, Ausdruck der durch Furcht gesteigerten Ratlosigkeit und Verunsicherung; die Dimension des Schreckens übertrifft das für möglich Gehaltene. Die Frage, ob es trotzdem Momente des Vergessens gebe, beantwortet der Psychiater Francisco Ferré vom Krisenstab mit Hinweis auf einen im Atocha-Bahnhof hängenden Spiegel. Er trägt die Mahnung: »Schau dich an. Es hätte dich treffen können.«

Wir stöbern Francisco Ferré in einem labyrinthischen Bürotrakt auf, ein stattliches Modellbauschiff mit Namen »Villa« schmückt sein Zimmer. Das Fachbuch »Wie kann man ein psychisches Trauma überwinden?« liegt griffbereit. Das Gesicht offen, aber müde, streicht er die Seiten des Einsatzplans glatt. Von dem Spezialisten ist zu lernen: Trümmerbeseitigung mit schwerem Räumgerät ist das eine. Im Gelände deutet tatsächlich nichts mehr auf den Angriff hin, würden nicht Gedenksträuße entlang der Böschung den Weg weisen. Man sieht neue Gleise, Schwellen, frischen Schotter. Sechs Tage später verkehren die Pendlerzüge wieder auf der Stammstrecke, von erheblich weniger Fahrgästen wird berichtet, aber immerhin: »Unter Tränen und Angst vor Rucksäcken« seien sie zu ihrer Routine zurückgekehrt.

Obwohl Spanien wegen der ETA eine lange, leidvolle Geschichte des Terrors habe, bombten sich, folgt man Experte Ferré, erst die zu Al-Qaida gezählten Mörder in die Tiefe des kollektiven Bewusstseins: »Die 200 Opfer stehen für jeden von uns!« Zunächst war das, grausam genug, eine anonyme Zahl. Inzwischen erzählen Porträts in Zeitungen die persönliche Geschichte eines jeden. Indem sie ein Gesicht erhalten, sprechen die Toten zu den Lebenden.

Am 11. März hatte Doktor Ferré seine Uni-Vorlesung zum Thema Alkohol und Drogen auf dem Kalender. Er hörte im Autoradio vom Anschlag, die Hilfsmaschinerie sprang an. Tausend Psychologen, Schwestern, Sozialarbeiter wurden für die Krisenintervention mobilisiert. Er zeichnet die Verteilung auf. »Alle wussten, eine große Zahl von Toten wird zur Messehalle 6 gebracht, ihre Familien kommen.« Gegenüber öffnete just die auf Lebenslust getrimmte Ausstellung für Möbel und Tourismus ihre Pforten. Ein paar Schritte weiter rollten Leichenwagen durch den Liefereingang Nord. Die Identifizierung der Zerfetzten begann, durch Sichtschutz getrennt vom Messebetrieb, einer Sportbar und einer Pizzeria. 140 Helfer umsorgten im Wechsel die Angehörigen. Ferré weiß von Kollegen, die bei acht solchen Dramen seelischen Beistand geleistet hätten. Sie, die

Psychologen, seien selbst der Nachbetreuung bedürftig. Was für ein Horror in der Tiefe des kahlen Raumes, eine von schmalen Neonröhren erhellte Gruft, von Schluchzen erfüllt. In einem besonders bedrückenden Fall musste einer Frau zuerst ein Beutel mit einem Personalausweis gezeigt werden. »In einem zweiten Beutel waren die wenigen Überreste ihres Mannes.« Ferré seufzt: »Es gibt noch Leichen ohne Namen.«

Jetzt ist es wieder still in Halle 6, unheimlich still. Alles sperrt sich gegen die Vorstellung, hier könnten demnächst Geschäfte getätigt werden. Durch die Scheiben sieht man noch blaue Bänder gespannt, Stellwände, die Einteilung in die Zonen A bis F. Unwillkürlich sucht man den Boden nach Blutspuren ab. Ferré berichtet vom »totalen Chaos« der ersten Stunden, man habe versucht, innerhalb des Durcheinanders einen individuellen Rahmen für Gefühle zu schaffen. Jetzt versteht man, warum der »Leitfaden« für die Trauerarbeit betont: »Nehmen Sie sich so viel Zeit zum Weinen und zum Klagen, wie Sie benötigen.« Am Montag eröffnen »Anlaufstellen« für Retter, die am 11. März durch die Hölle von Atocha gingen und mit dem Erlebten nicht fertig werden. Fachleute aus New York kommen, mit 11.-September-Erfahrung.

Es war ja Krieg, Bombe zündete auf Bombe. Nach der Heimsuchung wird Madrid nie mehr sein, wie es war. Ferré spricht von bleibender »Unsicherheit«. Dermaßen brutal sei der Tod in ihre Gemeinschaft eingebrochen, da könne man nicht ausschließen, dass sich »eine Phobie« gegen Versammlungsorte entwickle. Spanier ergingen sich gern im Freien, »plötzlich gibt es viele Plätze, wo wir Angst haben müssen«. Der 11. März zerstörte ihr Grundvertrauen.

Im fortwährenden Ansturm entsetzlicher Sequenzen krallen sich besonders emotionale Zeichen ins Gedächtnis. Es sind zum Mund geführte Hände, Ausdruck stiller Verzweiflung, wie wenn Schreie zurückgehalten werden müssten angesichts des Unsagbaren. In dieser Stimmung druckt *El País* neun Fotoseiten zur Katastrophe und erklärt, die schauerlichen Dokumente seien »eine Realität«: auf Gleisen liegende Tote, verrenkt wie Spielzeugpuppen. Aus Waggons hängende Gliedmaßen. Eine eingeklemmte Frau, die Lippen wie zu einem letzten, unerhörten Flehen geöffnet. Neben ihr das erstarrte Antlitz eines weiteren Toten: unrettbar Verlorene, Opfer blinden Hasses, zum Abtransport in schwarzen Leichensäcken aufgereiht, gleich Paketen mit Begleitzetteln versehen.

Man sieht die zum Mund geführten Hände dann bei den 1300 Männern und Frauen, die zur ersten großen Trauerfeier in die Sporthalle von Alcalá de Henares strömen. Weiße Plastikstühle auf dem hellblauen Spielfeld geben der Feier einen beinahe heiteren Akzent. Weihrauch steigt auf. Trotz Verstärker predigt der Bischof mit dünner Stimme, man sei beisammen zum »Akt der Liebe für die Opfer«. Durch Glasbänder in der Decke fällt Tageslicht ein, das Weiß der Ministranten korrespondiert mit dem Weiß der Ärzte, mit rasch geschriebenen Namensschildern am Kittel. Sanitäter nehmen Untröstliche in die Arme. Niemand schämt sich auf den Presseplätzen seiner Tränen, während die Gemeinde zu Ehren der Toten donnernd Beifall spendet, wie es Sitte ist. Innig die Bitte, sich die Hände zu reichen bei den Worten »Der Friede sei mit euch«.

Tiefe Wolken hängen bei den Totenwachen überm Friedhof. Improvisierte Schilder an rosenumrankten Säulen weisen den Weg zu Räumen für die Einkehr bei den Opfern. Wohnzimmerstehlampen brennen. Die Hinterbliebenen sitzen in schweren Klubsesseln, nehmen Beileidsbekundungen entgegen. An den Wänden alte Stiche der mauerbewehrten Stadt, als müsste den Lieben noch einmal gezeigt werden, woher sie kamen, bevor sie auf so entsetzliche Weise gehen mussten.

Es gibt im Madrid des März 2004 kein Entrinnen. Die Bilder vom Attentat schlüpfen durch strenge Sicherheitskontrollen mit ins Haus der Sozialistischen Partei, eine Adresse mit dem Charme einer Kombinatsverwaltung. Das Spalier Topfpflanzen erweckt den Anschein einer Extrazuteilung Grün. Der Terror beherrscht die Pressekonferenz nach der Landeswahl, Gewinner Rodriguez Zapatero ist klug genug zu wissen, dass die 100 Journalisten weniger wegen ihm als wegen »11-M« gekommen sind. Der künftige Regierungschef gedenkt der Toten, Verletzten und Angehörigen, verspricht »verstärkten Kampf gegen den Terror«. Sein Lächeln ist ernst. Zapatero verspricht gleich nach dem Sieg, im Amt »nicht manipulieren, nicht lügen« zu wollen, verspricht, »zuhören, verstehen und respektieren zu wollen«, kurz: das Kontrastprogramm zu Vorgänger Aznar. Die schäbige Informationspolitik des Konservativen nach dem Attentat machte den Überraschungscoup der Sozialisten erst möglich.

In der Genovastraße ist das Massaker beim Treff mit dem noch regierenden Aznar erst recht präsent. Azurblauer Hintergrund im Saal 714 suggeriert noch den Optimismus der rechten Volkspartei, PP, die sich auf dem Weg zur Mehrheit wähnte. Während Verlierer Aznar mit den Seinen tagt und tagt, flackern auf sechs Fernsehern im Flur zwischen Werbespots für Hautöl fast surreale Tatortbilder. Ein Vater präsentiert das Foto seiner toten Tochter. Aznar war im gepanzerten Audi mit der Nummer 7202 BCL vorgefahren. Vorsichtig, fast steif in der Bewegung, kam er unter schlaff hängenden Flaggen zur Krisensitzung. Was ging ihm durch den Kopf? Die gewonnen geglaubte Wahl verloren. Dreiste Lügengeschichten flogen auf, von Verschwörung gegen die Wahrheit ist die Rede. Aznar verpfändete gegenüber Chefredakteuren sein Ehrenwort, hinter dem Anschlag stehe die ETA, berichten Agenturen und klagen über »Zensur«. Von der ETA faselte die Regierung noch am Wahlsonntag. Da enthüllte *El País* dank Informationen erzürnter Ermittler die Spur zu Al-Qaida – mitten im Herzen Madrids.

Aznar verschanzt sich mit dem Parteivorsitzenden Mariano Rajoy und Ministern hinter verschlossenen Türen. Der durfte sich bei fünf Punkten Vorsprung in Umfragen als künftiger Regierungschef fühlen. Sein Mentor stiehlt sich später wortlos davon, peinlicher Abgang eines Gernegroß mit mokanter Miene, der im Irak-Krieg dabei sein wollte, indes die oberste Feldherrnregel ignorierte: Die Truppe, die Wähler, muss man hinter sich haben. Rajoy nuckelt an der Cohiba, bis er sich der Presse stellt. Einer wagt zu fragen, ob die Partei sich wegen Spaniens Kriegsbeteiligung mitschuldig fühle an den Toten vom 11. März. Rajoy antwortet nicht mal brüsk, dazu könne man »viele Analysen abgeben«.

Es ist die Woche danach. Bilanzen erscheinen: 64 000 Helfer waren im Einsatz, 1750 Personen wurden behandelt, gestern starb

Jacqueline Contreras, 22, Haushaltsgehilfin aus dem Dschungel von Peru, Opfer 202. Vier sind immer noch in »kritischem Zustand«. Zehn Verdächtige bleiben in Haft.

Ob Madrid eine traumatisierte Stadt sei? Doktor Ferré diagnostiziert: »Ja, ganz sicher, aber diese Folgen sehen wir erst später.«

(Im Prozess gegen die islamistischen Zugattentäter hat ein Madrider Gericht 21 der 28 Angeklagten verurteilt. Mehrere erhielten formal Strafen von mehreren tausend Jahren Haft. Die maximale Verbüßungsdauer beträgt 40 Jahre. Die amtliche Abschlussbilanz nennt 191 Tote, 251 Verletzte, davon 82 schwer.)

Der Millionen-Raubzug

»'s isch alles weg!«: Spielzeugloks für 1,5 Millionen, erbeutet im Märklin-Museum, Schwaben. Eine Fahndung begann, der Markt brach zusammen. Und die Diebe waren auf dem falschen Gleis.

Für Roland Gaugele vom Märklin-Museum gab es am 18. Januar 2005 eine unvergessliche Bescherung. In breitestem Schwäbisch schreckt ihn sein Betriebsleiter beim Frühstück auf. Er solle »sofort komme, 's isch alles weg«. Kurz danach nimmt die Polizei eine siebenseitige Strafanzeige der Göppinger Traditionsfirma zu Protokoll, deren brandroter Schriftzug seit eh und je die Fantasie entflammt. Tagebuchnummer 322/05: »Besonders schwerer Fall des Diebstahls, Sache: Lokomotiven, noch unbekannte Anzahl, Wert: 1 500 000 EUR.«

Ein schwarzer Dienstag: Roland Gaugele wurde es »fast schlecht«, als er im Museum die Katastrophe besichtigte: Zerdepperte Schaukästen, verbogene Gleise, 185 zum Teil unersetzliche Exponate fehlten: legendäre Dampfmaschinen, Limousinen, Loks und Wagen der historischen Spur 0,1 sowie Prototypen der Spur 00 (H0). »Des hat wild gwirkt. I war richtig schockiert.«

In einem Anflug von Panik erfasste Gaugele: Aus Vitrine 19 war der »Henschel-Wegmann-Zug in Stromlinien-Ausführung« verschwunden; er spricht den Namen mit Andacht aus. In Wirklichkeit war die futuristische Maschine einst in 95 Minuten von Dresden nach Berlin gerauscht. Die Miniatur von 1935, makelloses Gehäuse in »Creme/Violett«, bespannt mit Wagen der 1. und 3. Klasse, ist Liebhabern 250 000 Euro wert. Auch Gaugeles Favorit war geklaut, die Dampflok »Storchenbein«, mit ihr begann 1891 das Modellbahnzeitalter. Der »Aussichtstriebwagen, Spurweite O«, abgekupfert vom »Gläsernen Zug« der Reichsbahn, erhielt in der Schadensliste die Nummer 1134/O, die Rarität steht mit 150 000 Euro zu Buch. Ausgeräumt die Glaskästen mit dem Linienschiff »Mecklenburg«, samt Rettungsbooten und Reichskriegsflagge, und dem weißen Ozeanriesen »Auguste Victoria« (drei Etagen für Passagiere). Heiligs Blechle, das Ding kostet auch seine 160 000 Euro. Noch schlimmer, es handelte sich um Leihgaben. Wo der silbrige Schienenzeppelin geglänzt hatte, mit vierflügeligem Propeller, Innenbeleuchtung und glühend rotem Schlusslicht, gleichfalls gähnende Leere. Als Kind wäre man vor Glück an die Decke gesprungen, hätte man das herrliche Ungetüm geschenkt bekommen.

Ob vernickeltes, ob verkupfertes Spielzeug, ob Filigranes oder Teile mit unvergleichlich glatter Metallhaut in verführerischen Farben – später wird sich herausstellen, die Täter schmissen sie achtlos in Sporttaschen, verließen das Haus, wie sie gekommen waren – durch den eisernen Notausgang. Gegenüber beim Freibad parkte ihr Kombi. Auf dem Weg verloren sie zwei winzige Matrosenfiguren. Was Wunder, dass Gaugele auf Tatortfotos unbehaglich in die Kameras blinzelt, verwirrt und gleichzeitig entschlossen.

Von Stund an war »uff de schwäb'sche Eisebahne« der Teufel los, ein Großaufgebot jagte die Einbrecher rund um den Globus: Die Kripo Göppingen mit 3000 Einsatzstunden. Das österreichische Bundeskriminalamt mit 100 Beamten. Mobile Einsatzkommandos Wiens, Nürnbergs, Stuttgarts. Verdeckte Ermittler, Polizeispitzel, die italienische Justiz! 67 300 Mobilfunkgespräche aus dem Raum Göppingen wurden nach Verdächtigem abgecheckt, Fangschaltungen installiert aus Sorge vor möglichen Trittbrettfahrern. 271 Hinweise kamen.

Bei der Fahndung verbreitete sich ein seltsames Fieber, weit über das kriminalistische hinaus. Jeder zehnte Deutsche ist Modellbahner, das färbte die Presseberichte mit Emotion und Sentiment ein, als hätte sich die Tat gegen die Artikelschreiber persönlich gerichtet. Auf der ganzen Strecke bis zur Gerichtsverhandlung gegen die Zugräuber stellten Märklin-Experten die Weichen: In Ulm macht Richter Reiner Gros den Prozess, in fernen Knabenjahren ebenfalls Märklin-Spieler, »Spur 0 und H0«. Beim Gespräch im dürftigen Büro mit Blick auf die U-Haftanstalt glättet er seinen Cäsarenschnitt und betont: »Aber nach Verlassen der Kindheit hat meine Märklin-Affinität geendet«, als sei die verjährte Liebe bereits ein Revisionsgrund. In Göppingen erinnert sich der Kripo-Vize Thomas Friedrich belustigt der Erwachsenen, die an seiner H0-Bahn auf Lokführer machten. Hauptkommissar G. besucht die einschlägigen Sammlerbörsen. Verteidiger Günther Silcher (sein Mandant »Pipo« stand Schmiere) vererbte das Hobby an den Sohn, sieht mit Wohlgefallen, wie die Enkel Anschluss an die Tradition finden. Opa zahlt's.

Wer immer das Ding drehte, er hatte sich nicht an Blech vergriffen, sondern an einem deutschen Mythos. Die Kultmarke Märklin weckt trotz Playstation, Absatzsorgen und Verkaufsgerüchten beim Kind im Manne weiter melancholische Empfindungen. Von daher war der Diebstahl vermasselt, noch ehe er ausbaldowert war. Die schweren Jungs mussten aufs Abstellgleis geraten.

Kaum dass die Kunde vom größten Eisenbahnklau der Weltgeschichte die Runde machte, formierten sich 100 000 Mitglieder der Fan-Klubs zu einer international operierenden Detektei. Wer sich an den Chats beteiligte, musste erkennen: Unter Enthusiasten kam der Diebstahl einer Gräueltat gleich. Mit dem Museumschef fühlte sich eine Gemeinde in ihrer Identität attackiert. Bei Märklin gingen »Kondolenzschreiben« ein. »Die Sammler waren zutiefst getroffen«, betont Firmenleiter Paul Adams. Landauf, landab herrschte Schmalspur-Alarm. Roland Gaugele, der daheim 14 Anlagen betreibt, ist mit Minizügen groß geworden, besonders »Tante Maria« beschenkte ihn damit. Gestandene Männer wie er und Geschäftsleiter Adams lassen es sich im »1. Modellbahnteam« nicht nehmen, jeden Mittwoch an einer Superanlage »herumzubascheln«; Adams bepinselte die 3,50 Meter hohe Zugspitze eigenhändig. Der sonst harte Rechner kann in nimmermüder Verzückung über die Liebe zur Feinmechanik sprechen. Nun war den Getroffenen zumute, als hätte sich ein Leidenskollektiv gebildet. Weltweit seien Märklin-Raritäten nicht mehr verkäuflich gewesen, »keiner traute sich, was zu kaufen«, die Märkte brachen zusammen. Die Firma stellte die Liste mit dem Diebesgut ins Internet, lobte 200 000 Euro Belohnung aus. Polizeisprecher Uli Stöckle ist kein Fall bekannt, bei dem eine derartige Summe ausgesetzt wurde. Auf Fahndungsplakate druckte man das fotogene »Krokodil«; der tannengrüne Prototyp CCS 700 der Schweizer Bundesbahn von 1935 wurde ebenfalls geklaut. Wert: 120 000 Euro.

Es war eine Menge Spielzeug. Doch angesichts der satten Beute war von »organisierter Kriminalität« die Rede. Die Scharfrichter von *Bild* behaupteten, es drohten »bis zu zehn Jahre Freiheitsstrafe«. Eine Möglichkeit schien, dass die Täter »beim Märklin schafften«, die Entlassung von 350 der 1100 Mitarbeiter hatte im Betrieb für böses Blut gesorgt. Adams hatte »eine höllische Angst«, jemand aus der Firma könnte beteiligt sein. Die gängigste These lautet bis heute, es sei eine »Auftragsarbeit« für einen reichen Hintermann, einen Triebtäter, der für die Objekte seiner Begierde kriminelles Risiko eingehe. Verteidiger Silcher war nach den Schlagzeilen zunächst überzeugt, der Einbruch »ist ein Meisterwerk«, um heute festzustellen, dass die Tat von glanzloser Banalität war.

In der Nacht, in der die heile Modell-Welt zusammenbrach, lief bei Märklin so ziemlich alles schief. Fünf Grad minus herrschten, eine anheimelnde Kälte für dunkle Gestalten, die ungestört bleiben wollten. Keine verräterischen Geräusche drangen nach draußen. Allerdings handelten sich die aus Frankfurt angereisten Einbrecher mit einem Minimum an Aufwand ein Maximum an Schwierigkeiten ein. Um den gutachterlich auf 1,7 Millionen Euro taxierten Schatz zu heben, investierten Ratko P. (»Rale«), Robert L. (»Pipo«) und Predrag A. (»Pedo«) nur ein paar Euro für Schraubenzieher, zwei Dosen Schaum und ein Brecheisen.

Eintritt frei! Es war Samstag, der 15. Januar, da mischte sich das Diebestrio unters Volk. Weil sie schon mal da waren, setzten sie en passant den ersten Bewegungsmelder matt und mieden den Museumsshop mit der Warnung »Video-Überwachung«. »Sie kamen als normale Besucher. Man sieht es ja keinem an«, bruttelt Gaugele, der danach in einer schweren Stunde die Leihgeber über den Diebstahl informierte. »Das war schlimmer, als eine Todesnachricht zu überbringen.«

Der erste Angriff der Gangster scheiterte, obwohl sie fleißig Schaum und Zahnpasta in den Sensor der Sicherheitstechnik spritzten. Die Warnleuchte ließ sich nicht abstellen. Erst von Montag auf Dienstag, den 18. Januar, lief es wie geschmiert. »Mit schweißnassen Händen« sägten die Einbrecher auf dem Flachdach am Alarmgeber herum, knackten mit einem Geißfuß den Notausgang. Ein Kinderspiel. Sie sackten ungestört Zug um Zug ein, da man wegen diverser Fehlalarme die Anlage hatte abschalten lassen.

Bis vier Uhr früh hatten die drei im fahlen Schein der Notbeleuchtung gut mit dem Ausräumen zu tun, unentdeckt vom Wachpersonal, das laut Protokoll im fraglichen Zeitraum vier Streifengänge absolvierte. Befeuert durch allfällige Fantasien vom schnellen Geld, warfen sie dann ihr Klempnerwerkzeug in den Heubach, der, wie die heimatkundige Anklage akribisch erwähnt, »unweit in die Fils mündet«. Dann gondelten sie nach Frankfurt, bunkerten den Schatz in der Hölderlinstraße 4, Appartement 20, und wollten beim Verkauf 200 000 Euro herausschlagen.

Die polizeibekannten Herren »Rale«, »Pipo« (laut Observationsprotokoll mit »Clownsfrisur«) und »Pedo« mögen im früheren Leben Kellner, Taxifahrer oder Medizinstudent gewesen sein. Modellbahner waren sie nie. Mit dem Begriff Märklin wollen sie nichts verbunden haben. Merkwürdig, wo sie doch entschlossen in die liliputanische Welt eindrangen. Zwar hält Paul Adams dafür, die Warnanlage sei erst ein paar Jahre alt gewesen. Aber unter der Hand ist zu hören, die Schwaben hätten Märklin wohl für unantastbar und den Namen für den besten Schutz ihres Territoriums gehalten. Wer würde sich am zauberhaften Spielzeug vergreifen, das seit Generationen Kinder wie Erwachsene in Bann zieht?

Unter dem Tonnengewölbe des Museums gab es ein Unterseeboot mit Uhrwerksantrieb zu bestaunen. Der »Blaue Vogel« lockte, ein Rennauto, Baujahr '54. Einer E-Lok, Baureihe 18, war ihr Wert von 95 000 Euro nicht anzusehen. Reizend der Tierwagen für einen Löwen aus Elastolinmasse, 1936 bis 1938 produziert. Ferner

Speise-, Kran-, Schlaf-, Bier-, Schotter-, Langholzwagen – kurz: Märklin wusste, was das Herz begehrte. So stark kann Erinnerung nicht verblassen, im Kursbuch der Jugend sind die Stationen unendlicher Kopfreisen verzeichnet, dekoriert mit raffinierten Drehscheiben, Güterschuppen, Signalen, Kurbelschranken, Prellböcken, Puffern, schimmernden Aufbauten, Brücken über Berg und Tal.

War man an Weihnachten nicht auf leisen Sohlen aus dem Bett geschlichen, um das kleine Wunder zu bestaunen? Um ein solches handelte es sich doch bei den zur Doppelacht verknüpften Gleisen. Der Güterzug BR 44, der »Jumbo«, verschwand im Tunnel, fand am Ende wieder heraus, von unerklärlichem Strom bewegt. Das ewige Kreiseln des »Rheingold-Express« ist nie langweilig geworden. Wie gern hätte man auf der Suche nach der inwendig wirkenden Kraft den Zug in seine beweglichen Teile zerlegt. Später begann man zu fragen, ob sich die Realität nach dem Modell oder das Modell nach der Realität richtete: Die Bimmelbahn, heute mit »Echtsoundkulisse«, implantierte die Magie des Fahrens in uns, ohne das Vertraute verlassen zu müssen: Abenteuer auf Kontinenten im Tischformat, beherrschbar in seiner katalogisierten Ordnung. Maschinen wie die »Württemberger C«, mit roten Achsen und Pleueln, »die schöne Württembergerin«, glitten durch die Träume. Voll Zuneigung und Besitzerstolz packte man sie das Jahr über in Märklin-Schachteln mit rot-weißem Rautenmuster. Bald verzehrte man sich in der Vorfreude nach dem Triebwagen »Roter Pfeil« oder dem »Stuttgarter Bahnhof mit bewimpeltem Turm«, im Modell »von der Gleisseite aus gesehen«.

Mit ihren Göppinger Raub-Zügen gingen die Täter auf eine ziemlich abenteuerliche Tour. Die Beute war brandheiß, man konnte sich beim Verticken nur die Finger verbrennen. »Der deutsche Markt war zu. Das wussten wir«, berichtet Gaugele und verschweigt, wie bang ihm dabei war. Letztlich brauchte es Kommissar Zufall, um die Kerle zu schnappen.

Auf dem Heimweg registrierte ein Göppinger Zivilfahnder in der Nähe des Tatorts einen 5er-BMW mit Wiener Nummer. Gewohnheitsmäßig merkte sich der Beamte das Kennzeichen, konnte nicht wissen, dass es zur Lösung des Falls führen würde. Zwar war dem wegen anderweitiger Delikte auffälligen Wagenlenker keine Beteiligung am Märklin-Bruch nachzuweisen. Aber Wien ist kleiner, als man denkt. Denn an der Donau zeigten die Schwaben damals gerade die Ausstellung »Mythos Märklin«. Als sollte es so sein, geriet der Bundespolizei aus dem Umfeld des BMW-Fahrers bald eine »Zielperson« ins Visier, die Märklin-Stücke für eine Million Euro anbot. Keine Erfindung, der Hehler wohnte in der Bahngasse. Hätte Gaugele gewusst, dass seine besten Stücke dort nicht nach Typen, sondern schnöde nach Gewicht in Kilo klassifiziert wurden (zehn Kilo um den Preis von 50 000 Euro bei insgesamt 100 Kilo, die zu haben waren), er wäre in Ohnmacht gefallen. Die Diebe sprechen in abgehörten Telefonaten von »Reis« oder »Salat« und meinten Loks.

Was die bösen Buben bei ihrem Geschäft nicht bemerkten: Die Kripo hatte einen verdeckten Ermittler auf sie angesetzt. So wechselten unter den Augen der Observationstrupps eine rote und eine grüne Lok samt Transformator für 10 000 Euro in der Küche des Lokals »Marina« den Besitzer. Gaugele wurde per Handy zum Südbahnhof dirigiert, um die im blauen Schuhkarton überbrachten Teile zu identifizieren. Ob ihm vor Angst die Hand zitterte? Das nicht, aber »ich spürte das Gewicht der Verantwortung«. Ja, es waren seine Exponate. Beim zweiten Deal am 18. März gingen für weitere 100 000 Euro 50 Objekte über den Tisch. Gaugele stöhnt: »In zwei Koffer gepresst.« Wieder fotografierten Beschatter die sieben Verdächtigen gestochen scharf. Beim dritten Ankauf griff die Polizei zu, zwei Täter entkamen mit einer Beute von einer halben Million Euro bis zur slowenischen Grenze. Dort wurden sie geschnappt. Endstation war das Landgericht Ulm, im Saal 126 wurde am 23. Dezember einer der drei Täter zu einer Haftstrafe von vier Jahren verknackt, der zweite bekam eine 18-monatige Bewährungsstrafe wegen Hehlerei. Die Angeklagten trugen Fußfesseln. Ihr dritter Mann, »Pedo«, sitzt in Triest ein.

Vom Polizeitresor kamen die Exponate zurück zu Märklin, das seine »Seele«, so Gaugele, wieder hinter poliertem Glas präsentiert. Aufkleber an den Preziosen zeugen davon, dass die Versicherungsfrage längst nicht geklärt ist. Es geht um 350 000 Euro Schaden durch Kratzer und Dellen. Beim Schiff »Auguste Victoria« werden Dampfmaschine und Scheinwerfer vermisst, vier Matrosen fehlt der Kopf, Wertminderung 72 000 Euro. Die von der Assekuranz vorgeschossenen 110 000 Euro zum Rückkauf der Exponate sind futsch, 46 000 davon kassierten die Einbrecher, 60 000 die Hehler. 18 000 Euro will der Angeklagte »Rale« an der Bahnlinie Frankfurt – Mannheim vergraben haben. Vom Drahtzieher im Hintergrund fehlt jede Spur. Ob der Wiener Tippgeber die Belohnung kassierte, wird nicht verraten.

Bei aller Aufregung, die mit dem Einbruch verbundene Werbung ist mit Geld nicht zu bezahlen; Roland Gaugele berichtet von »einer Milliarde Kontakten« allein im Printbereich. Schlau überschrieb er den Jahreskalender für 2006 mit dem Titel »Der Millionenraub«.

Bahnbrechend: Das neue Märklin-Alarmsystem sei »sabotagesicher«.

Eine tödliche Lektion

Wien 1975: Beim Überfall auf die OPEC sterben drei Menschen. Nun steht Hans-Joachim Klein, Kampfname »Angie«, deshalb vor Gericht. Seine alten Freunde aus der Frankfurter Polit-Szene haben Karriere gemacht. Ihn, der lange untergetaucht war, holt die Geschichte ein.

Fünfundzwanzig Jahre sind 300 Monate, 9100 Tage, ein Vierteljahrhundert. Was diese Spanne bedeutet, steht dem Angeklagten Hans-Joachim Klein deutlich ins Gesicht geschrieben. Neu eingekleidet, aber sichtlich vom Leben zerstört, betritt er das Frankfurter Landgericht. In Saal 165 nimmt ihm ein Bewacher die Handfesseln ab.

Exakt am 28. Geburtstag, dem 21. Dezember 1975, versaute sich der frühere Bürogehilfe seine Zukunft. Am vierten Advent überfiel er mit dem Kommando »Arm der arabischen Revolution« die Wiener Konferenz erdölexportierender Länder, der OPEC. Bei der spektakulären Geiselnahme wurden drei Menschen getötet. Nach einer Flucht um die halbe Welt versteckte sich Klein bis 1998 in Frankreich. Jetzt wird dem heute 52-Jährigen wegen gemeinschaftlich begangenen Mordes der Prozess gemacht. Der Vorsitzende Richter Heinrich Gehrke erklärt eingangs: »Mord verjährt nicht.« Die quadratische Saaluhr zuckt unbeirrt weiter. Die Zeit bewegt sich rückwärts. Der Augenblick ist gekommen, nach einer halben Ewigkeit holt Klein die eigene Geschichte ein.

1975 genügte ein Trambahnticket für acht Schillinge, um ihn für immer aus dem Gleis zu werfen. Angeführt von Top-Terrorist Ilich Ramírez Sanchez alias »Carlos«, fuhr der Trupp mit der Straßenbahn zur Haltestelle Schottentor, wenige Schritte entfernt vom

OPEC-Sitz am Karl-Lueger-Ring 10. Die fünf Männer und eine Frau schleppten laut Klein schwer an Adidas-Taschen mit »all dem Klunkerkram«, Maschinenpistolen und »15 bis 20 Kilo Sprengstoff« zum Präparieren des Konferenzraums. Er selbst trug »Pistole, Revolver und zwei Eierhandgranaten«. Freundliches »Grüß Gott« am Eingang. Kaum drinnen, töteten sie zunächst den Polizisten Anton Tichler mit Genickschuss, schoben ihn in den Lift, fuhren mit ihm in den ersten Stock. Dann drückten sie den Knopf, schickten die Leiche ins Parterre. Rechts vom Staatsanwalt steht das Modell des Tatorts, Maßstab 1:50, ein unschuldig-weißes Abbild vom »Zentrum des Schreckens«.

Es war kurz vor zwölf. Das Fernsehen übertrug den Schladminger Weltcup-Slalom mit dem Österreicher Hans Hinterseer als Gewinner. Jäh unterbrochen von der Alarmmeldung, die 6. bis 9. Kompanie der Sicherheitswache müsse sofort in die Kaserne einrücken. Paralysiert durch einen Bauchschuss bei einem wilden Feuergefecht, bekam Klein davon nichts mehr mit. Das Foto des Schwerverletzten, mehr tot als lebendig auf zwei Helfer gestützt, die rechte Hand schützend auf die Wunde gelegt, lief durch alle Medien. Bei seiner Aussage tastet Klein automatisch nach dieser Stelle, die ihm seitdem Beschwerden macht. Auf die Selbstüberschätzung folgte der Sturz ins Nichts. Klein war der Gejagte.

Heute gleicht das Verfahren gegen den Vater zweier Kinder einer Reise in die Vergangenheit, die etwas Unwirkliches hat. Vor dem Gericht bellen Polizeihunde. Durch Schutzwesten aufgeplusterte Uniformierte rücken in die Katakomben ein. Der Sitzungssaal ist durch einen gläsernen Einbau geteilt. Auf der einen Seite die Zuhörer, auf der anderen die Prozessbeteiligten; merkwürdigerweise hängt auf der sicheren Seite das gelbe Schild »Für Garderobe wird nicht gehaftet«. Die Trennwand suggeriert eine Gefahr, die es nicht mehr gibt. Wachtmeister tragen Kreolenohrringe, die Kripo sitzt in schwarzen Lederhosen herum. Das sah man früher bei den Spontis, der undoktrinären, linken Subkultur, in der sich Klein bewegte.

Klein geht schleppend wie ein alter Mann. Übers Mikrofon hört man ihn schwer schnaufen. Abgemagert und arg mitgenommen, widerspricht seine Erscheinung rein optisch einer Anklage, die im Falle des »Schuldig« nichts anderes als »Lebenslänglich« zulässt. Es braucht Fantasie, den um Worte Ringenden mit jenem Stadtguerillero gleichzusetzen, der in Wien einem Sterbenden noch die Pistole wegnahm. Oder der als Aktivist der »Revolutionären Zellen«, RZ, im Privatflugzeug von Libyens Staatschef Gaddafi herumdüste. Er war eingeweiht in eine geplante Papstentführung, mal sollte er beim Flugzeug-Kidnapping in Entebbe mitmachen, mit »Carlos« reiste er in einer Maschine, »die in keinem Flugplan stand«. In London spähte man einen Milliardär aus.

»HJK« trägt die abenteuerlichen Storys in starkem frankfurterischen Dialekt vor. Mit dem Gesicht eines Unglücksraben wirkt er störrisch, nicht einnehmend, wie es sich bei der schwerwiegenden Anklage dringend empfohlen hätte. Sein Dialekt nimmt den Schilderungen etwas von der Härte, selbst wo es um den RZ-Boss Wilfried Böse geht, den Israelis bei einem Terroranschlag erschossen. Böse machte ihn mit »Carlos« bekannt, einer Gestalt wie dem »Schakal« aus Forsythes Thriller. Kleins französischer Akzent mildert sogar das trostlose Eingeständnis, er habe drei Suizidversuche unternommen und seine Mutter habe Hand an sich gelegt.

Ein dunkler Drang zur Selbstzerstörung bestimmt auch seine Anarcho-Phase. Er sagt, man sei sich der Gefahr stets bewusst gewesen, »das Risiko war immer da«. In Wien, wo sie nach Kleins Worten mit einer »Riesenschießerei« rechneten, reizte er es bis zum Äußersten aus. Zuvor berührte Klein schon daheim die Schattenlinie, »ich war sehr militant bei Manifestationen«. Er zählte zu den Heroen der Frankfurter »Szene«.

Im November '75 meldete sich »der Jochen« bei Freunden »in Skiurlaub« ab. Sein Kumpel W. wartete dann am 21. Dezember im »Eppstein-Eck« vergeblich auf ihn. Beide feierten sonst dort gemeinsam ihre Geburtstage. Klein hatte »die gewiss naive Vorstellung«, nach der Geiselnahme wieder den Aktenboten für ein Frankfurter Anwaltsbüro zu spielen. Deshalb maskierte er sich als Einziger der von der »Volksfront für die Befreiung Palästinas« ferngesteuerten

Crew, trug eine Sturmhaube mit Augenschlitzen. Erst nachdem es fürchterlich geknallt hatte, dämmerte Carlos' Gehilfe, auf welch katastrophales Unternehmen er sich eingelassen hatte.

In aufsteigender Panik malträtierte ihn mit der schmerzhaften Verwundung der Gedanke, »wann ich sterben tu«. Dann eine Notoperation, der Abflug nach Algier mit 35 Geiseln, darunter elf Erdölminister als besonderes Faustpfand: »Wir hatten, was wir wollten.« Klein lag auf dem Schragen, vom Arzt mit Sauerstoff versorgt. Nach dem Blutbad endete der reale Horrorfilm im Schock der Erkenntnis einer vorhersehbar trostlosen Zukunft. Das verstärkte die entleerte Stimmung. Ein Zustand, den man von Verbrechern kennt, die bis zur Ausführung perfekt handeln und nach der Anspannung in Katzenjammer versinken. »Ich habe nach Wien angefangen, die Augen aufzumachen und zu denken.«

Es schreibt sich einfacher hin, als es war: Klein stieg aus dem Terrorismus aus, tauchte mit Hilfe von Freunden in der Normandie unter. Zuletzt fristete er ein erbärmliches und einsames Dasein, ausgelaugt, ins Ausweglose manövriert. Der Falschpass auf »Dirk Clausen« lief 1985 ab. Die Partnerin ging weg, hielt den Druck einer perspektivlosen Existenz nicht mehr aus. Seine Kinder wussten lange nichts von den verworrenen Geheimnissen. Sich in selbst gewählter Verbannung durchzuschlagen, in doppelter Angst vor der Justiz und Ex-Gesinnungsfreunden, kam schon einer Verurteilung auf unbestimmte Zeit gleich. Hinter Klein liegt eine endlose Nacht, kein neues Leben, sondern ein Davonlaufen vor dem alten. Akute Herzprobleme jetzt im Prozess sind ein weiteres Symptom dieser Flucht vor der Vergangenheit.

Wie alles anfing? Ende der Sechzigerjahre zog den »ganz Stinke-Frankfurter Typ« (wie er sich im *Spiegel* bezeichnete) die studentische Protestbewegung an. Ihn faszinierten die Wortführer Dutschke, Krahl, Wolf sowie Fischer und Cohn-Bendit, denen er »Vorbildfunktion« für sich bescheinigt. An der Uni lauteten die Lehrsätze: Es gibt kein richtiges Leben im falschen. Und: Macht kaputt, was euch kaputt macht! Das akademische Milieu mystifizierte Außenseiter wie ihn, einen »Schrauber« mit abgebrochener Autoschlosserlehre. »Die waren froh, wenn auch mal ein Proli kam. Einer wie ich.« Klein betont, er habe dort erstmals Liebe erfahren.

In den Jahren, die keiner mehr kennt, hieß Frankfurt »Krankfurt«. Seine Szene bezog ihre Identität aus strikter Ablehnung des Etablierten, das man heimlich begehrte. Die Sektenmitglieder spuckten große Töne, um Minderwertigkeitsgefühle zu kaschieren. Man »stand auf was«, man war »drauf«, man war »am Drücker«, scharf auf »Action«, »fuhr auf was ab«: »Legal, illegal, scheißegal!« Es gab nur die Alternative »Fighter« oder »Bulle«, Schwarz oder Weiß. Männern wie Klein war klar, auf welcher Seite der Barrikade man stand.

Vielleicht liegt in seiner Gefallsucht der Schlüssel zu den Motiven, die ihn auf den Abgrund zutrieben. Unerschrockenheit vorzuführen war Bestandteil seines Wertgefühls, wichtig für Klein und für die Krawallbrüder, seine Ersatzfamilie. Hier spielte einer die Beschützerrolle, der in jungen Jahren viele Niederlagen erlitten hatte, nun endlich einmal zu den Gewinnern gehören wollte. Das ging bis hin zu den »Träumen« von einer »Star-Rolle« im internationalen Guerilla-Theater, von dem nach dem schaurigen Wiener Finale in linken Blättchen die Rede war.

Aus den Nischen rief man dem Flüchtigen in szenetypischer Verlogenheit nach: »Wir umarmen dich.« Gebrauchslyriker dichteten im Zentralorgan *Pflasterstrand* ihm hinterher: »vorneweg / kleine mädchen / blumenstreuend / dahinter / links joschka / rechts danny / mittendrin / (fest im griff) / unser klein-klein / [...] wir haben ihn wieder / die polizei war fasziniert / von soviel Liebe.« Das klang mindestens so hohl wie die farcenhafte Typisierung des Aussteigers durch die nebulösen »RZ«, für die Klein fast den »Heldentod« gestorben wäre. Sie zeigten sich von seinem Abgang »betroffen« und kritisierten seinen »verzweifelten Drang, immer der Größte sein zu wollen, der Top-Fighter, der King, der Bewunderte«, was ihm nicht erlaubte, Schwäche offenzulegen. In Wahrheit instrumentalisierte man »Klein-Klein« und verheizte den Genossen gnadenlos, der seine Ohnmachtsgefühle in Allmachtsfantasien umgewandelt hatte.

Sein Revoluzzertum erscheint im Rückblick als Selbstversuch, fatalerweise mit tödlichem Ausgang. Einer, der mit ihm auf den Straßen unterwegs war, erkannte früh seine »eindeutig pathologische Komponente«. Demnach verfügte »der Jochen« bei Konfrontationen »über relativ wenig Vorsichtssicherungen«. Daheim führte er stolz Knüppel, Mützen, auch Pistolen vor, ein Arsenal von Trophäen, erbeutet im direkten Duell mit Ordnungshütern. Dass Alt-Spontis ihn im Exil mit Geld unterstützten, war nicht nur Solidarität mit dem – jenseits von Schuld und Sühne – persönlich arg ins Unglück Geratenen, sondern auch schlechtes Gewissen. Keiner von ihnen fiel ihm in den Arm, als es noch nicht zu spät war.

Terrorist Klein gab sich den Sehnsuchtsnamen »Angie«. »My fightname is Angie«, stammelte der Verwundete in Wien. Richter Gehrke zitiert den schrecklich nach Revolutionskitsch klingenden Satz mehrmals. Klein entlehnte »Angie« einer mit Piano und Geige unterlegten Rolling-Stones-Ballade, süß wie Sirup, Synonym einer Sentimentalität, die vielleicht den Hyperrealismus kompensieren sollte, dem Extreme wie er anhingen. »HJK« bewunderte einfach die falschen Leute und war empfänglich für das Verhängnisvolle. Hartgesottene wie der später in Entebbe erschossene Geiselnehmer Wilfried Böse hatten es beim Konspirieren im Stadtwald leicht, Jochen für den Wiener Überfall zu dingen. Klein stieß zum PFLP-Kommando, als ihn just seine in Joschka Fischers Haus wohnende Freundin R. wegen eines italienischen Genossen verlassen hatte. Der auslösende Impuls für den Todestrip, meinen Vertraute.

Sein Frankfurt galt, sprichwörtlich, als unbewohnbar wie der Mond. Gleichwohl war die Bockenheimer Landstraße 93 ein schönes, zum Abbruch bestimmtes Haus, das zehnte Gebäude, das man damals besetzte. Klein zog laut Mitbewohnern mit einer kleinen »Anarcho-WG« unters Dach. Bei Demos spannte sich ihre Parole »Kampf der Profitgier« breit über die Menge, signalisierte namhaften Unternehmern, die fleißig Wohnhäuser aufkauften, Mieter rausschmissen und Büroburgen hochzogen, heftigen Widerstand. Spekulanten hießen noch Spekulanten, waren keine Helden des Profits wie heute. An »der 93« hing der Spruch »Die Bockenheimer nimmt uns keiner«. Samstags gingen im Keller die Pogo-Partys ab. Inzwischen residiert unter der feinen Adresse eine internationale Immobilienverwaltung.

Noch veränderte Klein bevorzugt in der »Traube« die herrschenden Verhältnisse, gern auch im besagten »Eppstein-Eck«. Nach Straßenschlachten schnitt er damit auf, »Bullen was aufs Maul gehauen«, dem Gegner »eine reingefegt« zu haben, berichtet ein Sponti. Niemand scherte sich darum, dass die Wände Ohren hatten. Prahlen gehörte zum Handwerk, das Leben sollte ein einziger Roman sein, die ewige Sorge vor »dem Verrat« diente zum Beweis eigener Gefährlichkeit, hob mächtig den Nimbus.

Die Goethe-Stadt nahm in gepflegter Selbstüberschätzung für sich in Anspruch, gesellschaftliche Entwicklungen würden sich hier zehn Jahre früher als anderswo zeigen. Im Guten wie im Schlechten. 1968 verurteilt das Landgericht Frankfurt Andreas Baader und – die von Otto Schily verteidigte – Gudrun Ensslin wegen Kaufhaus-Brandstiftung; sie wollten ein Fanal gegen den Vietnamkrieg setzen. Die Geschichte der Rote Armee Fraktion, RAF, beginnt.

Alles hängt mit allem zusammen, das Urteil gegen Baader ergeht just in dem Saal, in dem gegen Klein verhandelt wird. 1974 besuchte der Philosoph Jean-Paul Sartre dann Baader im Stammheimer Gefängnis. Als Chauffeur und Leibwächter agierte Klein. Nach dem Hungertod des RAF-Mitglieds Holger Meins im Gefängnis kam er zu der Überzeugung, »dass die legale Arbeit zu nichts führt«. Zur »Bewaffneten Linken« war es dann nur ein kleiner Schritt, die Akteure kannten sich vom Verlag »Roter Stern«. Einem Journalisten, dem er damals auffiel, blieben zwei Dinge im Gedächtnis: Er sei der mit »der ganz großen Fresse« gewesen und als Einziger aufgestanden, wenn er etwas vortrug. Wie ein Schüler.

Es liegt nicht allein an der miserablen Akustik, wenn Gericht und Angeklagter zuweilen aneinander vorbeireden. Die Zeit überwucherte, was »Angie« in eine theatralische Opferbereitschaft trieb. Klein spürt das Verständnisproblem. »Es ist abstrakt und schwer vorstellbar geworden, warum ich mich damals engagiert habe.« Er nennt Vietnam »und den Völkermord, der damals ablief«, das Eintreten für die Sache der Palästinenser, die Kampagne gegen Springer,

»der schwer die Giftfeder gespritzt« habe. Er erwähnt die Diktaturen in Chile, Griechenland, Spanien, die »erschreckende Situation politischer Gefangener« in hiesigen Knästen. Man möchte ergänzen, dass die Herren des Morgengrauens für Durchsuchungen Türen eintraten, aus Regalen Marighellas »Minihandbuch für Stadtguerilla« filzten und die Szene im Gegenzug klammheimliche Freude empfand, wenn irgendwo Terroristen eine »Charaktermaske« beim »Kampf im Herzen der Bestie« killten.

Der Saaldiener hat seine *Bild* ausgebreitet. Er nimmt den Blick nicht hoch, als Klein die Erregungszustände zu rekonstruieren versucht. Fieber, Betroffenheit, Aufgewühltsein, Sich-zuständig-Fühlen für das Elend dieser Erde samt der Wut über den »Yankee-Imperialismus«. Es klingt wie der Bericht aus einem fremdartigen Land, gleicht einem Blättern im Wörterbuch verschollener Begriffe. Unmöglich, aus den Fragmenten verjährter Überzeugungen ein schlüssiges Muster zu entwickeln, damit das Sinnlose nicht noch sinnloser erscheint. Damals stimulierte ihn die wärmende Gesinnung eines Kollektivs. Klein glaubte »blindwütig«, eben blind und wütig. Er meinte, nur die Tat könne aus dem lähmenden Hin und Her befreien. Heute, da Mord zur Verhandlung steht, mehr als 50 Leitz-Ordner sein beklemmendes Epos des Scheiterns erzählen, hallen die Sätze kläglich, hohl und phrasenhaft durch den kalten Saal. Die Logik des Moments erschließt sich ihm selbst nicht mehr.

Aus papierenen Existenzen von Sachakten das eigentliche, lebendige Bild des Menschen entstehen zu lassen, ist für den bundesweit bekannten Gerichtsvorsitzenden Gehrke immer noch ein besonderer Reiz. Durch Erfahrung gewitzt, leuchtet er Dunkelzonen aus, versucht den Kern von etwas freizulegen, dem Täter bisher aus dem Weg gingen. Dem sperrigen, in sich verkeilten Klein schafft er mit seiner Eindringlichkeit den Raum, in dem sich die Beweggründe aus der chaotischen Zeit heraus erklären, wenn schon nicht verstehen ließen. Mit der Bitterkeit oder Melancholie eines Getäuschten erklärt der: »Für zehn Minuten OPEC zahle ich jetzt 25 Jahre.«

Der revolutionäre Zorn ist verraucht. Auf den Rausch der schwarzen Romantik und der Selbstüberschätzung folgten Ernüchterung, bange Erinnerung. Aus nicht wenigen seiner Frankfurter – wie sagt man – »Bezugspersonen« sind Außenminister, Zeitgeistler, tote Terroristen, Zyniker geworden, die auf kommoden Planstellen und in Feuilletons angenehm subversiv über alte Sponti-Zeiten schwadronieren. Das lässt Kleins Geschichte der Finsternis vollends idiotisch erscheinen.

Wie in den großen Tragödien fällt der Vorhang erst, wenn das Heillose vollendet ist. Der letzte Verhandlungstag war für 21. Dezember terminiert, auf den Tag genau 25 Jahre nach der Tat – Kleins 53. Geburtstag.

Der Berühmte und der Berüchtigte

Die Enthüllung von Joschka Fischers »Streetfighter«-Vergangenheit war die eigentliche Sensation des Klein-Prozesses. Zum Höhepunkt des Verfahrens wurde die Begegnung der beiden alten Kampfgefährten. Der eine war des Mordes angeklagt, der andere inzwischen Außenminister.

Die Kälte kommt von innen: Wiewohl die Luft im Frankfurter Schwurgerichtssaal drückend schwer ist, verkriecht sich der Angeklagte Hans-Joachim Klein tief in seine Daunenjacke. Der Ex-Terrorist wird des gemeinschaftlichen Mordes in drei Fällen beschuldigt. Im Dezember 1975 hatte er mit dem Kommando »Arm der arabischen Revolution« die Wiener Konferenz erdölexportierender Länder (OPEC) überfallen und Geiseln genommen. 25 Jahre nach der Tat holt den 53-Jährigen die schemenhafte Vergangenheit ein. Seine Zukunft hängt an einem seidenen Faden.

Am heutigen Donnerstag ruft das Gericht den grünen Europa-Abgeordneten Daniel Cohn-Bendit in den Zeugenstand. Noch einmal kreuzen sich die Lebenslinien prominenter Frankfurter mit denen von »Klein-Klein«. Später leistet auch der einstige Weggefährte Joschka Fischer vor der 21. Strafkammer seinen »Beitrag zur Wahrheitsfindung«.

»Der Jochen« und »der Joschka« begegneten sich um 1970 am Main in der Sponti-Szene, einem buntscheckigen Haufen undogmatischer Linker. In Klein hatte »der Joschka« einen grenzenlosen Bewunderer. Er nannte Fischer vor Gericht »Freund« und »Vorbild« aus einer Phase, in der ihre Männerclique den revolutionären Kampf probte. Als habe ein für das Groteske begabter Regisseur ein Lehrstück über Aufstieg und Fall inszeniert, eröffnet Fischer am ersten

Verhandlungstag gegen Klein ein paar Kilometer westlich vom Gericht in seiner Eigenschaft als Außenminister die 52. Buchmesse.

Oben und unten, klein und groß, auf einer Seite Sieger Fischer, berühmt, auf der anderen Verlierer Klein, berüchtigt. Das Drama braucht beide Rollen. Die Begegnung der alten Kampfgenossen dürfte das Sinnlose von Kleins Handeln noch augenfälliger machen. Hier der Akteur, der in einen bis heute andauernden Albtraum stürzt, da der Widerpart, der traumhaft aufsteigt. Klein war Joschkas Negativ, was hell war bei Fischer, war dunkel bei ihm. Davon ging die fast körperlich zu spürende Spannung aus, übertrug sich auf den Saal.

Ob es uns gefiel oder nicht, ob es ihm passte oder nicht – das Wiedersehen der beiden Draufgänger stellte eine Parabel der Zeit in lebenden Bildern dar, die ebenso zum nationalen Gedächtnis gehören wie Joschkas Turnschuhe. Klein war 1998 im französischen Sainte-Honorine-la-Guillaume von Zielfahndern geschnappt worden. Fischer kam 1998 in Bonn mit Rot-Grün an die Macht. Ein irrer, verwickelter Kreislauf. Jeder auf seine Weise eine verblassende Legende der BRD. In keinem war mehr der Heißsporn zu entdecken, dem ziemliche Verrücktheiten im Kopf herumgespukt hatten.

Einer von Fischers Konsorten erinnert sich des »praktischen und kräftigen« Weggefährten Jochen. »Er konnte Auto, und er konnte Knarre!« Diese Merkmale prädestinierten ihn für den innersten Kern der »Streetfighter«. »HJK« zählte zur »Putzgruppe, in der auch mein Freund Joschka Fischer drin war«. Die Betonung lag auf Putz machen. Im Ernstfall hätten sie »wie die Kesselflicker« hingelangt, beim Mannbarkeitsritual gut erkennbar mit Suspensorium, vulgär: Sackschutz, gewappnet. Wer zu den Auserwählten, Molli-Bastlern und Zwillenschützen gehörte, musste sich beweisen, marschierte bei Demos ohne Angst vor Wasserwerfern in der ersten Reihe. Wie Klein.

Auf Bildern gleichen sich die Brüder im Geiste frappierend, noch keine 25, dem Zeittypus entsprechend mit langem Haar, das Kinn von Flaum verschattet, unverbraucht und aggressiv. Unterm T-Shirt zeichnen sich die Muskeln ab. Bei den »Bräuten« sehr auf Eindruck aus, machte man auf obercool, fand sich toll, Kippe im Mundwinkel, Machismo pur. Fischer ließ den Handwerker Jochen an seinem Auto basteln, kam in erhebliche Begründungsnot, als sich später herausstellte, dass Klein (ohne sein Wissen) damit Waffen in ein Versteck geschafft haben soll. Eines der fraglichen Schießwerkzeuge tauchte 1981 bei der Ermordung von Hessens Wirtschaftsminister Karry auf. Deswegen geriet Joschka als »Spur 74.4.9.10 Fischer« in eine großräumige Telefonüberwachung. Erst am Tag seiner Wahl in den Bundestag, Punkt 23 Uhr, gehen die Schnüffler aus der Leitung.

Mit erhöht sitzendem Gericht und Zuschauerrang gleicht der Saal 165 einer großen Bühne, nach außen durch dicke Wände und blicksicheres Glas abgeschottet. In gedämpfter Theateratmosphäre entfaltet sich eine unwahrscheinliche Geschichte. Beim Schauspiel der öffentlichen Vergangenheitsbewältigung und öffentlichen Zerknirschung stehen sich die alten Kameraden gegenüber. Klein trägt Handschellen. Fischer Luxus-Golduhr. Jeder gemahnt den anderen an verlorene Schlachten. Kleins Mitstreiter aus der Anarcho-Phase umweht nach einem sagenhaften Aufstieg der Mantel der Geschichte. Klein lebte zuletzt von Spenden. Zum Prozess staffierten wohlmeinende Bekannte den armen Schlucker mit neuen Kleidern aus.

Über ihre wilden Sponti-Jahre gibt es keine Wahrheit, sondern nur Storys und Mythen. Speziell der Vizekanzler ließ im Verlauf seiner Karriere immer nur das Notwendigste darüber heraus. Nicht dass er die Zeit geleugnet hätte, in der es darum ging, mit vereinten Kräften »versteinerte Verhältnisse zum Tanzen zu bringen«. Solange die Rückmeldung für die Basis wichtig war, tippte Fischer mit feiner Perlschrift in den Lebenslauf, er habe sich in Opposition gegen den Vietnamkrieg und gegen den Imperialismus in der Dritten Welt »sieben Wochen ohne Bewährung wegen Widerstands gegen die Staatsgewalt und Verletzung der Bannmeile« eingehandelt.

Dem Autor Jörg Fauser diktierte er den Satz: »Wir haben verhandelt und gleichzeitig zugehauen«, und fand es amüsant, in der Reportage als »der Freak mit der Vorstrafenlatte« geschildert zu sein. Gelegentlich ließ er im vertrauten Kreis einfließen, »Bullen eine gedröhnt« zu haben. Und wie fremd er sich später fühlte, als er sich für die sanfte Partei brav Händchen haltend in die Menschenkette am Fuldaer Dom einreihte. »Im Übrigen«, sagte er in einem Interview, »habe ich nie bestritten, dass ich fast zehn Jahre lang auch unter Einsatz von Gewalt die verfassungsmäßige Ordnung der Bundesrepublik umstürzen wollte.«

Es gibt frappierende Parallelen zwischen Joseph Fischer und Hans-Joachim Klein. Der Vizekanzler könnte bei Gericht seinem eigenen Schatten begegnen. Der Angeklagte ist das verhärmt-bittere Gespenst einer Ära, die sie in einer sogenannten »Putzgruppe« vereinte. Komplizenhaft motiviert vom Bewusstsein dessen, was ihnen verhasst war. Jede Autorität beispielsweise, außer der eigenen.

Fischer ohne Beruf. Klein mit abgebrochener Kfz-Lehre, trübseliger Kindheit in Spitälern und Heimen. Familiäre Zerrüttung. Ein prügelnder Vater, seine Mutter nahm sich das Leben. Bei beiden war manches den Bach runtergegangen. Viele Handicaps, das passte ins Schema der Milieutheoretiker, die mit der sozialen Herkunft alles erklären.

Die am Main besonders hoch schlagenden Wellen der 68er-Revolte erfassten auch die zwei mäßigen Schüler, beide mit einer Perspektive, die nicht viel versprach. Auf dem Campus kompensierten die Prolos ihre Komplexe mit erheblicher Antriebsenergie, gaben sich unerschrocken und aggressiv. Joschka, noch mit »Matte«, suchte beim Abtanzen in der Gallus-Disco liebend gern Streit. Der ungebrochene »Jochen« war eine echte Attraktion für Akademikerinnen. Wohl wahr, die schönsten »Weiber« (man sagte »Weiber«) und die tollsten Kerle trafen sich bei den Alternativen, nicht in den Edelboutiquen der Goethestraße.

Fischer vertrat die Einheit von Theorie und Praxis, wie Klein es für sich selbst wünschte. Ein Bücherfresser, ohne Scheu vor Marx und Hegel, derweil er, Jochen, sich mit Cohn-Bendits Bändchen »Linksradikalismus« mühte. Geltungsdrang und Rechtfertigungsdruck dürften den Angeklagten Klein zu Angeberei verführt haben. Er war ein Getriebener, der »alles mitmachen wollte, was er nicht konnte«, schildert sein Freund W. im Gespräch, insoweit ein Prototyp der Szene. Durch Draufgängertum buhlte er um Anerkennung – das war es, was ihn im Extrem zur selbsternannten Avantgarde der Revolutionären Zellen, RZ, und an die Seite von Top-Terrorist Carlos trieb. Klein wollte ums Verrecken die Tiefe ausloten und ging im Strudel unter.

Joschka Fischer verfügte über ungenutzte Talente, schulte seine multiple Persönlichkeit im Schnellkurs, übersprang soziale Schranken. Er hatte im Übermaß, wovon Klein-Klein nur träumen konnte: hellwachen Verstand, Temperament, beneidenswert scharfe Zunge. Qualitätsreserven nennen Unternehmensberater, was in dem Ungeschliffenen bereitlag. Fischer büffelte, lechzte geradezu nach Erleuchtung, hatte für jede Lebenslage Zitate in der Hinterhand.

Beim Grünen trug die nur vage skizzierte Zeit als Akteur der extremen Linken sogar nicht wenig zum flirrenden Image bei. Zumal er im richtigen Moment alles Rebellentum gegen neue Einsichten tauschte, Beispiel einer geglückten Resozialisierung, Held einer offenen Gesellschaft, in der für Geläuterte alles möglich ist. Auf dem Erfolgsweg verschwand die radikale Teilmenge bis auf Nebensätze aus den gängigen Fischer-Porträts. Irgendwie verständlich, dass er selbst sich zunehmend einsilbig dazu äußerte und lieber das Recht auf Veränderung betonte. Über die Jahre profitierte er von einer Art Schweigekartell der Medien. Dabei ist Fischer ohne die »Brüche in meiner Biografie«, die prägenden Einflüsse dieses Abschnitts, nicht zu verstehen.

Als trügen sie die Last der Welt auf ihren breiten Schultern, bekämpften die Genossen Spontis Amerika, NATO, Atomkraft, Spekulanten, stritten für die Sache der Palästinenser. Dabei folgte die »Putzgruppe« ihrem eigenen Gesetz. Einer aus Fischers WG beteuert, man habe sich für Demos vorsorglich die Telefonnummer 28 01 41 des Anwaltskollektivs Hochstraße in die Handfläche gekritzelt. Ungeschriebene Statuten billigten »Streetfighter«-Angriffe auf Polizisten, nachzulesen in Kleins Lebensbeichte »Rückkehr in die Menschlichkeit«. Fischer schrieb 1977 in der Zeitschrift *autonomie*: »Wirklich dagegen war die Erfahrung der direkten Konfrontation mit der staatlichen Gewalt und ihren Schweinen, wirklich war meine Angst davor und mein Glück und mein Stolz [...], wenn wir's ihnen mal erfolgreich gezeigt hatten.« Folgt man dem Buchautor Klein, begriffen sich die Chaoten »als die Elite-Truppe der Militanten«. Die Botschaft für die Subkultur lautete: »Leute, schaut auf uns, lernt von uns: ihr braucht [...] 'nen Helm, Handschuhe, Knüppel, Stiefel, Gesichtstuch, Chlorgasbrillen, und ihr müsst trainieren, trainieren, trainieren.« So wie Fischer, so wie Klein, die im Wald den Infight übten, bis die Schwarte krachte. »Hells Angels auf politisch«, schrieb die *Frankfurter Neue Presse* erschrocken nach einem Auftritt des vermummten Schlägertrupps.

Wir sind in den Siebzigern. Auf Bildern von damals bewegt sich Fischer im Gedränge, der Mann mit dem schwarzen Motorradhelm, kurzer Joppe, gut erkennbar an seinen charakteristischen Säbelbeinen und den ausgeprägten Augenbrauen. Wenig kommt der Intimität von Streetfightern gleich. In der Erregung sind sie sich nah wie Boxtrainer ihren Schützlingen. Man kann die Angst riechen. Gemeinschaftspathos, Nervenkitzel, Blut, Schweiß, Tränen. Bei Demos in der City stiefeln sie martialisch daher. Leib an Leib wie für einen düsteren Fries montiert (oder als wollten alle aufs Foto passen), marschierten die Kämpen bei einer Serie knallharter Demos wegen des besetzten Hauses Kettenhofweg 51 im Westend auf. Die Devise lautete: »Streunende Bullen im Nordend aufklatschen.« Wie vom Choreografen für einen Reigen der Gewalt einstudiert, umkreiste man an vorderster Front tänzelnd Polizisten, ging zu mehreren auf sie los. Teilte aus, steckte auch Keile ein.

Eine höchst offizielle Broschüre der Stadt Frankfurt dokumentierte die Eskalation, welche die Uniformierten förmlich überrollte; 48 Schutzleute wurden verletzt. Es war, schreibt Klein, »das erste Mal für die meisten Genossen/innen, dass wir uns 'nem Angriff der Bullen auch bewusst stellen«. Beim Uhrtürmchen in der Berger Straße seien einzelne Polizisten derart in Gefahr geraten, »dass sie gezwungen waren, ihre Dienstpistole zu ziehen«, hielt der Polizeibericht fest. Die auf Seite 37 abgebildeten »Polit-Rocker« im Gemenge mit einem Beamten, der samt Schutzschild alsbald zu Boden geht, identifizieren Alt-Spontis als »Fischers Putzgruppe«.

Vergleichbare Schnappschüsse kursierten von der Auseinandersetzung nach dem Tod Ulrike Meinhofs im Mai '76, berichten Insider. Dabei flogen Molotowcocktails, der Polizist Jürgen Weber wurde lebensgefährlich verletzt. Fischer und andere wurden wegen »dringender Verdachtsmomente« dem Haftrichter vorgeführt – der Joschka entließ. Der brennende Polizist, die eigene Festnahme – das offenbar traumatische Erlebnis leitete seine Umkehr ein. Der Anschlag blieb bis heute unaufgeklärt.

Früher als andere sahen die »Sponti-Kings« Cohn-Bendit und Fischer das Unglück kommen. Joschka Fischers oft zitierter Aufruf zur Umkehr an Pfingsten 1976 begann mit der Aussage: »Gerade weil unsere Solidarität den Genossen im Untergrund gehört, fordern wir sie hier auf, Schluss zu machen mit diesem Todes-Trip.« Für ihn war das »ganze Spiel mit der Gewalt« beendet. Die Szene folgte aufs Wort. Der Titel seines Erfolgsbuches »Mein langer Lauf zu mir selbst« beinhaltet insoweit den komplizierten Prozess eines Lernfähigen, der erfolgreich vor sich weglief. Derweil blieb der ausgestiegene Terrorist Klein im Exil Gefangener seiner Geschichte. Dass er dort mit Hilfe von Frankfurtern unterkam (Cohn-Bendit bekannte sich als Einziger mutig dazu), verrät diffuse Schuldgefühle der Szene, die mit dem dunklen Bruder neben Größenfantasien Geheimnisse und Überzeugungen teilte. Vielleicht gibt es auch die Ahnung, »Jochens« Schicksal habe irgendwo irgendwas mit ihnen zu tun, weil er naiv glaubte, was die Großsprecher verzapften.

Die Geschichte des einen ist dem anderen tief eingeschrieben. Gut denkbar, dass Fischer auf dem Weg zu immer neuen Gipfeln gelegentlich die Erinnerung an den Kampfgenossen anfliegt. So wie Klein in der Verlorenheit verfolgt haben mag, wie Freund Joschka Träume, Utopien und Denken in jenem »Diäten-Klüngel« verstaatlichte, den »Angie« in seiner Biografie scharf kritisierte. Es war die letzte große Lebenslüge der Szene, ihn vor der deutschen Justiz zu verstecken.

Während Klein Tag und Nacht mit seiner Verhaftung rechnen musste, bezogen viele seiner Unterstützer daheim längst »Staatsknete«. Hätte sich Klein 1975 gestellt, wäre er heute bereits in Freiheit und müsste nicht den Kronzeugen gegen andere RZ-Mitglieder geben, um dem sonst unausweichlichen »Lebenslänglich« zu entgehen. Vollmundig hatte er stets betont: »Die Judas-Rolle liegt mir nicht!« Nun muss er den »Verräterpart« zu Ende spielen, der ihm nicht mal die Ganovenehre belässt. Klein, der im Leben vieles, aber nie er selber sein konnte, glaubte ja auch nie, was ihm sein »superkluger Alter weismachen wollte«, nämlich dass seine Genossen irgendwann selbst das System repräsentieren würden: »Dany als Aufsichtsratsvorsitzender der Deutschen Bank etwa.«

Dass einer von ihnen Außenminister würde, kam in den kühnsten Fantasien nicht vor.

(Nach seiner Verurteilung 2001 zu neun Jahren Haft – unter Anrechnung der Kronzeugenregelung – wegen dreifachen Mordes, Mordversuchs und Geiselnahme wurde die Strafe 2003 zur Bewährung ausgesetzt. 2009 wurde Klein begnadigt.)

Sonntagsmorde

Er hatte Lebenslänglich. Dann ließ man ihn in den offenen Vollzug. Den 166. Ausgang nutzte Dieter Zurwehme, um vier Menschen zu töten. Monatelang suchte Deutschland nach dem Täter von Remagen. Jetzt steht er in Koblenz vor Gericht. Geschichte eines tödlichen Irrtums.

Nach Ralf Kurtenackers Erinnerung war es ein schöner Sonntag. So vergnügt, wie er mit einem zweijährigen Buben sein kann. Sie spielten daheim in Remagen, und nichts lag dem Rechtsanwalt am 21. März 1999 ferner, als sich ein Bild von einem Killer zu machen. Vom Kinderzimmer im ersten Stock sahen Vater und Sohn dann gegen 17.30 Uhr den Rettungshubschrauber auf der nahen B9 landen. Kurtenacker ahnte nicht, dass das Geschehen bald seine eigene Biografie bestimmen würde: Heute vertritt er im Koblenzer Mordprozess gegen Dieter Zurwehme drei Nebenkläger. Der entwichene Strafgefangene erstach an jenem Tag in Remagen Paul und Rita Becker sowie Kurt und Maria Schröder. Deshalb kam der Helikopter.

In der Person des Juristen verknüpfen sich schicksalhaft zwei Ereignisse, die als wahre Heimsuchungen der Stadt gelten. Am 11. April 1992 raste bei der Kapelle der »schwarzen Madonna« ein Betrunkener mit dem Auto in die nächtliche Bittprozession vor Palmsonntag. Vier Pilger starben, darunter Kurtenackers Vater und Mutter. Die beim Schlussgebet neben ihnen stehenden Beckers entkamen um Zentimeter dem heranrasenden Wagen. Sie kannten sich vom »Wanderclübchen« und vom Stammtisch. Um den trauernden Sohn Ralf sorgte sich Rita Becker, das spätere Opfer Zurwehmes, besonders mitfühlend. Sie sei ihm in schwerer Zeit eine große Hilfe gewesen. Man sehe also, sagt der Anwalt bekümmert, »ich bin in diesem Fall doppelt betroffen«.

Jetzt sitzt er im Landgericht dem Angeklagten gegenüber. Wie alle im Raum sucht der 36-Jährige den Blick des Beschuldigten, als könne sich darin die Antwort auf die Frage »Warum?« finden: warum Zurwehme vier Menschen umbrachte, ihre Familien ins Unglück riss, sein eigenes Leben in Trümmer legte. Dem über Monate meistgesuchten Verbrecher hierzulande wird ein bedrohlich-kalter Zug zugeschrieben. Würde man darauf achten, wäre die Vorgeschichte nicht bekannt? Beim Hereinführen steht er im scharfen Blitzlicht, sein Schatten fällt auf die Längswand. Was bewegt ihn, wenn er sich selber sieht? Zurwehme spricht knapp in die Mikrofone, er wolle das irgendwann niederschreiben, »dann werden Menschen verstehen, wie es dazu kommen konnte«. Die rechte Hand ist dabei auf die Balustrade gestützt, die Hand, die beim Gemetzel das Messer führte.

Auffallend ist zunächst sein schlurfend-weicher Gang, den die unter dem Hosenbein hervorlugenden Fußfesseln erzwingen. Der Häftling trägt eine stenzhafte Frisur. Der Stil ist lange aus der Mode. Die theatralisch drapierte Tolle verdeckt seine Stirnglatze. Glatt rasiert, mit vollen Lippen und sanft geschwungenen Augenbrauen macht Zurwehme einen fast femininen Eindruck. Auf den ersten Blick frappierend bei einem Vergewaltiger. Das ist er neben vielem anderen auch.

Im Saal 128 blättert der Putz, die Klimaanlage faucht, Lautsprecher scheppern. Ein Ort für Verlierer. Obwohl zwischen den Verteidigern platziert, ist um Zurwehme eine Leere, für die es so wenig einen Begriff gibt wie für seine in der Not als »Massaker« beschriebenen Taten. Selten blickt er zum Gericht auf, noch seltener teilt er sich über eine Bewegung mit. Manchmal hüstelt der Angeklagte, sonst gleicht er einem unbeteiligten Beobachter. Auf anwaltlichen Rat schweigt er zur Sache. Seine Ruhe hat etwas Verächtliches. Es bleibt der Eindruck, Zurwehme sei in sich versunken, damit ihm das Monströse nicht zu nahe komme.

Das aufgedunsene Gesicht ist ein Gesicht ohne Gefühlsausdruck.

Es sei denn, man nimmt die gelegentliche Rötung für Emotion. Die ganze Anmutung hat etwas Reduziertes, vom Leben Verwüstetes, das nicht mehr zu tilgen ist. Beklommen lauscht man dem Pathologen, der die Verletzungen der Beckers und Schröders rekapituliert. Tiefe, Länge und Zahl der Stiche – 37 insgesamt – samt Durchtrennung der Kehlköpfe. Von »großer Wucht« der Attacken wird berichtet. Zurwehme bleibt regungslos.

Alle Opfer waren kleiner als er, zerbrechlich, gemessen an dem stämmigen Peiniger. Hilflos waren sie ihm ausgeliefert und starr vor Schreck, als in seiner Gestalt die Katastrophe über sie hereinbrach, er ihnen den Mund verschloss, die Augen verdeckte. Danach kam es zum Overkill mit dem 25 Zentimeter langen Stiefelkampfmesser. Der Gerichtsvorsitzende Lothar Mille bittet die Prozessbeteiligten zu sich nach vorn und zeigt Tatortfotos. Zurwehme bleibt sitzen. Welche unerträglichen Bilder mögen in seinem Gedächtnis gespeichert sein?

Der Horror beginnt in einer idyllischen Villa am Rhein. Das eingegrünte, von Ahorn und Kastanie überragte Areal der Schröders »Am Spich 12« hat etwas Verwunschenes. Bilder kleben an einem Fenster, zeigen einen Storch mit Baby, ein Teddygesicht, Zeichen glücklicher Tage. Das letzte Haus in der Sackgasse liegt abseits. Der Zufall will es, dass es den herumstreifenden Zurwehme dorthin verschlägt. Weil der Bau saniert wird, steht er leer, ideales Quartier für den seit Monaten polizeilich Gesuchten. Sein Leben ist das eines Desperados. Nie würde ihn das Schild »Betreten verboten« abhalten.

Am Sonntag sieht Schröder um die Mittagszeit nach dem Rechten, stellt den Eindringling zur Rede. Zurwehme überwältigt den 71-Jährigen, kettet ihn in Handschellen, ersetzt diese später durch Klebeband, das er findet. Im oberen Stock (wo immer noch die Läden geschlossen sind) legt er Schröder bäuchlings auf eine Isoliermatte. Dann stößt er ihm die zweischneidige Klinge mehrfach in den Hals und kippt einen Eimer Schutt über den Geschundenen.

Rätselhaft, dass er nach der sinnlosen Tat nicht abhaut. Vom Spich 12 zum nächsten Mordplatz in der Sinzinger Straße 3 braucht er einige Minuten. Es wäre genug Zeit, zur Besinnung zu kommen, die Raserei zu beenden. Aber wie in einem Schauerroman nimmt Zurwehme auf Schröders Handy einen Anruf von dessen besorgter Ehefrau Maria entgegen. Was mit ihrem Mann sei, will sie wissen. Er beschwätzt sie, lässt sich die Anschrift geben, steckt das Klebeband ein und macht sich in der Jacke des Getöteten zu ihr auf den Weg. Mit gezückter Schreckschusspistole tritt er Frau Schröder und den inzwischen durch sie alarmierten Eheleuten Becker gegenüber.

Als gäbe es einen geheimen Regisseur, wiederholt Zurwehme bis ins Detail hinein das grässliche Aktionsraster seines ersten Mordes von 1972: Fesseln, Suche nach Geld, Abstechen, um die eigene Haut zu retten. »Wenn die tot sind, gibt es keine Entdeckung«, dachte er. Jedesmal war die Drohung mit der Polizei das Schlüsselwort, bei dem er ausrastete. Offen ist, ob er es auf die Situation anlegt oder sich darauf zutreiben lässt und damit das Muster schafft für das dunkle Bedürfnis zu töten.

Den Kopf in die Hände gestützt, die Augen geschlossen, hören Rita Beckers Verwandte die peinigende Schilderung von deren Todeskampf. Das Klebeband war aufgebraucht, Zurwehme zerrte ihr im Schlafzimmer die Strumpfhose runter, knebelte sie damit. Die 60-Jährige schaffte es noch, aus dem Dachfenster mit sterbender Stimme »Mörder, Mörder« zu rufen, ihre letzten Worte. Da stob Zurwehme im geklauten Auto davon. Sein Fingerabdruck blieb auf einem Wasserglas zurück. Eine aussichtslose Flucht, auch vor der eigenen Geschichte, der er doch nicht entrinnen kann.

Es ist die Story eines bereits zu Lebenslänglich Verurteilten. Der Vorsitzende Mille nuschelt das 1974 vom Schwurgericht Aachen verhängte »Schuldig« noch einmal herunter. Es ging um Mord; Zurwehme nickt beim Vorlesen ein. Am 16. November 1972 hatte er in einem Dürener Büro Ella S. überfallen. Mit der zerschnittenen Strickjacke fesselte er ihr die Hände auf den Rücken, die Knoten ließen sich später kaum lösen. Die sich Wehrende tötete er mit dem Fahrtenmesser.

Ein Foto zeigt Frau S. auf dem Boden in ihrem Blut liegend. Daneben eine gemütliche Sitzecke mit ornamentalem Muster, was das Entsetzliche der Szene steigert. Nach dem Mord säubert Zurwehme in der Küche Hände und Waffe. »Das zu den Taten benutzte Messer wird eingezogen«, heißt es im Urteil, das feststellt, Zurwehme habe zwischen 1960 und 1974 neuneinhalb Jahre hinter Gittern verbracht. Auch damals flüchtete er durch ganz Deutschland und brachte Frauen in seine Gewalt. In der Psychoanalyse stehen Reisen und Wanderschaft für Symbole des Todes.

Ortswechsel. Für ein Gespräch über den Mörder Dieter Zurwehme ist die Bibliothek von Herbert Schartmann eigentlich ein zu friedliches Plätzchen. Polstersessel und ein runder Tisch mit Stehlampe bilden die gemütliche Sitzecke. Es gibt Kaffee und Plätzchen in feinem Porzellan. Von draußen sickert durch den dichten Vorhang aus Büschen grünliches Licht herein. Drinnen erzählt der frühere Richter, warum ihm Dieter Zurwehme auch mit dem Abstand von 26 Jahren so gegenwärtig ist, als habe er ihn noch gestern getroffen.

Zuletzt sahen sich die beiden am 18. April 1974 von Angesicht zu Angesicht: elf Uhr früh in Saal 339 des Aachener Landgerichts. Kahle, dunkle Wände, hässliche Lampen, bleigefasste Fenster – eine deprimierende Kulisse. Zurwehme stand halb rechts vor ihm. Der Schwurgerichtsvorsitzende Schartmann verlas »im Namen des Volkes« die Urteilsformel: »Der Angeklagte ist schuldig: des Mordes in Tateinheit mit versuchtem schweren Raub, der versuchten räuberischen Erpressung, der Notzucht und der Notzucht in Tateinheit mit räuberischer Erpressung. Er wird daher zu lebenslanger Freiheitsstrafe verurteilt.« An eventuelle Gemütsregungen des Killers zum Schuldspruch entsinnt sich der 68-jährige Pensionär nicht. Es dürfte keine gegeben haben. Zumal er sich an das sonstige Drumherum exakt erinnert.

Damals war der Landgerichtsdirektor 42 Jahre alt. Es gab genügend Gründe, diesen Donnerstag nach Ostern nie mehr zu vergessen: Das Aktenzeichen S 2/74 bescherte ihm »den ersten Prozess dieses Kalibers« und endete mit dem ersten von ihm ausgesprochenen »Lebenslänglich«. Die über Zurwehme verhängte Höchststrafe kam Schartmann nicht ohne innere Bewegung über die Lippen. Eine Zäsur? »Aber ganz sicher. Man ist kein Roboter. Das macht man nicht aus kalter Hand.« Zuwehmes erster Mord geschah zwischen einem morgendlichen Bordellbesuch in Aachens Antoniusstraße, einem missglückten Raubüberfall und einer drei Monate währenden Flucht durch Deutschland mit widerwärtigen Übergriffen auf zwei Frauen. Sein Richter fasste zusammen: »Für diese Verbrechen gibt es keine Milde!«

In der Rückblende sind Schartmann weniger die Details der Taten präsent. Denkt er an Zuwehme, dann denkt er insbesondere an eine Auffälligkeit: Dass ihn kein anderer mit solchen Augen ansah wie dieser: »Er hatte so eine Art stechender Blick.« Vielleicht erscheint ihm dieses gewisse Starren heute intensiver, als es wirklich war, nachdem Zuwehme wegen weiterer vier Morde in Koblenz vor Gericht steht. Jedenfalls erkannte Schartmann ihn »sofort am Blick wieder«, als wegen der Metzelei im vergangenen Jahr die Großfahndung nach dem beim Freigang entwichenen Strafgefangenen begann: »Ich wusste gleich, wer er war.« Bis dahin hatte Schartmann keine Ahnung, dass Zuwehme wieder aus dem Gefängnis ist. Lebenslänglich bedeutete 1974 ohne Einschränkung Lebenslänglich. Es bestand lediglich die Möglichkeit, »irgendwann begnadigt zu werden«, ergänzt er.

Vom Schreibtisch holt der Jurist eine handschriftliche Liste herüber, die er seit 1974 in eigener Sache führte. Die karierten Seiten sind eng in winziger, eckiger, blauer Schrift beschrieben. Auf dem ersten Blatt an zweiter Stelle steht der Name Dieter Zurwehme, daneben der Tatort Düren und die angewandte Rechtsnorm, Paragraph 211 Strafgesetzbuch, »der Mordparagraph«. Der Ordnung halber ist in der Zeile abschließend angefügt, Zuwehmes Revision sei verworfen worden. 1994 schied Schartmann aus dem Dienst aus, die Dokumentation umfasst sämtliche 150 Schwurgerichtsverfahren, die er als Richter leitete. Wie viele seiner Urteile auf »Lebenslänglich« lauteten? Er vertieft sich in die abgegriffenen Papiere, zählt vor sich hin: »Herr Zurwehme, Herr S., Herr Sch., Herr H., Herr B., Herr L., Herr W.« Es werden 21.

Liest er die Namen herunter, wird die fröhlich-rheinische Stimme melancholisch. Ein solcher Lesestoff ist nicht dazu angetan, den Glauben an das Gute im Menschen zu stärken. Auf die akkurate Buchführung verfiel er auch nur, weil Stuttgarts Ministerpräsident Hans Filbinger sich in den Siebzigerjahren partout nicht mehr daran erinnern wollte, wie viele Todesurteile er als Marinerichter im Dritten Reich gefällt hatte. Für den überaus korrekten Schartmann war das Grund genug, sofort eine Gedächtnisstütze anzulegen.

Groß und schwer sitzt der Hausherr im Lehnstuhl, die Fingerspitzen aufeinandergelegt. Beiläufig korrigiert er den Sitz der Krawatte auf der breiten Hemdbrust. Gleichzeitig kann man sich ein Bild des Richters machen, da er aus schwerem Rahmen auf uns herabblickt: An der Wand hängt ein gemaltes Porträt, das Schartmann in Robe und mit Barett darstellt. Im Bücherregal daneben stehen Werke über Wallenstein, Bismarck, Karl V. und Machiavelli. In der Nachbarschaft großer Biografien lässt der Pensionär sein eigenes Leben Revue passieren. Nicht nur wegen Zurwehme stand es lange Zeit im Bann des Bösen.

Zwölf Jahre amtierte er am Schwurgericht. Dabei seien ihm Fälle untergekommen, bei deren Schilderung die »Zuhörer im Saal gestöhnt haben«. Einmal ging es ums Verscharren einer Leiche, wobei sich dem Toten noch ein Seufzer entrang. Der Gutachter habe das mit in der Lunge verbliebener Luft erklärt. Bei der Schilderung standen dem Publikum die Haare zu Berge. Unvergesslich 1978: »Gestandenene Männer heulten«; es war von der Entdeckung zweier toter Kinder auf einer Müllhalde die Rede. Der Doppelmord geschah in einer Nachbargemeinde. »Das ist mir menschlich am nächsten gegangen.« Schartmann verdeutlicht damit, dass durchaus auch andere Menschen zu solchen Brutalitäten fähig sind, wie sie Zurwehme gleich mehrfach begangen hat.

Das einschlägige Urteil von 1974 liegt auf dem Tisch. Es hält fest, man habe sich eine »filmische Rekonstruktion der Tat« angesehen. Anschaulich sei zu erkennen gewesen, wie der nach Geld suchende Zurwehme sich nach dem Mord »an der Handtasche der Frau S. zu schaffen machte«. Dem Vorsitzenden schien das ganze Vorgehen des 31-Jährigen »von einem hohen Maß an Niederträchtigkeit und Gefühlsrohheit« geprägt. Schartmann führte aus, der Angeklagte habe »gnadenlos getötet«.

Hinter dem Formelhaften der Juristerei verbergen sich Einzelheiten, ähnlich wie sie in Dantes »Höllenkreis« geschildert werden. Schaurige Bilder diverser Fälle schreckten Schartmann nachts auf, bedrängt von den Szenen fand er »um drei, vier Uhr nicht mehr in den Schlaf«: »Dann war es aus.« So ließ jeder Täter einen Schatten in ihm zurück. Auf vertrackte Weise blieb er ihr Gefangener. Mit bedenklicher Miene mag der Richter deshalb im Jahr 1974 verfolgt haben, wie man den Verurteilten abführte. In Aachen werden Angeklagte durch ein eigenes Treppenhaus ins benachbarte Gefängnis gebracht. Es geht durch einen unterirdischen Gang, für Zurwehme die Schleuse zur vor ihm liegenden Einöde. Den »Lebenslänglichen« begleitete die Ahnung des Vorsitzenden von dessen düsterer Zukunft.

Denn in den zwei Prozesswochen lernte er einen »gefährlichen Gewohnheitsverbrecher« kennen; Zurwehmes endlose kriminelle Verstrickung ist kaum nachzuerzählen. Schartmann blättert im Urteil und seufzt: »Sehen Sie, wir sind schon auf Seite 13 und immer noch bei den Vorstrafen.« Der Arbeitslose hatte seinerzeit 21 verschiedene Delikte auf dem Kerbholz. Die früheren Verurteilungen lasen Beisitzer und Vorsitzender abwechselnd vor. Es war an Schartmann, dem Angeklagten das verhunzte Leben vor Augen zu führen. Dabei ließ er ihm die Rolle des armen Jungen nicht durchgehen, die Zurwehme zur Rechtfertigung wählte: das Beharren auf seiner aus den Fugen geratenen Kindheit bei Adoptiveltern und in Heimen, die Unterstellung, das Schicksal habe sich gegen ihn verschworen. Er hielt ihm vor, von den letzten »vierzehneinhalb Jahren neuneinhalb hinter Gittern gesessen« zu haben, Zurwehme habe »die ihm immanenten Abwehrkräfte nicht mobilisiert«. Der Richter sprach von »tief verwurzeltem Hang zur Begehung von Straftaten«, und er sprach von Zurwehmes Scheitern als Schlosser-, Zimmermanns- und Bergmannslehrling.

Streng ging der Vorsitzende mit dem Menschen ins Gericht, der »jedwede Chance, in ein stetiges und straffreies Leben zu finden«, vergab, berufliche Chancen ebenso wenig wahrnahm wie Strafaussetzungen zur Bewährung. Eine schreckliche Geschichte des Scheiterns, noch einmal gesteigert durch Zurwehmes Versagen als Freigänger der Strafanstalt Bielefeld: Unbegreiflich, dass er auf dem Weg zurück ins bürgerliche Leben erneut tötete. Wieder war ein Messer sein Werkzeug der Zerstörung, wieder tötet er in dem Wahn, Belastungszeugen aus dem Weg zu schaffen, um scheinbar Ordnung und Sicherheit für sich herzustellen. Abgewandelt und doch sehr ähnlich der in Aachen verurteilten Tat.

Es gab dort 1974 niemanden im Saal, der die von Zurwehme ausgehende fürchterliche Ruhe nicht gespürt hätte. »Es hörte sich an, als wenn er die Geschichte eines anderen erzählte«, notierte ein Reporter. Die ihm zur Last gelegten Taten habe er ohne erkennbare seelische Regung berichtet, fand im Schlusswort kein Wort der Reue. Den Tränen nahe gewesen sei er bei der Schilderung von körperlichen Züchtigungen durch seinen Adoptivvater. Da habe er »das einzige Mal« überhaupt Rührung gezeigt, vermerkt das Urteil.

Die 86-seitige Begründung ist eine Ansammlung hoffnungsloser Sätze und hellsichtiger Ahnungen, nicht frei von einer gewissen Utopie, wo sie Dieter Zurwehme aufruft, im Leben umzukehren. Ein Gefühl des Unzulänglichen blieb. Der erfahrene Schartmann, seit 1964 im Dienst, erkannte: »Zurwehme war, wenn nicht rettungslos verloren, dann im höchsten Grad gefährdet. Das ist mit Händen zu greifen gewesen.« Sosehr er als sein Richter in ihm einen Gesetzlosen sah, er findet es dennoch »eine Schande, dass sich dies bewahrheitet hat«.

Wie froh wäre er, hätte er sich in seiner Einschätzung geirrt. Zurwehme tötete das erste Opfer mit fünf Stichen. In Remagen stach er 37-mal auf die vier Senioren ein, lebende Tote, als sie ihm in die Hände fielen. Sein Wüten übertraf noch das Ungeheuerliche, das vom Aachener Gericht protokolliert wurde: dass Zurwehme aus rein egoistischen Gründen dem Tötungsbedürfnis einen Anlass verschaffte. Nun erfasste ihn nach langer Haft exakt wieder diese Unterströmung. Alles Zerrissene fügte sich für einen Moment zu dem Impuls, erneut die Klinge gegen Gefesselte zu führen.

Schartmanns reich sortierte Bibliothek mit dem Schwerpunkt auf Biografien und Geschichte zeigt über das Konservativ-Bürgerliche hinaus, dass der Benutzer Erkenntnisse über Menschen sammelt. Vielleicht sucht er Maß und Muster ihres Handelns, nach all dem, was ihm bei Gericht begegnete. Mehr noch: Weit gespannte Leselust bekämpft auch eine Wehmut, die bei der prozessualen Vertiefung in fremde Lebensdramen wohl unausweichlich ist. Was denkt der beste Zurwehme-Kenner darüber, dass der Häftling beim 166. Freigang abhauen und auf der Flucht vier Menschen ermorden konnte? Schartmann bläst die Wangen auf, hängt einem Gedanken nach, antwortet dann. Er bitte zu bedenken, dass man heute »ex post« spreche, nach geschehener Tat. 165 Urlaube seien davor ja gut ausgegangen. Doch verstehe er, wenn nach den Remagen-Morden nun alle sagten: »Wie konnten die nur!« Er selbst hätte nie damit gerechnet, »dass man Zurwehme laufen ließ«.

Mit dem Gedanken, zum Koblenzer Zurwehme-Prozess zu fahren, spielte Herbert Schartmann kein einziges Mal. Er hätte auch keine Zeit, denn endlich ist er mit den schöneren Dingen des Lebens befasst, schreibt für die Lokalzeitung fleißig Wandervorschläge. 99 Tipps aus seiner Feder sind bereits erschienen. Alle enden mit dem gleichen Satz: »Viel Freude beim Wandern und Schauen, ein paar erholsame Stunden wünscht Ihnen Herbert Schartmann.«

Einigermaßen ratlos blickt man auf den Werdegang eines Gesetzlosen, bestimmt von immergleichen Verbrechen. Was für eine Tour des Schreckens bis zur Koblenzer Anklagebank. Er lässt seine Daten vom Verteidiger vortragen: Am 7. April 1942 unehelich in Bochum geboren, wird er nach vier Wochen von der Mutter in ein Waisenhaus gegeben und bald darauf von den Zurwehmes adoptiert. Von der nie abgebrochenen »Suche nach meiner Mutter« ist die Rede, davon, dass diese Tatsache ihm »das ganze Leben zu schaffen gemacht« habe. Die übertrieben strenge Erziehung des Stiefvaters, der ihn mit dem Gummiriemen schlug, der häufige Stubenarrest, das vielfache Ausreißen von einem Zuhause, das ihm keines war, werden betont. Schulische Erfolge und Misserfolge kommen zur Sprache, sein Abgleiten in die Kriminalität.

Dokumentiert ist die Attacke des Zwölfjährigen auf ein älteres Mädchen; er wollte Geld. Heute weiß man, das war der Wendepunkt. 1955 wird er dem Erziehungsheim St. Josefshaus in Wettringen »zugeführt«. Am 30. Dezember 1959 überfällt er mit dem Schälmesser eine Bahnwärtersfrau, bekommt zwei Jahre: »Die erste Haft, die ich erlitt.« 1965 bedroht er, wieder mit dem Messer, eine Bekannte, vergewaltigt sie im Auto. Die Spirale der Gewalt bringt ihn in die Knäste Herford, Butzbach, Zwolle, Aachen, Rheinbach, Geldern, Bielefeld, Wuppertal.

Gewiss, Zurwehme hatte eine elende Jugend, entbehrte Freunde. Aber was bedeutet die sprichwörtliche Kindheit im Kohlekasten heute? Er ist 57 Jahre alt – soll sie die Ruchlosigkeit entschuldigen, weil hier womöglich einer die eigene Verzweiflung unter noch Schlimmerem begrub? Wohlweislich spart der Lebensaufriss den ersten Mord aus, vergisst die Milde und Bewährung, die ihm unter Hinweis auf seine Herkunft zuteil geworden ist. Bei aller Trostlosigkeit hat der Rückblick zudem etwas Routiniertes. Zurwehme ist keiner, der ins Bekennen hineinrutscht. Man spürt, dass er weniger eine aschgraue Phase reflektieren möchte als mit Gespür für den Effekt auf eine Vorprägung abhebt. Schuld in Schicksal umzudeuten, diese Ausrede kennt man von durchtherapierten Häftlingen. Sie beherrschen den Slang, avancieren mit Hilfe der Psychologie zu ihren eigenen Milieutheoretikern, laden ihre Verbrechen im gesellschaftlichen Urgrund ab.

In diesem Sinne sah sich der Täter im Mordprozess von 1974 dezidiert als Opfer, indem er »Stiefeltern und Heimerziehung« für seine Entwicklung verantwortlich machte. Die Gutachter dagegen attestierten ihm »Neigung zum Selbstmitleid und zur Sentimentalität« sowie Empfindsamkeit, aber nur, »soweit es seine eigene Person betrifft«. Noch 1998 notiert das Landgericht Bielefeld lapidar, »dass bei dem Verurteilten es an einer Auseinandersetzung mit seinen schweren Straftaten fehlt«. In Koblenz schildern nun direkt nach seiner Lebensskizze zwei Sanitäter »die Auffindungssituation« der Remagener Leichen. Durch die Beschreibung seines Schlachtfelds tritt an die Stelle des armen Zöglings Dieter die Gestalt des gnadenlosen fünffachen Mörders.

Bei der Verhandlung herrscht eine Atmosphäre der Bedrückung, weniger des Sensationellen, wie man es von anderen Fällen her kennt. Das mag an den blutig gezeichneten Taten liegen, die »Hinrichtungen« genannt wurden. Vielleicht hat es auch mit dem trostlosen Anblick zu tun, den Zurwehme dort vorne im Angesicht eines metallenen Christus abgibt. Ist er sich bewusst, etwas verwirkt zu haben? Bei der Festnahme sprach er von der Befürchtung, er werde sein Leben »wohl im Knast beschließen«, und machte beim Geständnis auf die Kripo den Eindruck eines Illusionslosen, der »sich schon irgendwie aufgegeben hatte«.

»Entdeckungsangst« sei es gewesen, die ihn zu dem Irrsinn trieb. Schließlich war er im Dezember 1998 vom Ausgang nicht mehr in die Haftanstalt Bielefeld zurückgekehrt. Unterwegs habe ihn der Gedanke an die vertane Bewährungschance durchzuckt, »warum er aus einer positiven Situation abhaut«. Die Morde selber seien »fast programmiert, automatisch« abgelaufen, er habe kein Gefühl dabei entwickelt. Auch sprach er davon, »wie im Rausch« gehandelt zu haben. Exakt diese Formulierung gebrauchte er schon nach dem Dürener Mord. Diesmal ergänzt um den Hinweis, nach Remagen sei es ihm »sehr schlecht gegangen«.

Getragen von amtlichem Optimismus hatte man den Schwerstkriminellen Schritt für Schritt wieder hinausgelassen. Es fing mit begleitetem Urlaub an, seit 1995 war er »Freigänger«, sollte auf draußen vorbereitet werden. Erst recht nach einer erfolgreich absolvierten Kochlehre gab es Hoffnung, er habe seiner versauten Vita eine günstige Wendung gegeben. Zurwehme malte sich aus, in neuer Freiheit per Kontaktanzeige eine Partnerin zu suchen.

Allerdings gingen die Meinungen über den 1974 für »schizoid, gemütsarm und ausgeprägt egozentrisch« befundenen Häftling weit auseinander. So weit, dass sich die Chronik eines angekündigten Mordes rekonstruieren ließe. 1989 erwartete ein Experte »mit an Sicherheit grenzender Wahrscheinlichkeit« nicht, dass Zurwehme noch einmal »in eine so kritische Situation gerät, in der er früher ernsthaft straffällig wurde«. Schon 1990 nötigte der Hafturlauber bei Köln eine 17-Jährige mit der Gaspistole, er hatte Elektroschockgerät und Messer gehortet. Oberkommissarin R. aus Hürth registrierte »Amoralität« bei ihm. Sie unterstrich, von Zurwehme gehe »ein nicht zu unterschätzendes Gefahrenmoment aus«. Dem Therapeuten R. schildert er 1996 mehrfach Vergewaltigungs- und Fluchtfantasien. Die Strafvollstreckungskammer des Landgerichts Bielefeld lehnt 1998 die bedingte Entlassung ab.

Was besonders entsetzt: Im Fall Zurwehme sind massive Warnungen vor unverminderter »Rückfallgefährlichkeit« reihenweise belegt. Diplompsychologe R. sah in dem Probanden einen Doppelgesichtigen von erheblicher Gefahr. Anderen waren die Überanpassung, Fügsamkeit und »Nonaggressivität« des Einzelgängers nicht geheuer. Sie schlossen aus der auffälligen Unauffälligkeit, dass Zurwehme sich hinter Freundlichem verpanzerte, dass die gefährliche Bindungslosigkeit fortdauerte und Zerstörerisches lauerte. Opferanwalt Kurtenacker, der erbittert von »der Bestie« spricht, beklagt, die Ermordeten könnten noch leben, »wenn man auf die Gutachter gehört hätte«. Der Fall bewegt ihn tief, seit ihn sein Nachbar Heinz Becker, Bruder eines der Getöteten, am Tatabend herausklingelte und mit dem Grauenhaften konfrontierte. Seitdem hat sich Traurigkeit seiner bemächtigt, aber auch Zorn auf die für Zurwehmes Ausgang Verantwortlichen.

Oberregierungsrat Ralf S. vom Justizvollzugsamt Hamm etwa hielt es für angezeigt, den Häftling im offenen Vollzug zu lassen. Ihm assistierte Kollege S.: Der Gefangene sei weiterhin uneingeschränkt für Ausgänge und Tagesurlaube geeignet. Drei Becker-Brüder erstatteten Strafanzeige gegen sie und den damaligen Justizminister wegen Verdachts der fahrlässigen Tötung. Just zu Beginn des Zurwehme-Prozesses kam die Einstellungsverfügung der Staatsanwaltschaft.

Wenn der Mann ohne Hemmschwelle ein Talent hat, dann gewiss dafür, die Kammer des Bösen vor anderen verschlossen zu halten. Amtliche Fürsorge im Überfluss galt dem Muster-Knacki, einem Beispiel gelungener Resozialisierung, wie es schien. Zurwehme interessierte sich für die Natur, ging korrekt der Arbeit nach, sparte fleißig, gab sich geschmeidig, hütete sein Geheimnis – und haute beim 166. Ausgang ab. Seine Fürsprecher ließ er in bestürzter Ratlosigkeit zurück. Beherrscht von einer zwingenden Kraft, kam wieder sein zweites Ich heraus, wie gehabt tötete er zur Verdeckung anderer Straftaten und, vermutlich, aus verkappten sexuellen Motiven.

Dass nicht genug Abwehr aufgebaut war, Brandgefährliches in ihm glomm, hatten jene Gutachter befürchtet, die Zurwehme für einen hoffnungslosen Fall hielten und die man ignorierte. Bei Gericht werden ihm jetzt wieder ganz selbstverständlich »seelische Verwahrlosung« und »eingeschliffene kriminelle Verhaltensmuster« attestiert. Sicherungsverwahrung sei nötig, heißt es. Trotzdem sind die Entscheidungsträger von damals weiter im Dienst.

Goethestraße Remagen, der neue Friedhof unweit vom Mordplatz, die Gräber der Ermordeten. Eine alte Dame erzählt uns, 900 Trauernde seien zur Beerdigung gekommen: »Es gab niemand ohne Tränen in den Augen.« Unter schlichten Holzkreuzen brennt das ewige Licht. Stiefmütterchen blühen, Rosen knospen, Amseln jubilieren.

Wir setzen uns auf eine Bank und lesen im Urteil von 1974: »In stumpfer Haltung« sei Dieter Zurwehme der Hauptverhandlung gefolgt. Er ist wieder ganz der Alte.

»Ja, Mama, ich war's«

Sie drückt sich tief in den Sessel, man soll den Kampf mit den Tränen nicht bemerken. Maria Gäfgen ist die Mutter des Mörders von Jakob von Metzler. Sie ahnte nichts von der Geldgier ihres Sohns. Seine Tat hat auch ihr Leben zerstört – doch sie bleibt seine Mutter. Eine Begegnung.

Käme er jetzt zur Tür herein, geradewegs durch den Vorgarten und das schrill tapezierte Treppenhaus in den ersten Stock, im kleinen Erker wäre wieder für ihn gedeckt – wie immer.

Das Tischtuch mit dem Tulpenmuster liegt auf. Kaffee und Kuchen sind serviert. So sah es wohl aus, wenn Magnus Gäfgen seine Eltern besuchte, die begierig das Neueste von seinem Jurastudium hören wollten. Vielleicht wunderte sich seine Mutter Maria insgeheim darüber, was für seltsame Moden der 28-Jährige neuerdings mitmachte. Er trug teure Hemden mit eingesticktem Logo, das sie nicht kannte. Sie verkniff sich Fragen nach seiner elf Jahre jüngeren Freundin. Zweimal hatte sie das Mädchen »zwischen Tür und Angel« bei ihm gesehen, ohne vorgestellt worden zu sein.

Die Mutter des Mörders von Jakob von Metzler sitzt uns in einem Altbau am Frankfurter Stadtrand gegenüber, unterm Herrgottswinkel tief in den Sessel gedrückt; sie braucht die schützende Hülle. Die Kindererzieherin ist eine Frau voller Wärme, die sich sofort überträgt. Ihr kranker Ehemann Günter nennt sie »die Lütte«, er kommt im Trainingsanzug hinzu. Seit es am 30. September 2002 »nach 23 Uhr« klingelte und Kripobeamte die Festnahme ihres Jüngsten mitteilten, ist im Leben der Maria Gäfgen nichts mehr, wie es war: Es ist ihr unmöglich, auch nur den Anschein des Normalen vorzuspielen. Mit der von Magnus gestandenen Tötung des elf Jahre alten

Schülers erlosch gleichsam ihre eigene Existenz, was sich in körperlichen und seelischen Leiden äußert, »einer traurigen Stimmung seit Monaten«. Optisch mildern farbenfrohe Bouquets und Glückwünsche zum 60. Geburtstag die Tristesse.

Ein nicht enden wollender Albtraum verdunkelt ihr Dasein. Sie gäbe alles dafür, könnte sie ihn aus dem Gedächtnis löschen. Am 30. September kommt gegen zwölf telefonisch die Nachricht, »dass mein Bruder gestorben ist«. Spätabends läutet wie gesagt die Polizei und schockt die Mutter mit der vorerst nur vermuteten Verstrickung ihres Sohnes in den Entführungsfall Metzler. Sie durchleidet die Nacht, in der die Stunden schleichen, gepeinigt von dem Gedanken: »Wo ist das Kind? Was hat Magnus damit zu tun? An Schlaf war nicht zu denken.« Am Rande der Verzweiflung rief sie im Frühlicht um sechs bei der Polizei an: »Kann ich jetzt mal mit Magnus reden?« Es wurde 7.30 Uhr, bis es hieß, sie könne kommen. Außerstande, sich ans Steuer zu setzen, bat sie, abgeholt zu werden.

Über der elterlichen Wohnung im Frankfurter Süden schwebt Flugzeug um Flugzeug nach »Rhein-Main« ein. Symbole der grenzenlosen Freiheit, die sich ihr Sohn mit dem Lösegeld erpressen wollte. Drinnen berichtet Magnus' Mutter stockend weiter. Bei ihrer Schilderung schnürt es einem die Kehle zu; sie entreißt sich Erinnerungsfetzen mit gepresster Stimme. Ob vom Anfang oder vom schaurigen Ende her erzählt, man könnte trübsinnig werden über Gäfgens kläglicher Geschichte, einer Geschichte menschlicher Abgründe.

Im Polizeipräsidium traf sie auf den »heulenden, stammelnden Magnus, an den Stuhl gefesselt«. Er schob Worte ineinander, dahingesagt, aber nichts erklärend, wusste vorerst nichts anderes, als in Lügen zu flüchten. Sie flehte ihn an: »Egal, du musst der Polizei sagen, was mit dem Kind ist, wen schützt du?« Es sind armselige Sätze, armselige Tränen, die Tätern bleiben. Er brachte nur heraus: »Ich kann nicht, ich kann nicht.«

Nur die Schilderung der »Tatortgruppe« mit ihren exakten Fachbegriffen macht überhaupt erträglich, was sich der Polizei am 1. Oktober 2002 im Gebiet »Schauerwald« bei Rebsdorf (Main-Kinzig-

Kreis) bot. Die Skizze des Hessischen Landeskriminalamts zeigt eine Blockhütte, Bienenstöcke, 24 Laub- und 25 Nadelbäume, zwei Bachläufe, einen Teich »mit 6,40 Meter langem Steg«. Als Hauptkommissar Lüken die Idylle schematisch im Maßstab 1:300 darstellt, liegt die Temperatur bei 15,5 Grad, das Wasser hat 9,5 Grad. Oberkommissar Heyer von der Tauchergruppe steigt in den Anglerweiher, aus dem ein teilweise von Pflanzen verdecktes Tuch »ragt«, in das »ein menschlicher Körper« gehüllt ist, Füße zur Oberfläche, Kopf auf dem Grund. Aus dem Wasser »unterhalb des Holzsteges auf der linken Seite in Ufernähe« barg er eine »männliche Kindesleiche« aus dem »0,52 Meter« tiefen Gewässer. Ein verschnürtes Bündel Mensch, in Plastiksäcke eingeschlagen.

Es war Jakob von Metzler. Seine Verschleppung hielt zu dieser Stunde noch ganz Deutschland in Atem. Das Echo des Schreckens hallt bis heute nach. Tag für Tag passieren scheußliche Verbrechen. Im öffentlichen Bewusstsein scheint Gäfgens Tat jedoch alle anderen zu übertreffen. Vielleicht weil niemand Jakobs Blick vergessen kann, der auf Familienbildern so frohgemut die Welt musterte. Die Ermordung des Buben – blond, aus gutem Haus, der Vater ein Mäzen – brannte sich ins kollektive Gedächtnis. Zumal herauskam, dass hinter dem Verbrechen gar keine kriminelle Organisation steckte, sondern ein adretter, akademisch gebildeter junger Mann mit modischem Mittelscheitel.

Der damals noch mutmaßliche Mörder führte die Kripo zum sogenannten »Ablageort«, fällt da vor der geschlossenen Schranke zum Ufer auf die Knie. Niederkauernd in seiner Schuld, stammelt Gäfgen weinend, er könne nicht weitergehen, will nicht aus der Nähe sehen, was er angerichtet hat. Den Teich kannte der Täter von den Partys eines Kommilitonen.

Kurz nach der Tat hatte es den Studenten erneut zu dem Weiher getrieben, eine dunkle Gestalt, die sich anschlich und vergewisserte, ob die Leiche noch da sei. Das war am Sonntag. Danach fuhr Gäfgen spätabends im Honda Civic zur Endstation der Straßenbahnlinie 14, holte das Lösegeld von einer Million Euro ab, weisungsgemäß in Aldi-Tüten verpackt. So verlangte es sein 23-zeiliger Erpresserbrief, der sich aufgesetzter Gaunersprache bediente: »Achtung! Entführung« tippte er in lauter Großbuchstaben auf der Schreibmaschine, verlangte gebrauchte Banknoten, bot einen »Deal« an, versicherte bei seiner Ganovenehre: »Es geht uns lediglich um Ihr Geld [...]. Ihr Sohn wird dann am nächsten Morgen wohlauf nach Hause kommen [...].« Die Übergabe erfolgte im Stadtwald – drei Tage nach Jakobs Tod.

Gäfgens Mutter hat müde Lider, die hellen, kummervollen Augen suchen das auf dem Fensterbrett stehende farbige Glasmosaik der Jungfrau Maria. Ihr Gesicht, voll von Entbehrung, teils blass, teils gerötet, ist von den Widrigkeiten aufgerieben, beinahe durchsichtig. Unruhige Finger nesteln an der mit Edelweiß bestickten Bluse. Sie schweigt für Momente der Selbstvergessenheit, sammelt Kraft, man soll den Kampf mit den Tränen nicht bemerken.

Kein Beweis reicht an das mütterliche Empfinden heran. Nach der Verhaftung las sie in Magnus' stets verheulten Augen wie in einem offenen Buch. Das Fremde an ihm ging ihr durch und durch, sie spürte instinktiv seine Verlorenheit. Betrachtete, nein, studierte die Mutter ihn mit geschärfter Aufmerksamkeit, brach ihr fast das Herz. Wusste sie doch, es gibt kein Zurück. Der Mord bestimmt, was er war, ist und sein wird.

Es ist so viel passiert seit jenem zerstörerischen Freitag, 27. September 2002, an dem Magnus den kleinen Jakob in Sachsenhausen abpasste. Egal, wie Vater und Mutter Gäfgen sich daheim die Fakten des Verbrechens zusammensetzten, immer unbegreiflicher wurde der Fall. Paralysiert von den entsetzlichen Details, drehen sich ihre Gedanken zur »Sinnlosigkeit des Geschehenen« im Kreis. Gäfgens Mutter findet nicht aus der Bedrückung. Es läuft auf das Rätselbild von einem Sohn hinaus, den sie so nicht kennt: Aktenzeichen 3490JS, Anklage und Verurteilung wegen Mordes!

Magnus war doch ihr ganzer Stolz gewesen. Nesthäkchen und Augenstern. Sie wähnte den Studenten der Rechtswissenschaft mit Examensvorbereitungen an der Universität Frankfurt ausgelastet. Da hatte Magnus auf einem Notizzettel schon stichwortartig eine elende Reihe von Handlungsschritten für Jakobs Entführung aufgelistet. Ein Plan scheinbar ohne Nerven, aberwitzig, monströs, zum Scheitern verurteilt, aber tödlich. Schon Tage vor der finalen Entscheidung befestigt Gäfgen unterm Couchtisch in seiner Wohnung das silbrige Klebeband, mit dem er Jakob später Mund und Nase verschließt und ihm so den Tod bringt. Die Ungerührtheit, mit der er Spuren beseitigt, die Million einsackt (999 700 Euro findet die Polizei noch), all das scheint in schreiendem Gegensatz zu einem jungen Mann zu stehen, der nicht ins gängige Erwartungsbild passt.

Nun ist die Diskrepanz zwischen Täter und Tat ein beliebtes Thema. Wobei man jede Woche in Schwurgerichtssälen vernimmt, dass jedem unter bestimmten Umständen alles zuzutrauen ist. Vielleicht sind sogar die wenigsten Mörder die kalten Typen, als die sie das Geschehene kennzeichnet. Unfassbar, Jakobs Peiniger fuhr mit der Leiche im Kofferraum bei der Bankiersfamilie vor, warf seine in eine Plastikhülle gesteckte Geldforderung vor die Einfahrt. Die Überwachungskameras erfassten ihn nicht. Er hatte die Lage gecheckt, als er einmal die Metzler-Kinder heimchauffierte.

Trotz allem, der in Boulevardblättern als »Killer« beschriebene Magnus ist ihr eigenes Fleisch und Blut. Fernsehaufnahmen flimmerten ins Wohnzimmer (dort ist er auf Fotos, aber auch in unheilverkündenden Akten präsent), zeigten Magnus Gäfgen im Landgericht Frankfurt, wo man ihm den Prozess macht. Die Angst, die er verbreitet hatte, war auf ihn zurückgeschwappt, verströmte sich in Saal 165 c. Er erschrak vor den Blitzlichtern, erschrak vor dem Echo der eigenen Stimme in der Mikrofonanlage. Äußerlich wirken Täter oft gar nicht gefährlich, nur kläglich.

Ein Strom von Ereignissen riss seine Familie mitten in den Strudel hinein. Wie bei einer Heimsuchung fluten Serien von Bildern herein, die im Widerstreit liegen mit den hoffnungsfrohen Erinnerungen der Eltern: Magnus, der Große, an der Uni eben noch für seinen Vortrag zum Thema »Die lebenslange Freiheitsstrafe im Spiegel des Bundesverfassungsgerichts« mit der Note »Gut« bewertet. Die Aussicht auf seine greifbar nahe Anwaltskarriere erfüllte Vater und Mutter mit Stolz. Mit Freude hatten die Eltern die Wahl des Studienfachs begrüßt. Jura, diese reelle und sichere Sache, nicht die »soziale Schiene«, auf der sich die Mutter und ihr anderer Sohn als Sonderschullehrer bewegten. Seit dem Sturz in die Wahrheit ist ihr Dasein geprägt von Furcht und Beklemmung. In der Stimme schwingt die Sorge vor den nächsten Nachrichten mit, die sie in vollkommener Hilflosigkeit empfangen.

Der 1. Oktober, Tag fünf seit dem Verschwinden des Bankierssohns. In der Früh hatte ein Anrufer den renommierten Strafverteidiger Ulrich Endres alarmiert. Sein Freund Gäfgen sei wegen der Metzler-Sache verhaftet worden. Ob er helfen könne? Bald stellt sich heraus, dass Jakob mit dem Gewebeband gefesselt worden war, das der Anrufer bei den Malerarbeiten in Gäfgens Wohnung zurückgelassen hatte. Endres hat eine Verhandlung wegen Schmuckraubs bei Uhren-Christ, bittet um sofortige Unterbrechung. Es komme auf jede Minute an. Es gab das Quäntchen Hoffnung, der Schüler lebe noch. Zu dem Zeitpunkt führt sein neuer Klient die Kripo aber bereits zum Versteck des Toten.

An diesem Morgen des 1. Oktober beugten sich Kripobeamte, DNS-Analytiker, Textilkundler, Rechtsmediziner und der federführende Staatsanwalt 70 Kilometer von der Mainmetropole entfernt in Schlüchtern über Jakobs Leiche. Der »Spurensicherungsbericht« listet unter Bearbeitungsnummer 002266 exakt 86 Asservate auf: Erdproben, Schuh-und Reifenabdrücke, Fasern, Kippen, den Inhalt einer Abfalltonne. Dann folgt die Schilderung des im zugeknöpften, schwarzen Bettbezug einer Mumie gleichenden Bündels, das mit der Nummer »1.1« versehen wird. Gäfgen hatte über Kopf und Füße seines Opfers blaue Müllsäcke gestülpt.

Die Polizei entfernt Hülle um Hülle, bettet das Kind auf eine Schutzfolie: Beine angewinkelt, mit Hilfiger-Unterhose und Poloshirt bekleidet. Jakob trägt eine auffallende Halskette aus schwarzen, gelben, braunen und grünen Teilen. Ein Reizstromgerät kommt zum Einsatz. Auf den Planken des Stegs liegt er wie aufgebahrt. Ein Anblick zum Weinen, ihm blieb nur eine kurze Spanne Lebens.

Wie hätte der Knirps von 1 Meter 45 dem Riesen von 1 Meter 96 entkommen können, den Schluchzen und letztes Japsen des Kindes nicht erbarmte?

Ulrich Endres ist ein mit den Kontinenten der Dunkelheit vertrauter Strafrechtler. Als der im Beruf ergraute Anwalt gegen 14.30 Uhr im Polizeipräsidium erscheint, kommt er voller Ahnungen. Im Hof steht ein Leichenwagen. Auf dem Weg zum K 12 hat Endres keinen Blick für das Schild »Vermisstenstelle« und die Steckbriefe links und rechts. Der Beamte Mohn führt ihm einen »großen, traurigen jungen Mann« vor. Der Festgenommene hatte im Frankfurter Polizeipräsidium dringlichst auf ihn gewartet, dritter Stock, Kommissariat 12, »Entführung, Erpressung«. Die Kripo steckte Gäfgen in einen weißen Plastikoverall, die eigenen Kleider sind im Labor. Der Jurist hört den Mandanten zur Begrüßung mehr schluchzen als erklären: »Gott sei Dank, dass Sie da sind!« Magnus bittet darum, geduzt zu werden. »Er stand völlig neben sich, die Augen angstvoll.« Der Katastrophenblick.

Der Advokat taxiert Gäfgen fotografisch genau, registriert den Shell-Atlas auf dem Tisch, merkt sich »Ausgabe 1978«. Mit dem Kartenwerk wurde der »Ablageort« des Kindes ermittelt. In seiner, man muss sagen, schon aussichtslosen Lage sieht Gäfgen in Endres die letzte Rettung. Trotzdem lügt er, beschuldigt andere. Der Verteidiger hat in über sechzig Mordverfahren bittere Erfahrungen gesammelt. Der Desillusionierungsprozess ist nicht zu übersehen. Er forscht kurz Magnus' Miene aus, verbittet sich ungeduldig weitere Ausflüchte.

Auch die Mutter eilt erneut zu dem inzwischen tatverdächtigen Sohn. Auf dem Flur begegnet sie Ulrich Endres. So schonend wie möglich konfrontiert er sie mit dem Unumstößlichen: »Magnus hat gestanden!« Schildert der redegewandte Endres die Szene, fehlen ihm die Worte. Von einer Panikwelle erfasst, war Frau Gäfgen, als verlöre sie den Boden unter den Füßen: »Denn jetzt sollte ich zu ihm da rein!« Beim Weggehen sieht der Anwalt sie im Gram zusammengesunken auf der Treppe sitzen und jammern: »Ich habe heute einen Sohn verloren.«

Man kann sich ihr Schaudern vorstellen, die Schreckensgeste der zum Mund geführten Hand bei Magnus' Offenbarung: »Ja, Mama, ich war's.« Sie zwang sich trotzdem, nicht loszuheulen. Er wurde kein anderes Kind, er blieb der, den sie lieb hat. Magnus steckte ihr rasch seine Breitling-Uhr, Typ Transocean, mit der Bemerkung zu, die sei wertvoll. Das Stück hatte er einem Freund bei der Weihnachtsfeier geklaut. In seiner Wohnung fand die Polizei das coole Nokia-Handy. Ebenfalls dem Kumpel weggenommen.

Dem Geständnis vorausgegangen war eine Folterandrohung durch vernehmende Beamte. Den in der bundesrepublikanischen Rechtsgeschichte einmaligen Vorgang hatte Frankfurts Polizeivize Wolfgang Daschner am 1. Oktober 2002 angeordnet und der Berliner »Tagesspiegel« ihn bald darauf enthüllt. Laut dem internen Vermerk sollte der Beschuldigte »nach vorheriger Androhung, unter ärztlicher Aufsicht, durch Zufügung von Schmerzen (keine Verletzungen)« erneut befragt werden. Unter dem Eindruck der Drohung führte Gäfgen die Kripo zu Jakobs Leiche. Inzwischen hat der Europäische Gerichtshof für Menschenrechte entschieden, dass Gäfgen zwar nicht gefoltert, aber unmenschlich behandelt worden sei. Damit habe Deutschland gegen Artikel 3 der Menschenrechtskonvention, das sogenannte Folterverbot, verstoßen. Ferner bemängelte das Gericht die geringfügigen Strafen für die federführenden Beamten. Zu der vom Kläger angestrebten Neuauflage seines Prozesses reichen diese in der Sache gravierenden Feststellungen wohl nicht aus.

Ein Schnitt durch Magnus' Jugend gibt für Milieutheoretiker nicht viel her. Er war behütet von ihn liebenden, zärtlichen Eltern, vielleicht zu sehr. Man wird den Gäfgens nicht vorhalten wollen, dass sie jeden Pfennig zwei Mal umdrehten und ihr Jüngster mit dem Bruder im Etagenbett schlafen musste. »Maggi« wurde gemocht, nennt die Mama »'ne ganz Liebe«, sie habe ihn »wirklich umsorgt«. Sie habe viel mit ihm gekuschelt. Sein Vater ist nicht der Einzige, der seine Schwäche ab und an durch Strenge kompensierte. Dass einer zu »negativer Befindlichkeit« neigt, viel in sich hineinhorcht, über Kopfweh, Magengrimmen klagt, Versagensängste hat, erhellt nicht, warum Magnus auf die Straße der Gesetzlosen geriet.

Sein Zuhause erlebte Gäfgen gleichwohl als finanzielle Beengung. Kinder sind ohnehin Fremde, niemand weiß, wer ihn mit dem Geldfieber infizierte. Trostlos, er empfand seine Herkunft als »verächtlich«, sprach gar von »gewissem Makel«, wollte mit dem Coup den Absprung in seine Parallelwirklichkeit besiegeln. Er wetteiferte mit seinen Ferrari-Spezln, wollte sich sonnen an der Seite reicher Söhne, deren Eltern 50 Wohnungen auf Ibiza besitzen. Er hatte sich ein protziges Auftreten angewöhnt, die Identität eines Hochstaplers zugelegt, wollte »unbedingt sein wie meine neuen Freunde«, in deren Clique er sich einschlich. Sein und Schein vermischend, lebte der Student »weit« über seine Verhältnisse.

Die Bekannten glaubten an Gäfgens »bevorstehende Karriere in einer angesehenen Kanzlei«. Er untermauerte die Angeberei mit teuren Geschenken für seine Freundin. Was für eine Romanze: Der kindlich-naiv schwärmende 27-Jährige hatte eine 16-Jährige und befürchtete, bei ihr würde er ohne Money keine Chance haben. Magnus stilisiert sie zur Kunstfigur, ein »schönes Stück Porzellan«, verwöhnt das für ihr Alter erstaunlich extravagant sortierte Mädchen bei den Edelboutiquen von Gucci, Tiffany, Versace.

Er gab zum Besten, die Schülerin sei »der bestimmende Teil ihrer Beziehung«. Sie liebe ihn, »aber auch den Luxus«. Man wird fragen dürfen, welcher Komplex den elf Jahre Älteren zu Aufschneiderei gegenüber einer auf Label-Klamotten fixierten Pennälerin verleitete. Aus Gefallsucht gegenüber dandyhaften Vorbildern und Partybienen markiert Gäfgen den dicken Max, verwechselt Oberflächlichkeit mit Anerkennung. Glaubte Gäfgen, Potenz vorspielen zu müssen?

Haben, Haben, Haben! Seinem Laster verfallen, schlitterte der zuvor recht Sparsame ins Chaos. Das Aufschneiden ist ihm erst zur Versuchung, dann zum Verhängnis geworden. Niemand im Umfeld erkannte ihn in seiner Verrohung und Verblendung. Er mischte mit im Kreis von ihm idealisierter Snobs, Kinder des Frankfurter Geldadels, die ihre Verbundenheit untereinander mit fast religiöser Hingabe in Prestigeartikeln ausdrückten, von denen sie nicht genug kriegen konnten. Er habe ihre mit Jachten, Villen und VIP-Cards möblierte Welt »toll gefunden«, unbedingt dazugehören wollen zu jenen, für die »Geld keine Rolle spielte«. Beim verkappten Männlichkeitsvergleich mit denen »da oben« trumpfte er mit der baldigen

Anschaffung »eines Mercedes SLK« auf, wollte bei den lächerlichen happy few Eindruck schinden. Gäfgen verhandelte mit einer Immobilienfirma wegen einer »Eigentumswohnung mit Skyline-Blick über Frankfurt«, Kosten 400 000 Euro. Der Notartermin sollte am Tag der Festnahme vereinbart werden.

Im Sommer leistete er sich einen teuren Florida-Urlaub, als wolle er Bedenkzeit zwischen sich und seine kriminellen Absichten legen. Die, wie sich Gäfgen später ausdrückt, »fixe Idee« einer Entführung reifte in dem Maße, wie die Geldsorgen zur Lawine wuchsen. Die Mutter musste ihm mit 1000 Euro aus der Patsche helfen. Am Tag vor der Tat trudelt eine 2000-Euro-Rechnung ein. Er ist pleite, der vom Vater stammende Grundstock von 60 000 Mark verpulvert.

Der Plan, sein Plan, nimmt Gestalt an. Er textet am Erpresserbrief herum, verschließt ihn in der Schublade, folgt »einer coolen, abgezockten Stimme«, die zum »Risiko« lockt. Ein Teil von ihm »verfeinert« die Details, observiert Metzlers Adresse, schreibt das schwachsinnige Tarnwort »Ortstermin« auf. Gleichzeitig habe ihm die andere »innere Stimme« eingeredet: »Ich kann das nicht, ich will das nicht«, bis ihn die selbstverschuldete Finanzmisere handeln lässt. »Du musst!« Alles Herumpsychologisieren über die schwarze Quelle seiner Tat, das Filtern von Tatsachen, sein Vertuschungsreflex, um dem Ungeheuerlichen zu entrinnen, wischt das Gericht mit dem Befund weg, bei Gäfgen sei »höchste kriminelle Energie zum Tragen gekommen«. Er war nicht in etwas hineingerutscht, sondern wartete auf seine Stunde, manövrierte sich aktenkundig und irreversibel in seine Lage hinein.

Jakobs Mörder suchte auffallend »asymmetrische Kontakte« zu wesentlich Jüngeren. Bei der Erpressung bleibt er dem Raster treu, holt sich logischerweise ein schwaches Opfer. Ausgerechnet in einer Phase, in der er »glücklich wie noch nie« gewesen sei. Aber 6300 Euro Bankschulden hatte er auch. Dafür war er bereit, ein anderes Leben zu opfern, obwohl seine Lage wahrlich nichts Beängstigendes hatte.

Jakob und Gäfgen waren sich zuvor zwei Mal begegnet. Er näherte sich dem Schüler mit der Maske des Freundes, lockte ihn unter einem Vorwand in seine Wohnung. In sich aufschaukelnder Panik wird Gäfgen mit dem Schreienden und Zappelnden nicht fertig. Das Drama kippt ins Unausweichliche. Er gab an, Jakob »angefleht« zu haben: »Bleib doch ruhig, bleib doch endlich ruhig.« Er habe geschwitzt, sei außer Atem gewesen, nur noch daran interessiert, »dass es jetzt Ruhe gibt«, redete es aus ihm, als es zu spät war. Dass es keine Ruhe gäbe, habe er »nicht vorgesehen«. So unterschiedlich Verbrechen sind, so sehr ähneln sie sich in einem Muster: Mörder wollen Ruhe haben, die »Situation beenden«. Das Ersticken gilt in der Kriminalistik als Tour von Weichlingen, schwachen Persönlichkeiten, Feigheitsmördern. »Geldbeschaffung durch Bankraub schied aus«, sagte Gäfgen, der wohl meinte, es sollte ein Leichtes sein, das Kind in Schach zu halten. Er sei nicht der Typ mit Revolver.

Die Wahrheit seines Doppellebens war die Wahrheit einer recht durchschnittlichen Studentenexistenz. Der Anwalt in spe zehrte zuerst von Baför, bekam 400 Euro monatlich von zu Hause, schob Wache an Messeständen, um auf 1000 Euro zu kommen. Miete und andere Verpflichtungen abgezogen, blieben ihm 400 Euro. Die Zwei-Raum-Wohnung möblierte er mit elterlicher Unterstützung.

Vielleicht ist es gar nicht so zufällig, dass er Jakob just an der Bushaltestelle gegenüber seiner Wohnung abpasste. Vom ersten Stock der Teplitz-Schönauer-Straße 42 sah er Siedlungsbau, Trafohäuschen, Strommasten, Supermarkt, »Wienerwald«, Peitschenlampen, Gleise, Parkstreifen, Restgrün, Satellitenschüsseln. Das Fenster Richtung Westen rahmte die triste, durch Gardinchen gemilderte Aussicht. Der Anblick dokumentierte Gäfgens wahren Status, weit, weit entfernt von den stylish people, die sich an jedem Platz der Welt spektakuläre Panoramen leisten.

Wie hätte die unbescholtene Maria Gäfgen mit dem Mediensturm umgehen können, der kaum Luft zum Atmen ließ? Sie deutet zum Waldstreifen auf der gegenüberliegenden Straßenseite. Dort hätten Reporter gelauert, »wir sind überrollt worden. Wussten nicht, wie wir uns verhalten sollten.« Nachbarn wurden ausgehorcht. Sie lernte eine Öffentlichkeit fürchten, die sich an der Tragödie beider Familien weidete, der Metzlers und ihrer. Frau Gäfgen teilt Leid und Schmerz von Jakobs Eltern, hat ihnen über einen Pfarrer ihr Mitgefühl versichert. Von der Ostermesse nahm sie ein Grablicht für Jakob zum Friedhof mit. Wie könnte sie den Bibelspruch unterm steinernen Kreuz vergessen, an den sie glaubt: Römer 14, »Leben wir, so leben wir dem Herrn, sterben wir, so sterben wir dem Herrn«. Von Magnus erfuhr sie, sein Opfer hatte am gleichen Tag Geburtstag wie ihr anderer Sohn.

Damals im Polizeipräsidium war es noch zu früh für die Gewissheit, dass schon die Stunde des Abschieds gekommen war. Des Abschieds von Träumen. Aus heutiger Sicht war es doch die Stunde des Abschieds. Mit Jakobs Tod hat sein Mörder den eigenen Untergang gewählt. Niemals wird sich die Familie wieder einträchtig zum freitäglichen Essen versammeln wie am Tattag. Magnus kam zu spät. Er brauchte die auf den Mord folgenden Stunden, um den Toten im Weiher zu verstecken. Auf dem Rückweg rief er die Eltern an, traf gegen 14 Uhr ein. Es gab Suppe und Kartoffelpuffer. In der ersten Aufregung erzählte die Mutter, es sei wie immer gewesen. Magnus habe mit Appetit gegessen, sie wollte ihn schützen und damit sagen: Mein Sohn kann es nicht gewesen sein. Später spulte sie die Begegnung wieder und wieder im Kopf ab. Sie musste sich korrigieren, Magnus habe kaum den Teller angerührt, öfter gesagt: »Ich muss wieder weg.« Niemand konnte ahnen, dass das Magnus' letzter Besuch in der Gäfgen-Wohnung war. Dann ist er fort.

Daheim legt sich Gäfgen »auf die Couch, ich war fertig«. Dann holt er die Freundin in der Fressgass ab, leiht den Videofilm »Die Affäre Thomas Crown« aus, laut Ankündigung eine Thriller-Romanze. Aber der Rekorder ist kaputt. Das Pärchen geht aus, besucht die Disco »Cookies« und »Hoppers Bar«. Am Tag danach Aufstehen um elf, ab ins »Sun Point«-Solarium. Sie schlafen in der Wohnung, in der Jakob umgebracht wurde. Man mag sich nicht vorstellen, dass sie in dieselbe Wanne stiegen, in der Gäfgen den Toten abduschte, »um mögliche Spuren zu beseitigen«. Später findet die Polizei bei ihm in Koffern, Kuverts und Schubladen das Lösegeld.

Von den Erinnerungen bestürmt, hatte Frau Gäfgen gestern »wieder einen Durchhänger«, fährt sie leise fort. Wieder von den Fragen gequält: »Wieso, weshalb?«, der Suche nach weißen Flecken in ihrer Wahrnehmung, den Sohn betreffend. Es gibt keinen Tag, an dem sie nicht den Punkt berührt: »Was habe ich versäumt, was ist passiert, was 'ne Mutter nicht gesehen hat?« Magnus' Niedertracht, seine Geldgier, die falschen Vorbilder, die Hirngespinste. Sie registrierte zwar seine reichen Spezl, »er hat sie bewundert«. Aber: »Ich habe nie Neid rausgehört.« Sein mit Statussymbolen bemäntelter Größenwahn war ihr fremd, sie legt keinerlei Wert auf Äußerlichkeiten. Bei Ausflügen musste die Familie früher hinterherzockeln, bis dem sparsamen Gatten die Kneipenpreise passten.

Sich dem Hin und Her der Gefühlsstürme auszusetzen, endet mit dem fast überwältigenden Empfinden von Ausweglosigkeit. Verteidiger Endres trug dafür Sorge, dass Frau Gäfgen dem Prozess fernblieb, in dem sich sein Mandant unter der unerbittlichen Diktion von Fakten (und eigenen Einlassungen) zum »Lebenslänglichen« verwandelte. Auch Magnus hatte empfohlen: »Komm nicht!« Im Publikum säßen welche, die ihn am liebsten lynchen würden.

Für Maria Gäfgen riss bis dahin schon die Erwägung eines Verbrechens durch den Sohn alles fort, was ihr heilig ist. Seine Kindheit war ein Versprechen gewesen, jede Kindheit ist ein Versprechen. Er hatte zur Freude der frommen Mutter bei der katholischen Jugend mitgemacht, »gläubig erzogen und darin groß geworden«. Die Erzieherin bemühte sich in einer zunehmend von ihr als sinnentleert erkannten Welt um die Vermittlung ideeller Werte, handelte sozial. Nach Magnus' Festnahme klagte sie sich an: »Du kannst nie wieder in den Kindergarten, wenn dein eigenes Kind dir so misslungen ist!« Es spricht für die Kirche, wie fürsorglich sie die Zweifelnde in der Not auffing.

Alle 14 Tage fuhren die Gäfgens zur Vollzugsanstalt Weiterstadt. Zuvor hatten sie im Leben noch nie einen Fuß in ein Gefängnis gesetzt. Es fiel ihnen schwer, sich in die Regularien einzufinden. Oft dauert die Anmeldung für die Sprechzeit den ganzen Vormittag, »man telefoniert 50-mal«. Sie standen in der Schlange, gingen durch die »Vereinzelungsanlage«, erhielten rote oder blaue Zettel, deren Bewandtnis sich niemand erschloss. Dann wurden ihre Nummern aufgerufen.

»Drei Euro« dürfe man mit reinnehmen, um dem U-Häftling was aus dem Automaten zu ziehen. Meist wählten die Eltern zwei Becher Kaffee, Ritter Sport oder Chips. Bei den überwachten Begegnungen ging es weniger um Inhalte als um Nähe zueinander. Der Kindsmord ist ein Berührungstabu, mit Magnus über Jakob zu reden, gelang der Mutter nie, sosehr sie sich das wünscht. »Man traut sich nicht, möchte ihm nicht wehtun, sonst fließen gleich die Tränen.« Es gibt auch keine Worte, die das Grauen mildern, es sei denn, man blendet das Thema aus. Hatte seine Sprachlosigkeit damit zu tun, dass er zur ganzen Wahrheit nicht bereit war, die seiner Mama vollends das Herz bräche? Es bleibt beim Austausch von »Belanglosem«, von »Sätzen über Gott und die Welt«: »Wie steht die Frankfurter Eintracht? Machst du den Spanischkurs?« Er erzählt, dass er gern in der Anstaltsbücherei arbeiten würde, schildert die Verlegung in den »italienischen Trakt«, den Himmel, den er aus der Zelle sehe. Aus Furcht vor Übergriffen mache er keinen Hofgang. Die 60 Minuten sind schnell vorbei.

Weiterstadt war die Einübung in die Verlorenheit. Inzwischen sitzt Gäfgen in der JVA Schwalmstadt ein. In der Zehn-Quadratmeter-Zelle hängt über dem Bett ein Druck von Raffaels »Sixtinischer Madonna« und eine Postkarte von Kandinskys »Kirche in Murnau«. Auch ein Kreuz über der Tür fehlt nicht. Es stammt übrigens aus der Wohnung, in der er Jakob tötete.

Die schmerzhafte Begegnung mit dem verlorenen Sohn entzieht der Mutter jedesmal alle Energie. Sie scheidet von ihm mit dem Bewusstsein, er sei »in Erschrecken, Reue und Hass auf sich selbst« befangen, dem Wissen, sein Leben verspielt zu haben. Der »Referendar jur.« hat ein Betriebswirtschaftsstudium angefangen, begann zu beten, tippte auf einer Brother-Schreibmaschine den Katechismus ab. Für die Katholikin ist es mit dem irdischen Richter nicht getan. Er müsse sich irgendwann vor seinem Gott verantworten. Ist es nicht so, dass ewige Verdammnis droht?

Treffen mit dem zur Höchststrafe Verurteilten im Marburger Landgericht. Dort wird Gäfgen wegen einer anderen Sache angehört. Er hat an Gewicht zugelegt. Die Mutter ist auch gekommen, der Vater inzwischen gestorben. Der neue Anwalt Michael O. Heuchemer ist da. Er übernahm das an Unpopularität nicht zu überbietende Mandat, bekam zu spüren, dass Volkes Stimme in Gäfgen eine neue Dimension des Bösen sieht und seine Verwünschungen auch auf den Verteidiger ausdehnt. Heuchemer macht uns miteinander bekannt. Ich spürte die Hände des Mörders. Er schleppt das Geheimnis mit sich herum, das nur er sah: ein flehendes »Warum?« in Jakobs Augen, den brechenden Blick, dem er mit zupackendem Griff das Ende bereitete.

Ich spürte Gäfgens weiche Hände, sah sein Gesicht aus der Nähe. Keine Räubervisage, ein Gesicht ohne harte Linien, in dem Beschämung aufzuckte. Die Stimme passte nicht zur Figur, die Figur passte nicht zur Stimme. Wer ist dieser Magnus Gäfgen? Ein Scheinriese, getrieben vom Komplex, zu kurz gekommen zu sein? Er bleibt ein Rätsel, niemand weiß genau, wer er ist, am wenigsten weiß er es selber.

Mehr als ihr Mann stellte sich Gäfgens Mutter von Anfang an der Realität, nahm sie wie eine ihr auferlegte Prüfung an nach dem unerforschlichen Ratschluss Gottes; sie schließt Opfer wie Täter in ihre Fürbitte ein. Unlösbar bleibt die mit Therapeuten zu erörternde Frage, warum das behütete (vergleichsweise mühelose) Aufwachsen ihn nicht vor sich selber schützen, ihn die Geborgenheit nicht halten konnte. Wie er sich den Anschein des Normalen gab, derweil sich in ihm der Riss auftat, abgrundtief, grausam. Er war erwachsen, er war ihnen entglitten. Er vertraute sich keinem an. Als wäre ihr Augenfeld eingeengt, übersahen sie seine Haltlosigkeit.

Der Nachmittag mit Frau Gäfgen ist mit einer Verzweiflung aufgeladen, die kaum auszuhalten ist. Man hat den Eindruck, sie fühle sich selbst wie unter Eis gefangen, bleibt nicht unbeeindruckt davon, wie die Mutter ihre Zuneigung zu Magnus hütet. Trotz aller Diskretion ist herauszuhören, dass in der Katastrophe ihre Gefühle wuchsen, sie ihm zugetan ist, als gäbe es Errettung durch verzweifelte Liebe. Auf eine, wenngleich grausame Weise hat sie das Verbrechen einander nähergebracht. Vergleichbar elterlicher Hingabe zu verunglückten Kindern, die ganz auf Fürsorge angewiesen sind. Sie, die stets für seine Probleme zuständig war, spürt am deutlichsten die

Leere der vor ihm liegenden Haft. Jakobs Peiniger hat bei optimistischer Annahme 2020 seine »Mindestverbüßungszeit« hinter sich.

Schon jetzt löst sich im Drama ihr Dasein auf. Für die Schwere, die Magnus' Mutter bedrängt, gibt es keine Worte. Sie sitzt da, zermartert sich den Kopf darüber, warum das Unsagbare bei ihr einbrach und blieb. Sein Verbrechen hat den Eltern unter der Hand Magnus' Biografie entrissen – und damit ihre eigene, die zur Biografie des Versagens umgedeutet wird. Mit der Geschichte des Täters wurde auch die der Eltern gefleddert. Fassungslos erkennt die Mutter seinen pervertierten Materialismus. Nun, mit dem Beigeschmack des Todes, klingt es obszön, dass da einer tötete, dessen Abstiegsangst stärker war als das Gewissen und die Furcht vor dem Scheitern der Irrsinnstat.

Man könnte fast auf den Gedanken kommen, er habe mit der Entführung verdeckte Rache an den Eltern genommen. Die Tatorte sind auffallend mit ihnen verknüpft. Die Lösegeldübergabe fand in ihrer unmittelbaren Nähe statt, die Container, in die er Jakobs Kleider und Schulsachen warf, stehen ums Eck. Das 7000-Mark-Auto, im Kofferraum transportierte er den Toten, zahlte der »Vadder«. Für die Wohnung, in die er Jakob lockte, bürgte die Mama.

Alle hielten den Atem an, als bei Gericht Jakobs Tragödie zu Ende erzählt wurde. Aber auch die eines freundlichen Schlakses, von dem der Wahn nach schnellem Geld Besitz ergriffen hatte. Beim Prozess war es einsam um Gäfgen, Sohn aus gutem Hause, Jugendbetreuer, Eintracht-Fan. Kann sein, dass er mit der Tat unbewusst die Kargheit der Zelle für sich suchte, weil er beim Highlife nicht mehr mitkam? Sofern man in der Tat nicht Hass auf ihn faszinierenden, unerreichbaren Reichtum sieht. Mächtige Mauern trennen (und befreien?) ihn von allem, was er sich in Freiheit zusammenfantasierte. Draußen die Geräusche der verstreichenden Zeit, drinnen Magnus Gäfgen, heimgesucht vom lebendigen Schatten des toten Jakob.

Wer sonst als seine Mutter musste Gäfgens Haushalt auflösen: das Ende jeder Hoffnung, es könne wieder gut werden. Die Zimmer wurden renoviert, die Dämonen blieben. Das Bild der Badewanne, in der das tote Kind lag, wird sie niemals los.

Leben auf der Kippe

Am 22. Januar 1998 fand man Carla S. leblos an einem Weiher. In der Nähe: Zigarettenreste, daran vermutlich der Speichel des Mörders. 172 Männer aus der Region mussten Spucke abgeben. So kam Werner A. auf die Anklagebank. Ein Indizienprozess.

Der Angeklagte trägt seinen Hochzeitsanzug. Zwei Polizisten flankieren den 31 Jahre alten Werner A., der im Festgewand den Schwurgerichtssaal des Landgerichts Nürnberg-Fürth betritt. Weißes Hemd und Seidenweste mit Kaschmirmuster komplettieren die nachtblaue Kombination.

Gibt es eine entsetzlichere Aufmachung angesichts dessen, was im Raum 600 zur Verhandlung kommt? Die Kleidung beschwört einen glücklichen Moment, steht für die größtmögliche Distanz zu jener luziferischen Raserei, um die sich der Indizienprozess dreht: Nach Überzeugung von Oberstaatsanwalt Walter Knorr ermordete der gelernte Fenstermonteur keine vier Wochen nach seiner Hochzeit die 12-jährige Carla S. aus Wilhermsdorf (Landkreis Fürth). Laut dieser Version bemächtigte sich A. am Morgen des 22. Januar 1998 des Kindes, nahe dem »Alten Bad« auf dem Schulweg. Er zog Carla halb aus, um »mit ihr den Geschlechtsverkehr auszuüben«, zumindest »sexuelle Handlungen« vorzunehmen. Er würgte die sich Wehrende bis zur Bewusstlosigkeit, geriet in Panik, »verbrachte« den leblosen Körper zum nahen Weiher, »warf ihn kopfüber die Böschung hinab«, wollte Carla »als Tatzeugin ertränken«.

Ein Spaziergänger fand sie 30 Minuten später, gegen 7.55 Uhr. In Bauchlage, den Kopf unter Wasser, lag die Entblößte im Teich. Er dachte, er »habe es mit einer Puppe zu tun«. Bei Carlas Obduktion stellte der Gerichtsmediziner »massive Angriffe gegen den Hals«

fest, konstatierte ein »Absterben des Gehirns zu Lebzeiten«, letztlich sei das Mädchen ertrunken. Ganz Deutschland nahm Anteil an ihrem Schicksal, nachdem einem Notarzt die Wiederbelebung der klinisch Toten gelang. Ohne aus dem Koma zu erwachen, starb sie fünf Tage später im Erlanger Krankenhaus.

Von der ersten Minute an sitzt A. gesenkten Hauptes auf der langen Holzbank. So sieht er das über dem Hauptportal hängende bronzene Haupt der Medusa nicht, geflügelt und schlangenhaarig, das furchterregende Symbol der Abschreckung. Im Medaillon darüber der Sündenfall von Adam und Eva, flankiert von Jünglingen mit Richtschwert und Ruten. An der Stirnseite die zehn Gebote und über allem ein düsterer, mannshoher Christus am Kreuz. Von der überreichen Symbolik geht eine Drohung aus, die selbst Hartgesottenen den Mut sinken lassen könnte. Am einstigen Schauplatz des nternationalen Militärtribunals gegen Naziverbrecher treten die Angeklagten aus einer in der Wandverkleidung verborgenen Tür ein, was jedesmal wirkt, als würde eine Schattenlinie überschritten und als würden immer neue Albträume öffentlich. Der Mordfall Carla ist gewiss einer.

Der Beschuldigte verkriecht sich förmlich hinter der Balustrade. Fünfunddreißig Kameras fixieren trotzdem sein Gesicht. Es ist ein Gesicht ängstlicher Erwartung. Einmal ruft ein Zuschauer in Richtung der zusammengesunkenen Gestalt: »Tu den Kopf hoch, du Killer.« Fasziniert vom Schrecklichen lauern notorische Prozessgänger auf jede seiner Regungen. Eine zehn Meter lange Absperrkordel hält die Fotografen, nicht aber die feindlichen Gefühle auf Abstand. Das taudicke Seil in frischem Rot, wie es in Museen zum Schutz von Ausstellungsstücken gebräuchlich ist, sowie ein schreiend buntes Sitzkissen für den Wachmann hinter A. geben der Szenerie eine unpassend heitere Note.

Selten, dass sich der Angeklagte zur vollen Größe aufrichtet, ein Riese von 1 Meter 90. Wenn er es macht, dann kurz. Er rückt die verrutschte Brille auf der Nase zurecht oder flüstert mit den Anwälten. Sein Blick richtet sich an alle und niemand, wenn er denn aufzuschauen wagt. Meist lässt er die Schultern hängen, hat die Hände gefaltet, starrt vor sich hin, schweigt, macht keine Angaben zur Sache. Häufiges Zucken des Kopfes teilt mit, dass er unter der Bank mit den Füßen wippt und intensiv dem Geschehen folgt. Manchmal rötet sich die blasse, fast durchsichtige Haut, besonders deutlich auf der Stirn und an den Ohren zu sehen. Ähnliche Beobachtungen machte die Kripo bei Vernehmungen, sobald der Komplex Sexualität zur Sprache kam.

Von ihm schwenken die Kameras direkt hinüber zu Carlas Mutter Viorica W. Würde der Angeklagte den Blick heben (was er konsequent vermeidet), sähe er direkt in ihre dunklen, verweinten Augen. Während der Staatsanwalt die grässlichen Details der Tat verliest, greift sich die 34-Jährige mit der Linken ans Herz oder presst Finger an die Lippen, als müsse sie Seufzer zurückhalten. In einer Pause zischeln Fernsehleute: »Hast du das im Kasten?«

Der Tod des einzigen Kindes hat die Mutter in eine nicht enden wollende Traurigkeit gestürzt. Die ist durch die fürsorglichen Gesten ihrer Anwältin Marion Zech kaum zu mildern. Ja, alles Elend dieser Zeit scheint auf ihrer Saalseite gegenwärtig. Die auf Opferrecht spezialisierte Juristin vertrat zuvor die Eltern der ebenfalls ermordeten Natalie Astner. Zeitweise ist beim Prozess auch Frau K. anwesend, deren Tochter Stephanie 1995 in München vergewaltigt und bestialisch umgebracht wurde.

Seit der Festnahme im Mai 1998 veränderte sich A. auffallend. Beim Hereinführen tuschelt das Publikum: »Der sieht ganz anders aus.« Er trägt einen dichten Vollbart statt des Schnauzers. Die Haare sind länger. Vordem bevorzugte er Kontaktlinsen, nun hat er eine große, getönte Brille. Außerdem ist er dick geworden. Nichts an seiner Aufmachung kündet von Harmonie. Die äußerliche Verwandlung lässt ihn als einen Mann mit zwei Gesichtern erscheinen, als jemanden, der womöglich das eigene Bild von früher aus der Erinnerung verdrängen möchte. Der nicht sein möchte, was er an jenem furchtbaren 22. Januar gewesen zu sein scheint: ein vom Staatsanwalt als besonders ruchlos charakterisierter Verbrecher. Die Anklage gipfelt in dem Vorwurf, er habe, »um eine andere Straftat zu verdecken, einen Menschen getötet«. Außerdem werden ihm noch zwei

Vergewaltigungen zur Last gelegt. Unvermeidlich in diesem Zusammenhang kommt eine »Jugendsünde« (der Vorsitzende) zur Sprache. Als Bub vergriff sich A. an einer Siebenjährigen. Strafe: zwanzig Stunden gemeinnützige Arbeit.

Die »Sonderkommission Carla« fand auf unendlich verschlungenen Wegen zu ihm. Zweiundachtzig Beamte ermittelten, spulten 170 000 Kilometer herunter, überprüften 7009 Autos der Marke Opel, weil Zeugen nach dem Geschehnis am Wasser einen Omega oder Vectra »mit dritter Bremsleuchte im Heckfenster« davonpreschen sahen. Monate später erhält der schemenhafte Umriss des mutmaßlichen Täters mit Spur 12396 ein Gesicht, das Phantombild schließlich eine Geschichte, seine Geschichte. Sie ist erbärmlich – wie das Scheitern jeder Existenz. Indem er kein Wort sagt, vergrößert er das Unheimliche und Mysteriöse einer schwer greifbaren Persönlichkeit, von der nicht viel mehr bekannt ist, als dass sie schuldfähig und von durchschnittlicher Intelligenz sei.

An dem besagten, klammen Januartag fand ein Polizist 175 Meter vom Tatort entfernt drei Zigarettenkippen. Vor der Strafkammer spricht er von »Stummeln mit Filter und mit etwas Tabak dran«; schwarze Verfärbungen bewiesen, dass sie ausgetreten wurden. Vor dem Mord war es in Wilhermsdorf feucht und später eisig gewesen. Die drei Kippen – an denen jetzt A.s Existenz hängt – waren im Unterschied zu weiteren aufgesammelten Glimmstängeln frisch, weder festgefroren noch verrottet, ohne Anhaftungen.

Beim Münchner Landeskriminalamt gab der Serologe Dr. K. den wohl entscheidenden Beweismitteln die Nummern 2, 3 und 4, identifiziert als Tabakware der Marke Marlboro 100; überlang, zwei Goldstreifen am Mundstück. Eine im Dorfladen selten verlangte Sorte. Als es ernst wurde, fiel der Verkäuferin ein, wer immer »Hunderter« wünschte. A. zählt zu den 172 Männern, von denen die Polizei Speichelproben nahm. Man kam zu ihm auf die Baustelle. Der Monteur gab freiwillig Spucke ab. Dabei zitterte er, der Probebeutel fiel ihm aus der Hand.

Der Sachverständige referierte anhand von Farbfotos über die »Zigarette als Leitspur« in der Kriminalistik. Die Erkenntnis lautet: »Einer raucht immer.« Die DNA-Analyse ergab gemäß Gutachten für zwei der Zigaretten mit einer Wahrscheinlichkeit von »20 Milliarden zu eins«, dass der Angeklagte der »Spurenverursacher« ist. Bei der dritten sei er »nicht auszuschließen«. Nach dem Bericht streifte sein Blick den Angeklagten, als verbänden sich die digitalen Datensätze erst in diesem Moment mit einem Gesicht. Dr. K. packte zusammen, nahm den unscheinbaren Aktenkoffer, man sah ihn mit der Trambahn wegfahren, nicht ohne dass er sich vorher eine Mentholzigarette ansteckte.

Da zwischen Fundstelle der Kippen und dem Weiher 175 Meter liegen, fehlte den Ermittlern lange ein wichtiges Glied in der Beweiskette. Womöglich schloss A. mit total widersprüchlichem Aussageverhalten selber die Lücke. Erst gab der potenzielle Täter an, zuletzt 1997 dort gewesen zu sein. Dann rückte er mit »Montag oder Dienstag« heraus, der Mord passierte am Donnerstag. Schließlich räumte er ein, in der Dunkelheit den Autoaschenbecher ausgeleert zu haben. Das konnte nur für plausibel halten, wer nicht weiß, dass Zigaretten bei der Kripo als »Leitspuren« gelten. Es war kein Kunststück, das »völlig andere Erscheinungsbild« von Stummeln zu dokumentieren, die im Ascher ausgedrückt und typischerweise geknickt werden. Ein krasser Unterschied zu jenen, die er am Boden zertrat.

Ein heilloses Durcheinander gegensätzlicher Einlassungen. Zunächst gab A. an, er habe das Opfer nie gesehen. Im Vernehmungszimmer hing ein Porträt des Mädchens. Er sagte, er stehe mehr auf Mollige, sie sei ihm zu mager, obwohl auf dem Foto bloß Kopf und Schulter von ihr zu sehen waren. An einem anderen Tag räumte er ein, er sei ihr im Edeka-Laden begegnet. Eine besonders krause Einlassung ging dahin, zwischen Nacht und Morgen mit Carla am Weiher zusammengestoßen und in Panik weggerannt zu sein. Das sollte Katzenhaare auf seiner und ihrer Kleidung erklären. Überwiegend pochte er darauf, er habe seine Frau zur Arbeit gefahren. Dem Hin und Her konnte die Kripo nur entnehmen, dass er ein Geheimnis mit sich herumträgt und schwere Kämpfe in ihm toben. Denn dann sagte er noch vor dem Ermittlungsrichter: »Ja, ich habe sie liegen sehen. Ich war dort. Sie lag einfach so da.« In dem Moment glaubte der Beamte, der Beschuldigte stehe »nur Zentimeter vor dem Geständnis«. Am nächsten Tag nahm A. alle Aussagen zurück, beteuert seitdem wieder seine Unschuld.

Richter Adolf Kölb sieht immer wieder fragend zum Beschuldigten. Mit seiner barocken Statur wirkt der Vorsitzende gemütlicher, als er ist. Zeugen vermag er mit stark fränkischem Dialekt die Zunge zu lösen. Kramt er linkisch in Akten, könnte man den Juristen leicht unterschätzen. Wer ihn jemals ein »Lebenslänglich« begründen hörte, der vergisst nicht, wie konsequent er Lügen von der Wahrheit scheidet und Täter schuldig spricht.

In seiner Einkapselung verzieht der Angeklagte keine Miene. Auch nicht beim Auftritt des Automechanikers, der in der Stunde des Bösen fast mit einem hellen Opel Vectra kollidiert, wie ihn der Angeklagte fuhr. Um die Tatzeit passiert A. auch den Wagen zweier Kollegen im Dorf. Die wähnen ihn im Urlaub. Einer erkennt ihn »1000-prozentig«, stellt sich just in dem Moment die Frage: »Was tut denn der jetzt scho do?« Später flachsen sie in aller Freundschaft beim Karteln, schlagen spaßeshalber vor, er solle die Tat zugeben, man werde die Belohnung von 51 000 Mark teilen. Unbeholfen stehen die langjährigen Kumpel nun als Zeugen im Gericht. Keiner von ihnen schaut von sich aus offen zur Anklagebank hinüber.

Begleitet von Vätern und Müttern, treten Mitschüler vor Richter Adolf Kölbl. Sie registrierten die letzten Lebenszeichen von Carla. Wieder ist die Rede von der Düsternis des Wintermorgens, die den Peiniger schützte. Ehe Carla am »Alten Bad« auf ihren Mörder trifft, sieht die im Bus vorbeifahrende Isabelle die Freundin, gut kenntlich in der gern getragenen Chicago-Bulls-Jacke. Isabelle winkt Carla zu. Sie wusste: Heute ist »Bravo«-Tag, Carla würde sich die Zeitschrift wie üblich »beim Kaufhaus Freund in der Hauptstraße« vom Taschengeld kaufen.

Tanja, 9. Klasse, ist zu Fuß unterwegs, vernimmt »einen kurzen Schrei« und erklärt den heute schwer fassbaren Eindruck, es habe sich angehört, »als ob dem Mädchen der Mund zugehalten worden wäre«. Ähnlich Dennis, der Viertklässler, er nimmt »mehrere Schreie einer hellen Stimme« aus Richtung des weitgehend in der Dunkelheit versunkenen Weihers wahr. Niemand konnte ahnen, dass in der Idylle der Tod unterwegs war. Die auf das Hilferufen folgende Stille war aus Blei.

Nach den Kindern sitzt die Mutter Viorica W. auf dem Zeugenstuhl. Am unglückseligen Donnerstag kommt sie zusammen mit ihrem Mann, Carlas Stiefvater, gegen 6.30 Uhr von der Nachtschicht heim. Die Tochter ist schon auf. Unauslöschlich brennt sich das Bild des kurz nach sieben Uhr weggehenden Kindes ins Gedächtnis. Sie hat den Rucksack geschultert, den man später verwaist beim Teich findet. Im Halbschlummer hört Frau W. nach acht das Telefon. Zu müde zum Aufstehen, nimmt sie erst beim zweiten Anruf ab und erfährt die alarmierende Nachricht: Carla ist nicht in der Schule angekommen. Man sieht der jungen Frau an, durch welches Jammertal sie gehen musste, seit sich ihre Biografie schicksalhaft mit der eines Verbrechers kreuzte. Ihr bei der Schilderung zuzuhören heißt, etwas über den Stillstand der Zeit zu erfahren.

Das viel zu kurze Leben von Carla, zärtlich »die Kleine« genannt, war nicht frei von Bedrückung. Sie wurde in Rumänien geboren, lebte bis zur Umsiedlung in Temesvar. Ihr leiblicher Vater bedrohte die Mutter mit dem Messer, die Tochter kriegte es mit. 1992, nach der Scheidung, kamen sie nach Nürnberg, ein Neustart im unbekannten Westen, verbunden mit der Hoffnung auf eine bessere Zukunft. 1996 zogen sie nach Wilhermsdorf. Mit kippend-zittriger Stimme charakterisiert die Mutter ihr Kind: eher schüchtern, »groß, aber kindlich«; mit Jungs habe sie noch nichts im Sinn gehabt. Carla schwärmte für die Backstreet Boys, gemeinsam besuchten sie ein Konzert.

Ein Foto aus glücklichen Tagen zeigt Mutter und Tochter im Wohnzimmer, wie Spielkameraden auf dem Boden hockend. Die Aufnahme vermittelt jene Nähe, die Viorica W. sagen lässt, Carla habe keine Geheimnisse vor ihr gehabt. Die Tochter sei stolz auf ihr schönes Haar gewesen, unzufrieden mit ihrer Figur, wollte sogar eine Diätkur machen. Kurz: Sie war ein Backfisch.

Je länger die Mutter spricht, umso deutlicher wird die unbeschreibliche Sehnsucht nach dem verlorenen Kind. Ob sie etwas ergänzen wolle, lautet die abschließende Frage. Wiewohl um Beherrschung bemüht, schluchzt Frau W. auf: »Sie war so voller Leben. Niemand hatte das Recht, sie zu töten. Der Mörder hat sie zerstört und mich und alles. Alles ist weg.« Vielleicht findet sie aus dem Schmerz, wenn die Tat durch eine Verurteilung gesühnt wird.

Auch in diesen endlosen Minuten bleibt der Angeklagte starr und stumm. Um ihn ist die Einsamkeit desjenigen, der am Abgrund taumelt. In Untersuchungshaft musste man ihn zum eigenen Schutz in Einzelhaft stecken, andere Gefangene bedrohten A., für sie ist es abgemacht: Er ist ein Kindsmörder. Beim Hofgang dreht er allein seine Runden. In dieser Geschichte, die wahrlich zum Verzweifeln ist, wäre der Beobachter fast dankbar, es würde sich jemand finden, der etwas zu seiner Entlastung vortragen könnte. Jemand, der wenigstens ein gutes Wort für den Schweiger fände, der bis zum Urteil als unschuldig zu gelten hat. A. selbst bietet nichts an, aber das darf bei der Wahrheitsfindung keine Rolle spielen. Seine Frau hat sich mittlerweile scheiden lassen und macht vom Aussageverweigerungsrecht Gebrauch. Ebenso sein Vater. Obwohl ein Gefühl des Unvollständigen den Prozess begleitet, fragen die Zeitungen bereits, ob sich die »Indizienkette« langsam zuziehe.

Die erste Sitzungswoche ist zu Ende. Das Flehen von Carlas Mutter blieb ungehört: »Der Täter soll nicht so feige sein, es nicht zuzugeben.«

(Mit dem Urteil »Lebenslänglich« für Werner A. war die strafverschärfende Feststellung der »Schwere der Schuld« verbunden. Der Mörder kann nicht darauf hoffen, vorzeitig nach 15 Jahren Haft entlassen zu werden.)

Blutrache

In Wiesbaden bekämpfen sich seit Jahren türkische Familien mit einem unglaublichen Hass. Sie tun das mit modernsten Waffen und mit Hightech-Ausrüstung. Resultat: fünf Tote. Ein Prozess ermöglicht nun Einblicke in die Parallelwelten einer deutschen Kurstadt.

Sie nannten ihn »Polo«. Am 17. Mai 2004 liegt er erschossen am Boden, blutige Tränen rinnen ihm über das Gesicht. Sie zeichnen ein geometrisches Muster von der Nase über die Wangen zur Sonnenbrille des 38-jährigen Polat T., der im hessischen Oberursel auf offener Straße hingerichtet worden ist.

19.08 Uhr vor dem »Pro Fitness«-Sportstudio. Es verspricht auf seiner Homepage »Wohlbefinden für Körper und Seele«. Der Täter steigt aus dem Auto, kniet hin, drückt ab. Eine Kugel trifft T. ins Herz, eine durchschlägt die vordere Hirn-, eine andere die Bauchschlagader, jede für sich tödlich. T. ist das fünfte und vorerst letzte Opfer einer Mordserie unter verfeindeten türkischen Familien, die sich in und um Wiesbaden kaltmachen, als spiele das Gemetzel in Chicago. Nicht in einer Kur- und Rentnerstadt, die vom wechselseitigen Erschießen seit 2001 in Atem gehalten wird und wo die Polizei mit dem Motto wirbt: »Wir wollen, dass Sie sicher leben.«

Im dortigen Landgericht bringt das Einsatzkommando dieser Tage Aydin K. und Sohn Ertac zum Saal 003. Die Staatsanwaltschaft beschuldigt sie, das Verbrechen »gemeinschaftlich und aus niedrigen Beweggründen« geplant und vorbereitet zu haben. Vor dem Justizbau patrouilliert demonstrativ Bereitschaftspolizei, drinnen folgen strenge Kontrollen an der »Schleuse«, beäugt von krassen Typen mit kugelsicheren Westen unter weiten Hemden. Auf den Hüften sitzende Pistolen und Schulterhalfter lugen hervor. Sicherheitsglas trennt Publikum und Gericht voneinander. Die Fensterscheiben sind mit Folie abgeklebt, Einblick von außen unmöglich. Der Bau gleicht einer Festung, die Strafkammer geht in Deckung, nachdem im »Türken-Krieg« (»Bild«) potenzielle Zeugen wie eben jener Polat T. eliminiert worden sind.

Kaum dass ihm die Fesseln abgenommen sind, beugt Ertac K. die Knie vor dem Vater und begrüßt ihn mit Hand- und Wangenküssen. Die Beschuldigten winken den Freunden, werden überschwänglich zurückgegrüßt. Ertac reckt siegesgewiss den Daumen, lässt seinen neuen Kinnbart bewundern. Sie sitzen Aug in Aug mit der Witwe des Ermordeten. Deren rot lackierte Fußnägel kontrastieren stark zur dunklen Bekleidung. Eine eigenartige, fast leichtfertige Stimmung beherrscht den Raum, als könne selbst die Aussicht auf hohe Strafen die Angeklagten nicht ängstigen. Geht es doch bloß um die Tötung des Polat T. – ein »Bastard« in ihren Augen.

Ertac K. ist ein kahler 30-Jähriger. In der Brusttasche steckt die Sonnenbrille, als ginge es in die Sommerfrische. Der Polier tut herausfordernd, in dem makabren Schauspiel gleichzeitig Akteur und sein eigenes Publikum. Er übt sich in asiatisch anmutender Ruhe, testet, ob Zeugen seinem Blick standhalten. Ab und an zuckt es um den Mund. Dann blitzt für ein huschendes Lächeln ein Goldzahn auf. Intern hat er verlauten lassen, man sei »der Polizei physisch und psychisch überlegen«.

Wenn überhaupt, verraten ihn mitgekritzelte Sätze, hektisch dem Verteidiger zugesteckt. Der schwer zu führende Mandant wurde auf der Flucht am Brenner aus dem Corvette-Cabrio eines Bekannten heraus verhaftet, der mit diesem Protzauto an der Grenze auffallen musste. Zu den »sichergestellten Gegenständen« gehörten eine silberne Rolex sowie ein Nokia-Handy, vielleicht das Telefon, auf dem Ertac am Tattag gegen 23 Uhr gewarnt wurde, sofort zu verschwinden.

Zur Linken sitzt sein Vater, ein Ohr zum Dolmetscher geneigt. Aydin K., im dunklen Anzug mit Weste, zu festlich für diesen Anlass. Seit 1973 lebt er in Hessen, ohne des Deutschen mächtig zu sein. Es fällt schwer, in dem früh gealterten 61-Jährigen den Kopf einer Verschwörung zu sehen, die den Todfeind »Polo« nach amtlicher Ansicht mit aller Raffinesse ausgespäht und sich seiner Ermordung schuldig gemacht haben soll. Damit wäre nach kurdischem Verständnis die Familienehre nicht beschmutzt, sondern wieder rein – indem sie nur Stolz und eigenem Gesetz folgten.

Warum Polat T. am helllichten Tag auf dem stark befahrenen Zimmersmühlenweg sterben musste, ist eine lange Geschichte. Am Anfang steht für die Fahnder eine »feindselige Polarisierung« unter diversen Clans und ihren Sympathisanten. An die 80 000 Telefonate aus der örtlichen »Türkenszene« (die Verteidigung erhebt Einspruch gegen den Begriff) wurden über die Jahre von der Polizei abgehört, ohne dass sie das undurchdringliche Geflecht hätte entwirren oder wenigstens den Mord an T. hätten verhindern können. Vage steht in der Anklage, »Ursprung der Ereignisse« seien vermutlich Aktivitäten einer »SL-Bande« gewesen, deren Mitglieder als Heranwachsende im Verdacht standen, eine »Vielzahl bewaffneter Raubüberfälle« (70 sollen es gewesen sein) verübt zu haben; Schaden: mehrere hunderttausend Mark. Einige der Verdächtigen gönnten sich Mercedes-Karossen, daher der Gruppenname »SL«. Um es kurz zu machen: Devrim B. war einer von ihnen, und er war der erste Tote auf der Liste. Den 23-jährigen Türsteher finden im November 2001 in Wiesbaden nicht weniger als acht Kugeln. Sein Ende schildert der Artikel »Die spektakulären Tötungsdelikte an Türken« im lokalen »Kurier«, »Polo« T. hat den Bericht bei seiner Ermordung hinten im Auto liegen.

Devrim B.s Vater war überzeugt, dass Ali, der jüngste Spross der Familie K., die Liquidierung seines Sohnes verschuldet hatte. Eine tödliche Vermutung. Denn er, Haydar B., stirbt bald selbst bei einem wahren Feuergefecht vor dem »Park-Café«. In dieser Nacht vom 21. April 2003 trug der 48-Jährige eine schusssichere Weste, für eine Disco nur bedingt das passende Kleidungsstück, vor dem Kopfsteckschuss feite sie ihn sowieso nicht. Beim Showdown im Gefolge einer Schlägerei fielen bis zu 15 Schüsse. Auch Ali K. blieb auf dem Schlachtfeld liegen, verblutete mit einer Kugel im Rücken.

Kurz zuvor war sein letzter, groß angekündigter Fight als Kickboxer in der Mainzer Phönixhalle ausgefallen. »Mit großer Wahrscheinlichkeit«, so die Rekonstruktion, seien eine Beretta, Modell 1935, eine Pistole Ceska, Modell 1936, 1945 oder 92, zum Einsatz gekommen. Eine Hülse Kaliber 22 Long Rifle ließ sich nicht zuordnen. Allemal ein stattliches Arsenal für einen friedlich gemeinten Abend und ein, wie geschrieben stand, »zufälliges Zusammentreffen«. Die Waffen sind verschwunden.

Der nun angeklagte Ertac K. überlebt den 21. April 2003 angeschossen. Polat T. drückt sich ebenfalls am »Park-Café« herum. Ehe er am Abend des 17. Mai 2004 stirbt, hatte er mittags noch Kumpeln erzählt, er könne als Zeuge aussagen, dieser Ertac habe »seinerzeit die tödlichen Schüsse auf Barut abgegeben«. Eine merkwürdige Regie will es, dass einer der Zuhörer in Rüsselsheim beim Streit erschossen wird. T. konnte voraussehen, bald wäre auch er ein toter Mann. Ihm waren ja die Gewaltfantasien der Familie K. bekannt, die eng und enger um ihn kreisten.

Zur Vorsicht filmte er ihm verdächtige Autos. Tag und Nacht, berichtet einer, der Kontakt zum K.-Clan hielt, hätten sie sich gefragt: »Wo steckt er bloß, der Hund?« Für sie war »Polo« der Drahtzieher beim Tod ihres Jüngsten, Ali. Die Staatsanwaltschaft protokollierte, Familienmitglieder hätten geäußert, T. sei als »Anstifter [...] anzusehen und müsse deswegen als Nächster umgebracht werden«. Die Kripo legte ihm dringend nahe, die Platte zu putzen. Er musste unter Polizeischutz heiraten, den Erzählungen nach war er ein undurchsichtiger Typ. Die Feinde ruhten nicht, bis ein beim Telekom-Callcenter beschäftigter Türke seinen neuen Wohnort Dillenburg preisgegeben hatte.

Der Vollständigkeit halber muss jetzt noch die Tötung des Osman B. erwähnt werden. 24 Jahre jung, kommt er am 1. April 2003 um. Drei Schüsse krachen durch die Scheiben des Internetcafés in der Wiesbadener Yorckstraße, ein Tatverdächtiger fehlt bis heute. Im Raster der mit dieser Art von »Ehrenmorden« offensichtlich überforderten Kripo gehört er zur Seite K., als Alis Freund. Unter den Spezln kursiert ein Farbfoto junger Burschen mit Gel im

Haar, »Ali und Osman« steht darunter. Und: »Sie genossen zusammen das Leben.« Aber jetzt sind sie tot. Ihr Komplize Yusuf Kü. überlebte sieben Pistolenschüsse. Der polizeibekannte Boxer ließ es sich nicht nehmen, dem lokalen »Kurier« seine Wunden vorzuführen. Die Kripo identifizierte ihn als Fahrer des Honda Civic, Kennzeichen GI-C 711, er chauffierte »Polos« Mörder. Nach Erkenntnis der Staatsanwaltschaft war es Remzi K., der in Oberursel schoss, der älteste Sohn, kurz: »der Fuchs«.

Remzis bestimmende Mutter Fatma soll ihm ständig damit in den Ohren gelegen haben, wie er leben und lachen könne, während Ali tot sei. Remzi spürte sozialen Druck aus dem Elternhaus, offenbarte gegenüber Journalisten, welche Gefühle in ihm rumorten: Da sei von der Furcht die Rede gewesen, als »Weichei« zu gelten, das nur groß daherrede, während sein Vater den martialischen Fluch ausgestoßen habe, man wolle »das Blut der Feinde trinken«. Dann kam die Stunde, in der er tat, wozu er sich verdammt sah, nämlich: bis zur Selbstaufgabe der Sohnespflicht zu genügen, der Hassfigur »Polo« aufzulauern und abzurechnen.

Der 17. Mai 2004 ließ sich bei 24 Grad Wärme ausgesprochen heiter an. Passend zum Frühlingswetter wählte T. ein rötlich gemustertes Halbarmhemd. In der linken Brusttasche steckte ein Gerichtsschreiben, womöglich die Ladung zum Prozess wegen des »Park-Café«-Mordes für den Zeugen Nummer 13. Er sieht den Mörder kommen. Der erste Treffer wirft ihn hin. Wie vom Blitz gefällt liegt er im geblümten Totenhemd auf dem Asphalt. Dann steht der Schütze über dem Sterbenden, dreht ab, rennt weg. »Relaxed und bewusst cool« empfand ein Beobachter den Ablauf. Der Tatort liegt nah zur Autobahn, die Überwachungskameras an der Ecke waren nur Attrappen. Die Ringfahndung wird laut «Ablaufkalender« um 19.25 Uhr ausgelöst. Die Täter sind über alle Berge.

Im »Wiesbadener Bandenkrieg« (»FAZ«) fielen über die Jahre fast 40 Schüsse. Damit wäre der Statistik Genüge getan und der Tatsache, dass in Hessens Landesmetropole eine Art von Wahnsinn mit Machogehabe grassiert haben muss, dessen die Kripo einfach nicht Herr werden konnte. Für Goethe war es die Stadt des »Divan«-Gedichts: »Erde, Himmel und Menschen sind anders.« Die Kommune von sonst beinahe anstößiger Ruhe nennt sich »Nizza des Nordens«, attestiert sich Lebensart. Wiesbaden bietet eine Collage aus Spielbank, Kurhotels, Jugendstilvillen, Beamtensilos. Als Sitz des BKA schien das Gemeinwesen sowieso clean. Nun nehmen alarmierende Berichte kein Ende, die scheinbar vom wilden Kurdistan handeln, einer eigenen Zone mit bestürzend-melancholischen Einblicken in extreme Auswüchse der Parallelgesellschaft, von der die Bürger nichts ahnten. Man könnte sich fragen: Welches ist das wahre Wiesbaden?

Mit den Milieumorden befasste sich eine bis zu 30 Köpfe starke Sonderkommission. Die rivalisierenden Cliquen bewegten sich weiter im rechtsfreien Raum. Wie hätte es sonst passieren können, dass der Anlieger W. aus dem Fenster den Mord Nummer 5 dieses Komplexes fotografieren konnte? »Polo« kam aus dem Sportstudio, hatte just erzählt, die Polizei wolle ihn ins »Zeugenschutzprogramm« aufnehmen und habe ihm dies vorhin angeboten. W.s Bildsequenz verdichtet auf Sekunden, was den Akten zufolge einen Vorlauf von einem Jahr hatte, den »Rache-Rausch«, in den sich die Familie K. seit Alis Tod gesteigert habe.

Zuerst sieht man den Niedergestreckten, Kopf nach hinten gesunken. Der Tod trat rasch an ihn heran, in sein von Stoppeln verschattetes Gesicht konnte sich weder Schmerz noch Entsetzen malen. Eher Verblüffung ist darin zu lesen, hatte sich mit dem Kugelhagel doch die eigene Prophezeiung an ihm erfüllt, Hinrichtungskandidat zu sein. T. erzählte zwei Wochen vorher dem »Kurier«: »Ich habe mich damit abgefunden: Mein Tod ist beschlossene Sache«, er fühlte sich von Feinden umschlichen.

So wie der mutmaßliche Mörder Remzi K. dem Blatt gegenüber kein Hehl daraus machte, dass die Blutrache erledigt werden muss: »Dieser Mann muss sterben!« Unheimlich genug folgten die erstaunlich Mitteilungsbedürftigen ihrem bis zum bitteren Ende in der Zeitung offengelegten Drehbuch. Und noch gespenstischer: Niemand konnte das Offenkundige verhindern. Dem »Kurier«-Reporter Wolfgang Degen ist im Rückblick nicht ganz wohl bei dem Gedanken, wen er da noch interviewte und dass es sich anhörte, als redeten sie von »Lausbubenstreichen«. Nur zum »Schusswechsel wie im Wilden Westen«, den sich T. bei ihm ausmalte, kam es nicht, wobei das keineswegs klang, als würde er im Kampf Mann gegen Mann auf der Strecke bleiben. »Polo« prahlte, wer er denn sei, dass er sich vor jemandem verstecken müsse? Nun hatte er nicht mal mehr Zeit, die »mittig« unterm Hemd steckende Schreckschusspistole ERMA zu greifen. Die zieht ihm erst der Sanitäter aus dem Hosenbund.

Zeuge W. wohnt im zweiten Stock. Auf seinen sechs Fotos füllt sich die Szenerie mit Passanten, Ärzten, Helfern. Dem Opfer wird das Hemd aufgerissen, die Knöpfe spritzen in alle Richtungen. Auf dem blütenweißen Unterhemd breitete sich links die »brennende Rose der Schusswunde« aus, wie Leonardo Sciascia das in einem seiner Krimis nennt. Über dem rechten Ohr klafft eine Ausschussöffnung. Der Mörder lässt die Waffe mit gespanntem Hahn zurück, Marke STAR, Typ M 43, eindeutiges Siegessymbol, zur Verhöhnung der Kripo drapiert, die Individualnummer ausgestanzt. Die DNA an der Pistole stammt laut Gutachten von der »DNA eines Bruders von Ertac und Ali«. Ihr einziger Bruder: der flüchtige Remzi.

Mit einer Folie zugedeckt, liegt »Polo« in Rückenlage auf der Straße. Als habe der Schütze beim Totentanz auf die Choreografie geachtet, sind die Beine leicht gespreizt, die Fußspitzen Richtung Gehweg exakt zur Kante. Das Blut rinnt zum Bordstein. Die linke Hand ist zur leichten Faust geformt, eine Armani-Uhr ist zu erkennen.

Auf dem nächsten Film drängen Angehörige gegen das Flatterband, laut Protokoll eine »hoch emotionalisierte Personengruppe«, die »Blutrache«-Parolen skandiert hätte. Die »sehr aufgeheizte Stimmung« ließ es angeraten sein, die »Pietät St. Ursula« zu verständigen, auf »Maßnahmen an der Leiche vor Ort« zu verzichten und diese in der Trauerhalle auf dem Friedhof Oberursel vorzunehmen. Zuvor werden »Polos« Hände mit Plastiktüten geschützt. Als die Mordkommission ihre Arbeit beendet, ist aus dem Erschossenen im Amtsdeutsch »eine Leichensache« geworden, der »Geschädigte am Lagerort«: Spur 1.1 von 334 Positionen.

Um ihn herum verteilt Handy, Schlüssel, Rettungsdecke, Patronenhülsen, ein weiteres Geschoss steckt im sechsten Brustwirbel, bei der Sektion 0448 des »kräftig gebauten Mannes mittleren Alters« von 11 bis 13.25 Uhr vom Pathologen gesichert. Bis dahin trug T. eine verspiegelte Sonnenbrille, die Augen stehen offen. Der Doktor hatte übrigens auch andere Opfer der »SL-Bande« auf dem Schragen. Er trennt die Einschussverletzungen zum Archivieren heraus, ordnet die Wunden alphabetisch, bezeichnet die Wange mit »A«, den Hals mit »D«, wie wenn sich damit die »innere Besichtigung« der Leiche besser ertragen ließe.

In Oberursel verwischt der Regen mit der Zeit die polizeilichen Kreidestriche, Zahlen und Kringel auf der Straße. Die erweckten den Eindruck, hier hätten Kinder friedlich »Himmel und Hölle« gespielt. Tatsächlich vollenden die Schüsse die Chronik eines angekündigten Todes. Als 2005 in eben dem Justizsaal 003 unter fahlem Neonlicht mit Orhan K. der tatsächliche Mörder ihres Jüngsten zu »Lebenslänglich« verurteilt wird (nicht »Polo«, den sie verfluchen), sitzt schluchzend Mutter Fatma K. im Gericht. Ihr Mann bezeichnete sich als »Todesengel der Alewiten«: »Wenn einer schießen wird, dann werde ich schießen. Wenn einer töten wird, werde ich töten.« Mögliche Zielperson: »Polo« T. Einem Bekannten, den er nach Ansicht der Kripo zum Töten dingen wollte, versprach er: »Nachdem diese Sache erledigt ist, werde ich dich in die Türkei schicken […]. Dort gibt es einen Traktor, ein Feld, ich gebe dir Ware, ich gebe dir Großvieh, kannst haben, was du willst.«

Hier braute sich ein Unglück zusammen, weil die handelnden Personen mehr an ihre eigenen Normen glaubten, weniger an die in der Bundesrepublik geltenden. Doch was es wirklich bedeutet, dass sich ihr Ältester zum Richter aufgeworfen haben soll, steht schon fest: das Fiasko einer Familie, die T.s Vernichtung mit ihrer eigenen erkaufte. Der K.-Clan hat sich selbst zerstört, die Demütigung zu rächen mündete in eine Katastrophe. Remzi, sein Kopf, wird mit internationalem Haftbefehl gesucht, auf der Flucht in der Türkei, wo die Wiesbadener Morde ebenfalls für Aufsehen sorgten.

Nach Deutschland führt kein Weg zurück, Mord verjährt nicht.

Im Gericht heißt es, ihre Baufirma sei in die Pleite gerutscht. Die Ermittler räumten die Bankdepots ab, über 150 000 Euro, unter anderem bar im Stoffsack, seien zutage gekommen. Remzis Untertauchen besiegelt eine scheinbar bürgerliche Biografie, die ihn bei der Polizeiausbildung in Rheinland-Pfalz sah, bis er bei einer Prüfung (mehr noch an Recherchen über sein Umfeld) scheiterte. Vor dem Oberurseler Mord galt er als Informant des federführenden Kriminalisten S. Ihm schilderte er am Tattag akute Probleme mit dem Finanzamt.

Der Polizist konnte sich nach den Schüssen »an keinerlei Umstände erinnern«, die darauf hingedeutet hätten, dass sein Helfer Remzi beabsichtigte, »nur etwa zwei Stunden später Polat T. zu ermorden«. Vor Gericht wirkt der Beamte vom Schock der Erkenntnis paralysiert, dass sein Vertrauter derjenige gewesen sein soll, der kaltblütig draufhielt. Bei der Kripo hatte er dramatisch auf den Koran geschworen, sie würden Ruhe geben. Der Beamte wirkt wie ein gescheiterter Sozialingenieur.

Mag nach den »Park-Café«-Morden in Wiesbaden »die Luft gebrannt haben«, wie der Polizist sagt. Mag es Streit um Beute, um Frauen gegeben haben, und was an wilden Gerüchten sonst noch waberte. Vielleicht ist in unübersichtlicher Gemengelage tatsächlich die »Familienehre« das innere Motiv für fünf Morde. Aus dem Prozess wird kein Ruhmesblatt für die Kripo, die offenkundig K.s fixe Idee unterschätzte, »Polo« zu eliminieren. War nicht der Vater mit den Söhnen etliche Male zum Üben ins Schießzentrum des SC Adler Heusenstamm eingerückt?

Auf Überwachungsvideos ist die Truppe zu sehen. Sie probieren Langwaffen, das durfte angesichts der aufgeheizten Atmosphäre niemand für reines Freizeitvergnügen halten. Mindestens elf Knarren, mit und ohne Schalldämpfer, nimmt die Polizei bei Durchsuchungen der Sippe mit und meint, dies sei Warnung genug gewesen. Aydin K. führte in der Handtasche seiner Ehefrau eine scharfe Selbstladepistole Ceska, Modell 75, mit. Bei Ertac wird unter anderem eine Pistole Sig Sauer, 9 mm, sichergestellt, auch eine Margolin, Kaliber 22, samt Munition. Nach dem Mord untersucht die Kripo seinen Laptop, die letzte Abfrage im Programm »KlickRoute 2003« öffnete die Karte Dillenburg, Wohnort von »Polo«.

Musste es fünfmal knallen, bis sich eine Menge alarmierender Indizien zum tödlichen Geheimnis fügten? Die K.s wollen vor Gericht mit der Vollstreckung nichts, aber auch gar nichts zu tun haben. Als seien die harten Fakten absurde Zufälle. Denn um 17.44 Uhr des 17. Mai 2004 wird ein mit Magneten an T.s Auto befestigter GPS-Sender durch Remzis Laptop-Handy aktiviert; der Gesuchte ist nahe Frankfurt geortet. Zuvor hatte K. versucht, noch 25 000 Euro bei Kunden einzutreiben, Geld für die Flucht? Einmal von dem Peilsender erfasst, schleppt der ahnungslose »Polo« seine Verfolger bis zum Tatort sozusagen todsicher ins Ziel: Das war er selber.

Vorher agierten die Häscher profihaft-konspirativ, klärten seine Umgebung ab, mieteten zur Ausspionierung Kurzzeitkennzeichen, spürten ihm »mit nahezu allen zugänglichen technischen und persönlichen Fahndungsmaßnahmen nach«: archaische Blutrache, ausgeführt mit Hightech, Internet, satellitengestützter Navigation, Mobilfunk, Prepaid-Card und seelenruhigem Auswechseln der bei Polat T. installierten Sender – ein einmaliger Fall.

Was immer im Gericht dazu vorgetragen werden wird, es bleibt ein von Schweigen erfüllter Saal. Im Clan wird niemand verpfiffen. Nachdem man sich blinder Wut überlassen hat, überlässt man sich (ohne Bewusstsein des eigenen Scheiterns) nun der Zeit. Das blutige Ritual ist vollendet, jetzt vertrauen die Angeklagten den Segnungen des Rechtsstaates und ihren Spitzenanwälten. Die sich müde dahinschleppende Verhandlung lässt ahnen, dass die Justiz mit derartigen anatolischen Rachefeldzügen überfordert ist. Von fünf Morden ist erst einer abgeurteilt, keine Bilanz, die sich sehen lassen kann. Allein dieser Fall verschlang zwei Millionen Euro Sicherungskosten, hielt bis zu 100 Polizisten auf Trab.

Von den fünf Männern, die sich fern der Heimat bis aufs Blut bekriegten, sind vier längst in türkischer Erde begraben.

(Nach zähen Prozessen verurteilte das Schwurgericht im türkischen Antalya Remzi K. wegen Mordes an Polat T. Ende 2009 zu lebensläng-

licher Haft. Das Urteil wurde inzwischen höchstinstanzlich bestätigt. Sein Vater Aydin K. wurde in Wiesbaden wegen Totschlags zu fünfeinhalb Jahren verurteilt. Er floh aus Deutschland. Sein mitangeklagter Sohn erhielt wegen Beihilfe viereinhalb Jahre Haft und stimmte formal seiner Ausweisung zu.)

Wer ist Jenny S.?

Lebenslang für Mord aus Habgier: Das Urteil des Schwurgerichts war klar, die Verurteilte aber blieb ein Rätsel. Am Ende wusste man nicht einmal, woher sie kam und wie alt sie war. Gewiss ist nur: Sie tötete ihren Freund mit erschreckender Grausamkeit.

Die Armbanduhr von Günter Brückner lief immer noch, als Technisches Hilfswerk und Mordkommission seine Gebeine aus einem Erdloch bei Kilometer 393,300 der A3, Ausfahrt Nürnberg-Nord, bargen.

Was die Tiere des Waldes von dem 70 Jahre alten Frankfurter übrig gelassen hatten, steckte in einem blauen Müllsack: ein entsetzlich zugerichteter Leichnam. Deshalb konnte die Polizei zur Identifizierung des vorerst unbekannten Toten nur ein Foto der am linken Handgelenk getragenen Seiko-Uhr an die Presse geben: Modell 970818, wasserdicht, unverbindliche Preisempfehlung 399 Mark. Unversehrt war ferner der vergoldete Halsschmuck mit auffallenden Gliedern, eine sogenannte Panzerkette. Später würde sich eine Zeugin eines geblümten Kurzarmhemdes und der Shorts erinnern, der Hinweis würde mit dem übereinstimmen, was man im Januar 2000 aus dem gefrorenen Boden kratzte. Es war also ein Sommermord, die Fundstelle nicht der Tatort, die Kripo stand vor einem Rätsel.

Die 21. Große Strafkammer des Landgerichts Frankfurt am Main verurteilte Brückners Freundin Hajira Jenny S. zu lebenslanger Haft. Sie tötete ihren Freund in der Wohnung durch einen Schuss aus nächster Nähe in die linke Schläfenpartie. Die Asylbewerberin war laut Aktenzeichen Js 1532.3 kurz vor der Tat »für dauernd aus der Bundesrepublik ausgewiesen« worden, musste stündlich mit der

Abschiebung rechnen. Jenny S. löschte, so das Urteil, das Leben des »sehr wohlhabenden Mannes gewissenlos aus«, wollte an sein Geld, um nicht mittellos irgendwo im Ausland bei null anfangen zu müssen.

Nichts an dieser grausamen Geschichte scheint zu der kleinen Person zu passen, die in Gerichtssaal 9 geführt wird, die Handschellen im üppigen Pelz verborgen. Keinesfalls entsprach sie der Vorstellung, die man von einem Gewaltverbrecher hat. Obwohl die Angeklagte Stiefeletten trägt, überragt die Bewacherin sie um Haupteslänge. Die 30 Deckenlampen hellen kaum die Trostlosigkeit ihres Falles auf. Die Anklage ist eine Sache, eine andere, sich vorzustellen, wie sie ihren Blick über einen Waffenlauf auf den Partner richtete, ihm die Kugel in den Kopf jagte. Wenn Brückner mit brechenden Augen noch etwas wahrgenommen haben sollte, dann die auf ihn zielende Geliebte. Bäuchlings auf der Couch liegend, stirbt er sekundenschnell, die Obduktion ergab einen »sechs Zentimeter absteigenden Schusskanal«. Graham Greene würde sagen: »Es war sein Atem, der durch die Wunden strömte.«

Nach einem Jahr U-Haft ist das spitze Gesicht der 45-Jährigen weniger bleich als kreidig grau und matt, noch unterstrichen durch die Farbtupfer von Halstuch und Haarspange. Jenny S. hat tiefe Kerben um den Mund. Ihre Augen suchen Halt im Raum, finden keinen. Schweigend und gierig greift sie in Pausen nach Zigaretten. Dem erfahrenen Gerichtsvorsitzenden ist eine vergleichbare Beschuldigte noch nie untergekommen, teilnahmslos und ungerührt, auf Eindruckmachen nicht erpicht. Über ihr Leben »konnten nur wenige gesicherte Erkenntnisse erlangt werden«. Abgeschnitten von der Vorgeschichte und angesichts widersprüchlicher Angaben zur Person ist fraglich, ob die Behörden je zur wahren Identität dieser Frau vorgedrungen sind.

Ihre Vita, im Prozess rekonstruiert, basiert auf Mutmaßungen. »Vermutlich 1954, wahrscheinlich am 24. Mai, geboren«, nach ihrer Angabe in Sofia, Bulgarien. Aus Sicht der Ermittler spricht »einiges dafür«, dass sie in Gusinje (Jugoslawien) auf die Welt kam. Exakte Nachweise »konnten nicht geführt werden«. Bei der Festnahme hieß es, sie sei Rumänin. Einmal bezeichnete sie sich als »deutschstämmig«, jetziger Status: »staatenlos«.

Verbürgt ist ihre Ankunft in der Bundesrepublik durch Asylantrag vom 12. Februar 1980. Sie beteuert darin, »einer Sippe im Ostblock nomadisierender Zigeuner anzugehören«. Amtsfotos mit der Nummer 1125/80 zeigen sie von links, rechts und vorne mit tief in die Stirn gezogenem Kopftuch. Denkbar dürftig hält ein ausgebleicht-grünes Formular fest, sie sei »mit Autostop via Jugoslawien und Österreich« gekommen, Unterbringung im Frankfurter Hotel »Rex«. Einreise: »12. Januar 1980«. Auf den Tag 20 Jahre später entdeckte die Kripo hinter der Steckdose ihres Wohnzimmers in der Münchner Straße 24 einen von Brückner stammenden Blutfleck; die DNA-Analyse trägt zur Überführung der Schützin bei. Das Gründerzeithaus im Bahnhofsviertel ist übrigens feiner als die Gegend.

Günter Brückner wurde zuletzt gegen Mittag des 12. Juni 1999 lebend gesehen, die Freundin an der Seite. Am 8. Juni hatte er per Scheck Rente abgehoben, am 10. Juni trieb er 500 Mark Zinsen bei Schuldnern ein. Das Verhältnis mit Jenny S. begann 1985. Die beiden lebten nie zusammen, verreisten gemeinsam, trafen sich mit Kumpeln, er trug zu ihrem Unterhalt bei. Sie sprach Deutsch mit stark osteuropäischem Akzent. Gerichtsbesucher munkelten, das dunkle Idiom habe für den 20 Jahre Älteren erotisch geklungen. Jedenfalls konnte das Paar nicht voneinander lassen, aber es ist nach den Schilderungen zweifelhaft, ob in der Gemeinschaft viel im Namen der Liebe geschah.

4. Juli 1999. Bei der Polizei geht die Vermisstenanzeige einer Bekannten Brückners ein. Sie telefonierten gewöhnlich jeden zweiten Tag. Nun hatte er sich seit Wochen nicht gemeldet. Der von ihm gefahrene Renault mit dem Kennzeichen F-J 246 lief auf ihren Namen. Von dem Auto fehlt bis heute jede Spur. Eventuell diente es als Leichenwagen, und Jenny S. verschenkte die Karre an nie ermittelte Helfer beim Abtransport des Toten. Nach der Alarmierung beschreibt das Kommissariat 11 den Verschollenen wie folgt: 1,72 Meter groß, mittlerer Körperbau, grauer Haarkranz, Vollbart. Ei-

nem Ohr fehlt das Ohrläppchen. Jenny S. soll es im Streit mit einem Messer abgeschnitten haben. Heute weiß man: Damals streifte ihn das Unheil.

Bis die Inspektion Nürnberg-Ost am 5. Januar 2000 das »Auffinden einer unbekannten männlichen Leiche« vermeldet, pressiert es den Fahndern nicht. Brückner ist im Amtsjargon »abgängig«, wie vom Erdboden verschluckt. Aber Jenny S. wiegelt ab und tut so, als sei er bei ihr aufgetaucht. Nach Vorlage seines Personalausweises wird im November 1999 Brückners Rente ausgezahlt. Da liegt er längst, den Leib mit Seilen verschnürt, in Luftpolsterfolie und Tücher gewickelt, im Gras. Ein Spaziergänger mit Hund entdeckte das Grab zufällig, Knochen ragten aus dem Boden. Der Richter vermied es, die auf blauen Karton geklebten Bilder anzusehen, darauf ein halb verwestes Bündel Mensch, der zerschossene Kopf mit Stoff abgedeckt.

Jenny S. hat den 12. Juni 1999 im Wandkalender eingekringelt. Für das Gericht ist es der Mordtag. Womöglich ließ ein Gefühl der Unantastbarkeit den Plan reifen. Ihr Asylverfahren schleppte sich seit fast 20 Jahren dahin, die Akten wuchsen zu einer Bibliothek der Irrungen, parallel begann ihre lange Karriere als Kriminelle. Das Bundeszentralregister listet 15 Vorstrafen auf, für Fahren ohne Fahrerlaubnis, Diebstahl, Betrug, Hehlerei, Widerstand gegen Vollstreckungsbeamte, Verstoß gegen das Waffengesetz. Zwischendurch saß sie in Italien wegen Kindsentführung im Gefängnis, kehrte im April 1996 illegal nach Deutschland zurück. Hier wurde ihr Widerspruch gegen die Ausweisungsverfügung der Stadt Frankfurt im April 1999 zurückgewiesen. Bereits 1986 hatte das Bundesamt für die Anerkennung ausländischer Flüchtlinge ein Bleiberecht für Jenny S. mit sechsseitiger Begründung verneint.

Auch damals lagen laut Vorgang Bul-S-2376 keine »Personenstandsurkunden« von ihr vor. Es gab »keine vernünftigen Zweifel«, dass die Fremde »bezüglich ihrer Staatsangehörigkeit falsche Angaben gemacht hat«. Möglicherweise erhoffte sie sich als »Bulgarin« bessere Erfolgschancen im Asylstreit. Das Amt stellte unter Berufung auf Experten fest, für eine offen oder gar offiziell geförderte

Diskriminierung der Zigeuner in Jugoslawien sei »nichts ersichtlich«. Sie habe ihr Herkunftsland »nicht als politisch Verfolgte, sondern als Auswanderer verlassen«.

Wie hätte die Hausfrau an die Regeln einer Gesellschaft glauben sollen, die ihre eigenen Normen gegenüber Jenny S. nur zögerlich durchsetzte, wenn überhaupt? Wie hätte sie Ämter respektieren sollen, die keinen Ehrgeiz entwickelten, ihren fantasievollen Erzählungen auf den Grund zu gehen? Papier ist geduldig, die Sache dreht sich im Kreis; aktuell läuft beim Verwaltungsgericht ihr Widerspruch gegen die Ausweisung weiter. Die Prozedur veranlasste das Gericht zu der Feststellung, der Sozialstaat sei einfach nicht in der Lage, mit Komplexen dieser Art »in angemessener Weise umzugehen«; es sah in der Mörderin ein »Produkt der Verhältnisse, die sie hier angetroffen hat«. Wahrscheinlich ersparte ihr dies die strafverschärfende Feststellung der »Schwere der Schuld«. Zum Nachteil wirklich politisch Verfolgter entsprach ihr Durchlavieren den Stammtischreden über Schnorrer. Diesen politisch nicht opportunen Aspekt unterschlugen die meisten Gerichtsberichte.

Musste erst ein Mord passieren, um das Heillose dieser zugegeben krassen Biografie zu zeigen? Der Gerichtsvorsitzende zählt zu den besten Strafrichtern hierzulande. Er verdiente seinen Ruf nicht, hätte er beim »Tötungsdelikt zum Nachteil Günter Brückners« Jenny S.' Vorleben nicht akribisch ergründet und herausgefunden, wie in den vielen Jahren »niemand Konsequenzen daraus zog, dass ihre Angaben nicht stimmten«. Bereits 1981 gaben Verwandte zu Protokoll, sie habe keine eigenen Kinder, »sondern nehme lediglich fremde Kinder von Sippenangehörigen kurzfristig zu sich, gebe diese als ihre eigenen aus, um Sozialhilfe und Kindergeld zu erhalten«. Die Asylantin behauptete, von ihrem verstorbenen Ehemann die Buben Zlatan und Zlata zu haben. Vier Wochen später hießen sie verwirrenderweise Gannis und Ronjia, ein drittes Kind, Bernarda, kam hinzu. Bernarda, Ronjia und ein Halid Christian stammten laut Blutgruppenuntersuchung gar nicht von ihr. Bei Gannis und Nanni sowie einem Serbo sei dies ungeklärt. Das Urteil betonte, S. lebe »im Wesentlichen von öffentlicher Sozialhilfe, die sie durch wahrheitswidrige Behauptung einer im Lauf der Zeit zunehmenden Zahl von Kindern, die sie geboren habe und für die sie sorgen müsse, zu mehren wusste«. Eine Nischenexistenz.

Die Roma mag sich selbst als Treibgut des Kommunismus empfunden haben, eingereiht in das traurige Epos der europäischen Völkerwanderung, getrieben von Sehnsucht nach Geborgenheit und Sicherheit. Das »Lebenslänglich« verkannte nicht ihren »außergewöhnlichen, problematischen Lebensweg« und dass sie es von ihrer »stets Verfolgungen oder Benachteiligungen ausgesetzten ethnischen und geografischen Herkunft her gewohnt war, sich mit Härte und ohne Rücksichtnahme auf andere durchzuschlagen«.

Aber hier schwindelte sich eine in einer Weise durchs Leben, die den psychiatrischen Gutachter attestieren ließ, Jenny S. sei keinesfalls die »schwache Randfigur, als die sie sich gebe«. Sie sei »umsichtig, durchsetzungsfähig und mit einer erheblichen Portion Gewitztheit und Raffinesse ausgestattet«, befähigt, »ihren Vorteil zu wahren«. Aus Abwehrstrategie mache sie »gezielt« unterschiedliche Angaben, schaffe »bewusst ein chaotisches Bild ihrer Biografie«, gebe sich »dumm, chaotisch«, in der Verhandlung verwirrt und einfältig, im Fachjargon: Pseudodemenz. Dabei berechne sie »Eventualitäten«, verschleiere oder verschönere Sachverhalte, spiegele Dinge vor. Menschenkenner charakterisieren das mit »bauernschlau«.

Wie es ihr gerade gefiel, ernannte sich Jenny S. zur in Bulgarien ausgebildeten Krankenschwester. Oder zur Polizeiangestellten aus Sofia. Dem Gericht flunkerte sie vor, Haushälterin gelernt zu haben. Nach dem Mord mietete sie als »Hausdame eines Grafen« (dessen Namen sie nicht nennen dürfe) eine Luxuswohnung. Begabt für überzeugende theatralische Auftritte, blendete sie den Makler mit Aktienkopien aus Brückners Besitz. Von 2,2 Millionen Mark Kurswert beeindruckt, verzichtete der Verwalter gern auf 5800 Mark Kaution. Miete sah er nie.

In Freiheit vermochte S. instinktiv einen exotischen Reiz auf Männer auszuüben, mit reichlich Klunkern und auch sonst herausgeputzt. Wie sonst hätte ein Taxifahrer aus dem Kleinwalsertal die nun Verhärmte als »elegant und wohlhabend« schildern können? Der Kavalier der Straße chauffiert sie tagelang, bleibt auf einer Rechnung von 1000 Mark sitzen. Bei dessen Spezl beklagt Jenny S. eine momentane Verlegenheit, ihr Freund sei mit 900 000 Mark nach Südamerika abgehauen. Man leiht der Fremden 7000 Mark allein für das Versprechen, sie zahle binnen 30 Tagen 10 000 Mark zurück. Als Pfand gibt die »vermögende bulgarische Gräfin« einen »28 000 Mark« teuren Ring, in Wahrheit ist der Schmuck keine 500 Mark wert.

Jenny S. drängte die Zeit. Ihre Ausweisung stand bevor. Die Hoffnung auf eine Ehe mit Brückner war dahin. Wiederholt hatte der Freund im Beisein anderer erklärt, er werde sie nicht heiraten. Bekannte berichteten, ihm sei es auf eine »bequeme sexuelle Beziehung« angekommen. Die Mittellose sei dank seiner Zuwendungen »gehobenen Lebensstandard gewohnt« gewesen. Existenzielle Leere vor Augen, rüstete sich S. fürs blutige Finale. Zum Äußersten entschlossen, ließ sie sich durch die Zwillinge nicht hindern, die sie zur Tatzeit in Obhut hatte. Hinterher wachten die Verstörten daheim schreiend auf, fabulierten Gruseliges von »Geistern« und einem »toten Mann, der kommt«.

Der Ermordete führte eine Doppelexistenz. Brückner bezog 900 Mark Rente, erhielt Sozialhilfe – und war insgeheim Millionär. Sonst ein Geheimniskrämer, weihte er die Geliebte in seine Finanzen ein. Seit 1989 hortete er bei der Bank Austria, Filiale Riezlern im Kleinwalsertal, ein Schwarzgeldvermögen aus unversteuerten Einlagen und Börsenspekulationen. Kontostand am 10. Juni 1999: 844 000 Mark. Fatalerweise stellte Brückner seine Jenny dem Kundenbetreuer vor. Anfang 1999 hoben sie 10 000 Mark ab mit dem Hinweis, man wolle ihre Zähne sanieren lassen. Die Begleiterin lernte: Zugriff aufs Nummernkonto war jederzeit möglich, Codewort genügte. Sie übersah: Seit 1997 wurde eine schriftliche Vollmacht verlangt, sofern Brückner nicht persönlich vorsprach.

Anfang November 1999 wurde sie in Riezlern vorstellig. Bis dahin war ihr Coup perfekt aufgegangen. Vermutlich im Keller der Münchner Straße, wo Polizeihunde auf in der Luft hängenden Leichengeruch reagierten, verschnürte man den Erschossenen zum

Paket. Der Mord brachte S. in den Besitz der Stofftaschen, die der Gefährte wie einen Schatz hütete. Es war Brückners Marotte, darin sämtliche Bankbelege mitzuführen, als müsse er sich dauernd seines Vermögens versichern. Unter den Papieren fand sie auch das Codewort, auf das ihr Trachten fixiert war. Der Schlüssel zu einer Zukunft, reich an Möglichkeiten. Trivial genug: Sie kam nicht ans Bare, Brückners Genehmigung fehlte.

Nach dem Mord muss die Wohnküche im Blut geschwommen sein, Flecken auf Couch, Teppichen und Wänden. Um die Spuren zu beseitigen, setzt Jenny S. die Räume unter Wasser, fuhrwerkt mit dem bei Obi geliehenen Absauggerät herum, kauft ein neues Sofa, lässt das Zimmer streichen. Bei der Renovierung übersieht sie den besagten, winzigen Blutfleck hinter der Buchsenabdeckung, ihr Verhängnis. Punkt 3 der »Spurenaufstellung«: »rötliche Anhaftungen an der Steckdose, vermutl. Blut, Wohnzimmer, linke Ecke vor dem Fenster«. Der DNA-Beweis ergab zweifelsfrei: Die »Anhaftung« stammt von Brückner. In der Wand fand sich ein zugegipstes Loch vom Projektil, das aus Brückners Schädel trat.

Im Deutschland der Verheißungen begann sie ihr Leben mit einer handfesten Lüge. Dann verfestigte sich zur Selbsttäuschung, was der Gutachter herausfand: Sie habe ständig Angst, ihr wahres Wesen, das sie verbergen wolle, könnte erkannt werden. Die stille Duldung, mit der überlastete Ämter Ungereimtheiten zum Trotz dem Treiben zusahen, musste Jenny S. vorkommen, als würde Gnade vor Recht ergehen. Vielleicht ist das der Grund, warum sie von keinerlei Schuldgefühl beschwert auf der Anklagebank saß. Erst beim »Lebenslänglich« begriff sie, dass die Tat aus »abstoßend niedriger Gesinnung« ihre Symbiose mit dem System beendete. Der Gerichtsvorsitzende musterte sie beim Urteil scharf und fragend, sah ihr Entsetzen, hatte »den Eindruck, jetzt wird ihr klar, was Sache war«.

Perfekte Verbrechen gibt es nur in der Fantasie. Auf die Nacht folgt der Tag, der das Chaos offenbart, ihre wahnwitzige Idee war von Anfang an zum Scheitern verurteilt. Der Freund war tot, die Geldnot blieb, der böse Traum unerfüllt. Selbst die Waffe will sie nach »Mord aus Habgier« für 2500 Mark versilbern. Nach der Tötung kassiert sie von der Mutter der von ihr gehüteten Kinder 3000 Mark: Diese hätten ihr doch die Möbel versaut. Für das Gericht Aspekte einer »haltlosen, unerträglichen Hemmungslosigkeit zum Erreichen materieller Vorteile«.

Zwei Wochen nach Brückners Tod heiratet sie in Dänemark unter Hinweis auf ihr Passproblem. Sie hatte im Bahnhofsviertel einen – bald wieder von ihr geschiedenen – Fremden angesprochen. Ihn lockte sie mit der Aussicht auf ihr Erbe. Jenny S. trug ein weißes Brautkleid.

Ein Ehrenmord, der keiner war

Der monströse Fall Gecaj hat die Schweiz in Atem gehalten. Der Gipser erschoss in St. Gallen den Lehrer seiner Tochter und brüstete sich seines Verbrechens sogar im Fernsehen.

Am Tag, an dem die Gärtner für Paul Spirig eine Stieleiche pflanzten, wäre er 37 geworden. Links vom Aufgang zur St. Galler Engelwiesstraße 1 wächst das Symbol der Unsterblichkeit langsam in die Höhe. Rechts davon erinnert eine Messingtafel an Spirig. Am 11. Januar 1999 wurde er im Besprechungsraum der Realschule West regelrecht hingerichtet, seine Klasse übte gerade »Englisch für Anfänger«. Der Gipser Ded Gecaj tötete den Lehrer seiner Tochter Besarta mit vier Nahschüssen.

Im Leben von Rektor Andreas Prinzing ist der tote Kollege stets präsent. Gegenüber seinem Büro geschah das Verbrechen. Unmöglich, über die Türschwelle zu treten, ohne sich an Spirigs Schicksal zu erinnern. Prinzing ist gebrannt von den Bildern und grau geworden über der Erfahrung. Die Artikel zur Tat füllen vier Ordner im Regal, »irgendwann hörte ich auf zu sammeln«. Ein Farbbild des Freundes hängt im Zimmer. Sie machten zusammen Musik, Prinzing rührt sein Schlagzeug schon lange nicht mehr an.

Andreas Prinzing beobachtet an sich, dass Gespräche über den 11. Januar »sehr schnell tief werden« und das unter der Oberfläche Lagernde aufwühlen. Ab und an braucht er eine Supervision. Gnädigerweise sind die Tatortdetails verblasst. In Raum 103, wo der unglückliche Spirig tödlich getroffen auf den Fußboden sank, sind die Möbel umgestellt. Die Wand, in der ein Projektil aus Gecajs »Hardballer-Stainless, Kaliber 45«, steckte, ist frisch gestrichen. Am Donnerstag nach der Tat weihten Pfarrer den Raum wieder ein.

St. Gallen, Spurensuche in der Stadt. Als hätten die Schüsse in Spirigs Brust alle Schweizer ins Herz getroffen, stöhnte die gesamte Nation auf. Angesichts des Ungeheuren läuft landauf, landab eine Diskussion über Integration, die offensichtlich die Erzieher zermürbt und überfordert. »Es darf nicht sein«, heißt es in einer Resolution, »dass [...] am Schluss Lehrkräfte unter Polizeischutz gestellt werden müssen.« Bestürzung und Ratlosigkeit über das Sinnlose gingen in kollektives Weinen über. Die Schüler der 2 K nahmen am offenen Sarg in Spirigs Wintergarten von ihm Abschied, 21 Buben und Mädchen aus neun Ländern, fünf Schweizer waren darunter. Der 36-Jährige hinterließ zwei kleine Kinder, eine schwangere Frau, die Familie lebte noch keine Woche im Eigenheim. Niemand schämte sich der Tränen bei einer von Tausenden besuchten Trauerfeier.

Da war der 41-jährige Mörder auf der Flucht in den Kosovo. Bis zu seiner Verhaftung spazierte Gecaj in der Heimat mehr oder weniger frei herum, was die unheimliche Dimension noch einmal steigert. Derweil ist man im Kanton weiter mit der Aufarbeitung der Tragödie beschäftigt, die das Verhältnis von Einheimischen und Zuwanderern gravierend veränderte.

Nach der Tat entkam der Schütze durch das Fenster, jagte in seine Wohnung, deponierte die geladene Pistole im Schlafzimmer. Wochen später wurde er in Gjakova (Kosovo) festgenommen. Ende 2000 verurteilte das Bezirksgericht Leskovac den Geständigen zu vier Jahren Freiheitsstrafe, von denen er nur zwei verbüßen musste, was einer Verhöhnung des Opfers gleichkam. In einer befremdlichen Inszenierung billigten ihm seine Richter »stark verminderte Zurechnungsfähigkeit« zu, nahm man ihm doch die Story ab, er habe »aus der Überzeugung heraus gehandelt«, dass Spirig sich an seiner Schülerin Besarta sexuell verging. Es half nicht, dass die Schweiz Beweismittel mit der Aussage der Tochter zur Verfügung stellte, ihr eigener Vater sei es gewesen, der sie »im Alter von 10 bis 15 Jahren regelmäßig und zum Teil täglich sexuell missbrauchte«, bevorzugt im Keller.

Staatsanwaltschaft St. Gallen in der Spisergasse. Die schwere, rote Sicherheitstür passt zum verschwiegenen Amt von Fallführerin Ursula Brasey. Sie sieht auf das schöne Haus »Zur Harmonie«. Im spartanischen Büro brennt eine Kerze, der Blick schweift zu einem – gefälschten – Bild von Giovanni Segantini, konfisziertes Objekt aus einem Prozess lange vor ihrer Zeit. Vorstellbar, wie ihre Gedanken über die malerische Gebirgslandschaft mit Hirtin in die weite Ferne des Balkans eilen. Gelegentlich sucht die Juristin auf der Landkarte die Orte aus der Akte Gecaj. Wie die Sache steht, ein Vorgang zum Verzweifeln. Nichts davon findet sich in Lehrbüchern, eher in Dürrenmatt-Krimis, wo es heißt: »Unsere Gesetze fußen nur auf Wahrscheinlichkeit, auf Statistik, nicht auf Kausalität, treffen nur im Allgemeinen zu, nicht im Besonderen.«

Ursula Braseys Lächeln würde man in Thrillern unergründlich nennen. Sie will der Verunsicherung wehren. Die Juristin betont, man habe das Verfahren nie an Jugoslawien abgetreten, eine Anklage werde vorbereitet. Der Täter sei international zur Fahndung ausgeschrieben, Belohnung 20 000 Franken. Man ist darauf eingestellt, er könne an den Schauplatz des Verbrechens zurückkehren. »Bei seiner Persönlichkeitsstruktur« dürfte er schwer akzeptieren, von der Tochter getrennt zu sein. Besarta lebt unter dem Schutz der Behörden – die Kronzeugin gegen einen Killer, ihren eigenen Vater.

Sorgsam in diplomatische Sätze gekleidet, spricht aus der Staatsanwältin eine gewisse Ratlosigkeit. Über die Sachverhaltswürdigung durch das serbische Gericht sei man »sehr erstaunt«. Die Schweiz erkannte das absurd milde Urteil nicht an, die Lokalpresse sprach von einer »Farce«, traf damit Volkes Stimme gewiss richtig. Was soll Ursula Brasey groß erzählen über den nach allen Fakten klaren Fall. Gecaj schlüpfte durch die XY-Fahndung. Versprochene Informationen kamen nie. Laut des 1887 mit »seiner Majestät dem König von Serbien« geschlossenen Auslieferungsvertrages schien es unwahrscheinlich, dass Gecaj jemals in St. Gallen wegen Mordes und sexuellen Missbrauchs angeklagt werden könnte. Gleichzeitig wuchs das Beunruhigende auf Hunderte von Dokumenten an. Sämtliche Möglichkeiten waren ausgeschöpft, ohne seiner habhaft zu werden.

Wären die Eidgenossen doch besser Leserbriefschreiber Reto

Camen gefolgt, der im *Tagblatt* meinte, die Regierung hätte ihre millionenschweren Hilfszahlungen an Belgrad von der Auslieferung des Mörders »abhängig machen können«. Stattdessen quartierte man eine serbische Gerichtsdelegation auf Staatskosten im St. Galler Hotel »Des Artistes« ein, ließ sie ein Dutzend Zeugen vernehmen, darunter die Witwe Janine Spirig.

Ihr Anwalt Agostino Cozzio schildert, »große Mühe gehabt zu haben«, bis die Mutter dreier kleiner Kinder den Termin wahrnahm. Ein »mulmiges Gefühl« habe auch ihn bei der Anhörung beschlichen, weil sogar von möglicher »Todesstrafe« für Gecaj die Rede war. Besarta schwieg deshalb bei dem Termin. Für Agostino Cozzio ist das ergangene »skandalöse Urteil ein Schlag ins Gesicht der Angehörigen«. Nach seinen Worten hätte der Geflohene in St. Gallen eine Strafe von »ungefähr 20 Jahren« zu gewärtigen. Die Androhung bei »sexuellen Handlungen mit Kindern« liegt in der Schweiz schon höher als die vier Jahre, die Gecaj in Leskovac für den eingeräumten »Totschlag« kassierte.

Die kantonale Polizeizentrale im Klosterhof 12 gleicht einer befestigten Stellung. In der Sicherheitsschleuse hängt das Plakat »Schützen Sie Kinder vor sexuellen Übergriffen«. Blitzblank das Zimmer von Kripochef Bruno Fehr, als erwarte er eine Inventur. Auf dem Schrank akkurat aufgereiht diverse Uniformmützen. Nach seinen Worten ist dieser Mordfall »in unserer Kriminalgeschichte unvergleichlich«, bei 15 Tötungsdelikten seitdem sei ihm nichts Ähnliches begegnet. Durchweg Beziehungstaten, jede für sich grauenhaft, aber doch anders als der monströse Fall Gecaj. Es ist schwer erträglich für Fehr, dass der Todesschütze sich auch noch im Schweizer Fernsehen mit der Aussage produzieren durfte: »Ich bereue es nicht!« und in kosovarischen Medien behauptete: »Jemand, der tötet, weil er die Ehre seiner Familie verteidigen musste, ist kein Mörder.«

Klare Augen, angespanntes Gesicht, schnelle Antworten, ohne zu viel preiszugeben – der Fahnder macht den Eindruck fester Entschlossenheit. Auf unsere Bitte bringt ein Mitarbeiter Gecajs Steckbrief: der Gesuchte en face mit schütterem Haar und unschuldigem Blick. Auf den fiel das Vormundschaftsamt noch herein, als er kurz vor der Katastrophe die Mär auftischte, Lehrer Spirig habe Besarta verführt. Inzwischen ist klar, dass hinter dem 1991 Eingereisten mehr steckte als der zum Schaffen ins Land gekommene Handwerker. Für die Kripo »ein starker Mann in Bezug auf die Wahrnehmung seiner Oberhauptfunktion im Clan«. Ins Visier geraten als Typ, der rasch Impulsen nachgab, laut drohte und durch Gewalt auffiel.

Nach fünf »Vorgängen schwerer Art« mit Kosovo-Albanern ist Fehr ein Kenner des »Kanun«, ihres traditionellen, ungeschriebenen Gewohnheitsrechts. Der Mörder beruft sich auf diese Form der Selbstjustiz, tut so, als hätte er Spirig erschossen, um die Familienehre wiederherzustellen. Das Plakat »Gemeinsam gegen Gewalt« im Rücken, deutet der Polizist den perfiden Plan: »Eliminationsmord aus niedrigen Beweggründen zur Vertuschung schwerer Verbrechen!« Es sollte aussehen, als habe Spirig Schande über die Sippe gebracht, weshalb er ihn in archaischer Blutrache tötete. Er lässt sich zum Lehrer führen, knallt ihn aus kurzer Distanz wie einen Hund ab.

Die brutale Inszenierung – Mann mit Waffe gegen Mann ohne Waffe – war in Wahrheit die Verdeckungstat eines Vergewaltigers. Er wählte nach außen die Verkleidung des sorgenden Papas, an nichts interessiert als am Glück von Tochter und vier Söhnen. Dass er türmte, verrät kalte Planung. Auch deshalb schloss die Kripo Blutrache als Motiv sofort aus. Selbst der Schänder seiner Tochter, habe Gecaj den »Kanun« bloß benutzt, um sich ein Motiv zu geben. In den Kodex passten die Schüsse schon deshalb nicht, weil der Täter floh. »Damit hat er diese Legende verlassen!«

Es gibt kaum Worte für das, was Gecaj seiner Tochter antat. Ihr wahres Martyrium kam im Prozess gegen ihre unter anderem wegen Verletzung der Fürsorge- und Erziehungspflicht zu zwei Jahren Gefängnis verurteilte Mutter Roze heraus. Verbal und emotional von der Frau unterstützt, habe er Besarta »regelmäßig massiv und brutal« geschlagen. »Geboxt, geprügelt, getreten, mit dem Gürtel gewürgt, mit dem Kopf gegen die Wand geschlagen, mit Gegenständen und Geräten traktiert, der am Boden Liegenden Tritte versetzt.« Wegen blauer Flecken trug das Mädchen zum Turnen lange Kleidung, im Sommer Rollkragen. Von Besartas Anhörung war die inzwischen abgeschobene Mutter ausgeschlossen.

Verglichen mit dem autoritären Gecaj personifizierte Lehrer Spirig eine andere Welt: Ein Wuschelkopf, sportiv, lässig, modern, mit Dreitagebart. Besarta vertraute ihm, klagte über den strengen Vater, sagte, sie halte die Situation nicht mehr aus. Spirig wusste um das Unglück ihres Lebens. Das Mädchen war seinen Eltern wie ein Tier unterworfen während dieser Zeit des Weinens und sklavischen Dienens. In der Eiseskälte daheim blieb es ungetröstet von den Brüdern. Vater und Mutter hätten dem Kind das »Gefühl der Wertlosigkeit vermittelt«, es schikaniert, als »überflüssigen Gegenstand« behandelt, »emotional ausgehungert, mehrmals zum Selbstmord aufgefordert«. Eine aktenkundige Geschichte von Entwürdigung und Entehrung; niemand liest sie, ohne vom Entsetzen niedergedrückt zu werden.

Einen Monat vor seinem Tod fand der von Schülern alarmierte Spirig Besarta auf der Steinerbrücke kauernd. Sie wollte sich offensichtlich in die Sitter stürzen, hatte angekündigt, Schluss machen zu wollen. Ihr Lehrer erkannte wohl als Einziger das Gewaltmuster, musste wegen des für ihn tödlichen Geheimnisses sterben, dass Gecaj die eigene Tochter missbrauchte.

Besarta ist heute 17. »Traumatisiert« sei ein zu schwaches Wort für ihre Seelenlage, erzählt der ihr zur Seite gestellte Jurist. Gutachter attestieren »psychische Schäden in Form depressiver Reaktionen mit ausgeprägter Suizidalität«. Das Bezirksgericht St. Gallen hält »für absehbar, dass sie bleibend zu leiden haben wird«. Um Herzweh und die Gespenster von gestern besiegen zu können, musste sie sich erst von ihrer Sippe lossagen. An einem geheimen Ort versucht Besarta, die gestohlene Kindheit zu verarbeiten, in der sie Spiele, Träume, Zuneigung, Zärtlichkeit entbehrte. Schwer genug, sich aus dem Bann des dämonischen Vaters zu lösen, der sie noch mit Waffengewalt zwang, Spirig der Vergewaltigung »an einem bestimmten Tag, zu bestimmter Stunde« zu beschuldigen. In behördlicher Obhut widerrief sie die Falschaussage sofort. Bei ihrer Einbürgerung firmierte Besarta unter Brühlgasse 1, dem Haus des Fürsorgeamtes.

Ihre Bezugsperson berichtet, das Mädchen sei dabei, »eine Normalität im Leben aufzubauen«. Der Anwalt spricht von einer Phase, »in der die Trauer das Bestimmende ist«. Und davon, dass sie »mit Respekt und Bewunderung« von Lehrer Spirig erzähle. In ihrer Abgeschiedenheit wünschte sie sich ein Klassenfoto der 2K, von der Schule via Vormundschaft übermittelt. Dem Advokaten ist noch kein Fall begegnet, der so sein Mitgefühl herausforderte. Vielleicht auch wegen der grausamen Erkenntnis, dass der Preis ihrer Rettung aus trostloser Bestimmung der Tod Paul Spirigs war. Ihnen allen falle es schwer, Besarta nach dem Erlittenen zu stützen, zu begleiten, »ohne dass man die Tränen mitweint, die fließen«.

Draußen im Schulhaus Engelwies beschloss der Konvent, Spirigs am Jahrestag der Ermordung mit einem Lagerfeuer auf dem Hof zu gedenken. Dort sind an der Fassade noch Rußspuren der damals brennenden Kerzen zu sehen. Allen voran hat der Rektor »das Bedürfnis nach einem Zeichen«. Obwohl Prinzing meint, das Drama »als Teil meiner Geschichte« angenommen und mit therapeutischer Hilfe »relativ gut verarbeitet zu haben«, bleibt es schwierig, das Geschehene mit Spirigs Persönlichkeit zu verbinden: ein idealistischer Lehrer, dem eine bestimmte Weichheit anzusehen war, unerschütterlich im Engagement für Integration. Mehr noch, er war stabilisierendes Zentrum bei fast unlösbaren Konflikten wegen unterschiedlicher Wertvorstellungen in einem Haus mit 230 Kindern aus 20 Nationen.

Wie sehr seine 2K auf ihn fixiert war, erfuhr Schulpsychologe Rolf Franke beim Abschlussgespräch mit der Klasse. Nach dem Mord hingen die Schüler durch. Spirig sei über ein Jahr wichtiger für sie gewesen als die eigene Leistung. Nur die Hälfte fand eine Lehrstelle, die anderen meinten, mit Spirig hätten alle eine gefunden. Auf die Frage nach dem eindrücklichsten Erlebnis kam der Hinweis auf Janine Spirig. Die von Traurigkeit schier gelähmte Witwe beschwor nämlich in einem Todesgedicht gleichwohl Toleranz: »Mögen wir trotzdem weiterhin den Mut haben, für Wärme und Menschlichkeit einzustehen.«

Auf die Frage, was bei der Verarbeitung des Schocks gefehlt habe, antworteten manche: »Infos über den Mörder.« Im Engadiner Skilager hätten sie sich gefürchtet, Gecaj könne kommen, fand der Psychologe heraus. Frankes Eindruck: Sie seien bewusster, reifer als Gleichaltrige.

Seit dem Winter der Bitterkeit werden alle in Engelwies von Eindrücken überflutet. Aus dem Sog gibt es kein Entrinnen, die Schatten lauern. Zwei Jahre brauchte es, bis Kollege Piller das Besprechungszimmer 103 wieder betrat, erzählt der Rektor. Piller hatte das reglose Bündel Mensch, den auf dem blauen Boden in seinem Blut liegenden Spirig, im heutigen »Büro der Sozialberatung« gefunden. Prinzing weiß von Lehrern, die »noch hadern mit diesem Schicksal«. »Warum Paul, warum unsere Schule?«, lauten die Fragen. Er hatte frei, war trotzdem zum Gespräch mit seinem Mörder ins Schulhaus gekommen.

Spirig ist sehr gewärtig dort. Der farbenfrohe Verkaufskiosk und die dekorative Schaukel im Foyer sind von ihm. Als hätte es eines Beweises bedurft, dass die Chronik des Abschieds nicht beendet ist, stand bei der Nachricht von Gecajs zwischenzeitlicher Freilassung das Fernsehen wieder vor der Tür. Danach informierte der Polizeikommandant eilends die Lehrer über »die aktuelle Sicherheitslage«.

Mit Gecaj kam der Tod am 11. Januar 1999 gegen 9.30 Uhr. Der Moment dehnt und dehnt sich in ihre Gegenwart. Schulamtsleiter Tony Vinzens zum Beispiel erinnert sich minutenscharf, aus einer Sitzung gerufen worden zu sein. Er musste raus nach Bruggen, um Frau Spirig »die Unglücksmeldung zu überbringen. Die ganze Situation steigt immer wieder in mir hoch.« Ihm sei unter die Haut gegangen, »wie rasch die Gesellschaft destabilisiert werden kann«. Er meint damit die hochemotionale Debatte über den Umgang mit Ausländern. »Der Mord hat unser ganzes Schulsystem erschüttert.« Das Nachbeben halte an. Wenn man so will, ist die Flucht an Runde Tische zum »Interkulturellen Zusammenleben« ein Eingeständnis von Versäumtem, womöglich Schuldbewusstsein im Hinblick auf Spirig und Besarta. Erschreckend wenig kannte man die Welt, aus der das Kind kam.

In Rektor Prinzings Gesicht hat die Tragödie eine sanfte Traurigkeit hinterlassen. Leise schildert der Pädagoge, wie leer und zerschlagen er sich gefühlt habe, zermürbt von Zweifeln am eigenen Tun. Er spürt die Mühe der Vergeblichkeit. Die »Integrationsproblematik ist uns dadurch sehr klar geworden«. Die Debatte über den durch zunehmende Schülergewalt und elterliche Drohungen verfinsterten Alltag hält an. Ein »Helfernetz« für Lehrer wurde geknüpft, der »Krisen-Leitfaden« mit 21 Notfalladressen empfiehlt: »Zögern Sie nicht, die Polizei einzubeziehen.«

Prinzing ließ sich zum »Mediator« ausbilden, studierte Techniken zur Konfliktbewältigung. Gemessen am früheren Idealismus sei er jetzt »vielleicht realistischer«. Elternabende für Neue würden nun »obligatorisch aufgeboten«, Teilnahme ist Pflicht! »In kritischen Fällen« fänden Treffen mit Eltern im Beisein eines weiteren Kollegen statt. Prinzing meint, »der Elan« kehre zurück, auch im Wissen, »dass wir ohne die Eltern unsere Aufgabe nicht zufriedenstellend lösen können«. Zur Unterstützung kam eine Sozialarbeiterin, stationiert im Mordzimmer 103.

Kripochef Fehr meint, ein »Tabu sei aufgebrochen.«. Ein Kommentator urteilte, die »Wegseher und fröhlichen Multikultis« hätten jene im Stich gelassen, »die sich ernsthaft und engagiert mit den vielfältigen Problemen des Zusammenlebens mit Ausländern herumschlugen«. Auf politischer Ebene wurde definiert: Friedliches Zusammenleben verschiedener Kulturen erfordere eine »Leitkultur«, die Menschen aus verschiedenen Kulturen durch »verbindliche Kernwerte« zu einem Gemeinwesen vereine. Wegen des Falls Gecaj verschärfte man die Gesetze, Gewalttätige können fortan leichter aus Familien entfernt werden.

Der Stand der Dinge: Die Schweiz zahlte jene 30 000 Franken »Genugtuung« an Besarta, die laut Urteil eigentlich ihrer Mutter Roze auferlegt waren. Die Mordwaffe wurde »asserviert«, bis ein in der Schweiz gegen ihn ergangenes Urteil rechtskräftig sei. Die für Paul Spirig gepflanzte Eiche kann 300 Jahre alt werden.

(Nach einer regelrechten Justizposse entschied das Oberste Gericht der jungen Republik Kosovo 2009, Gecaj könne doch an die Schweiz ausgeliefert werden. Dann dauerte es ein weiteres Jahr, bis der Flüchtige bei Gjakova – »Die Blutige« – festgenommen wurde. Im September 2010 landete der 52-Jährige in Schweizer Gewahrsam. Kurz vor der Gegenüberstellung mit Tochter Besarta erhängte sich Gecaj im Regionalgefängnis St. Gallen. Ein Richter in eigener Sache – zwölf Jahre nach der Tat.)

Wie lebt ein Mörder?

Er erschlug ein Mädchen und blieb 15 Jahre lang unentdeckt. Als man den Täter verhaftete, entpuppte er sich als netter Mann aus dem Nachbardorf.

Der Mörder ist immer da. Er verfolgt Irene Kreuzer auf Schritt und Tritt.

Ob die Mutter auf die Hauptstraße tritt, an der sie ihre Tochter Annette zum letzten Mal lebend sah – »wir haben uns noch zugewinkt«. Oder ob sie sich daheim in March im Bayerischen Wald unter die farbenfrohen Familienfotos setzt. Die Schnappschüsse sind um das vom Münchner Onkel Fritz geknipste Porträt ihres Kindes gruppiert: »Sehen Sie die schönen Mandelaugen?«

Endlose 15 Jahre lang hatte der Mann kein Gesicht, der Annette Kreuzer am 8. November 1986 auf einem Parkplatz an der B 85 unweit von Patersdorf erschlug. Bis heute lässt der Fall keinen los, der damit zu tun hatte, Angehörige, Richter, Lokalreporter. Erst 2001 fasste die Polizei den Täter nach spektakulärer Fahndung. Jetzt begegnete Mutter Kreuzer dem 38-jährigen Helmut H. im Landgericht Deggendorf – »mich ham die Füße nicht mehr getragen«. Das Urteil »Lebenslänglich« erlöste sie nicht von »Depression und Platzangst« und auch nicht vom Gefühl des eigenen Ausgelöschtseins, das sie samt Familie seit 1986 quält.

Es war noch still in der Früh, die Polizei läutete: »Kreuzer Edmund« steht handgeschrieben auf dem Klingelschild im Parterre. Ihr Mann habe sie gegen acht geweckt. Ob Annette zu Hause sei, hätten die Beamten gefragt, obwohl sie doch die Antwort wussten. Draußen im Gelände hinter der langgezogenen Kurve bei Kilometer 77,5 lag eine grausam zugerichtete Tote, mit zerrissener Strumpfhose, hochgeschobenem Rock, entblößter Scham und Brust, der Schädel durch Hiebe mit einem Holzpflock, einem Schneestecken, zerfetzt und völlig deformiert. Die schwarz-weißen Tatortfotos zeigen die 17-Jährige in ihrem Blut, starr schon, den rechten Arm neben dem Kopf, die Hüfte weggedreht, die Beine eingeknickt im Versuch des schützenden Zusammenkauerns, am Ende des jungen Lebens angekommen. Die Tanzschuhe, der zerknüllte Mantel mit Hahnentrittmuster sind zu erkennen, der Inhalt der Handtasche war zerstreut. Der Anblick lässt keinen Trost.

Ihr Kind habe im »Speicherzimmer« gewohnt. Man sei hinaufgestiegen. Die Geschwister Elke und Martin hätten noch geschlafen. Jetzt seufzt die Mutter und schluckt schwer: »Die Annette hat natürlich net aufgmacht.« Gegen die einsetzende Panik habe sie sich an einen Wunsch geklammert, von dem sie ahnte, er werde unerfüllt bleiben: »Hoffentlich ist es net die Annette.« Die sei mit der Schwester zum Einkaufen verabredet gewesen.

Jählings zog sich in ihr etwas zusammen, ein bestimmtes Reißen setzte ein und blieb. Schmerz zog ein bei den Kreuzers. Bis dahin ein zupackendes Energiebündel mit vier Kindern, kennt sich die Mutter im Unglück selbst nicht mehr wieder, mit dieser Stimme ohne Kraft, mit diesem verletzlichen, abwesenden Blick durch die Brille, dieser Erschöpfung, die eine Erschöpfung der Seele ist. »Ich bin ständig beim Arzt. Jetzt stimmt was mit dem Herz nicht.« Der zum Frührentner gewordene Ehemann sei im Krankenhaus. »Vierter Schlaganfall mit 58. Was soll werden?«

Wie überbelichtet, grell und monströs war dieser 8. November. Nachdem der dämmernde Tag den Schrecken brachte, ist ihr das Vertraute unheimlich geworden. Bei der Fahndung wurden 400 Autos und 500 Personen überprüft, etliche vorübergehend festgenommen, der Täter dennoch nicht gefasst. Die vielen Jahre spürte sie instinktiv, »es muss jemand aus Annettes Bekanntenkreis gewesen sein«. Von Angst umklammert lebten die Kreuzers mit der Furcht, »der kann vom Dorf sein, der sagt dir vielleicht sogar ›Guten Morgen‹.« Im Juli 2001 kam das Foto von H. in der Zeitung: »I hab' sofort 's Heulen angfangen.«

Im Wohnzimmer steht die Stille unerträglich. Der Raum ist überladen mit Kissen, Plüsch, Plastikrosen, Erinnerungen. Als ertrügen die Bewohner keine Veränderung. Was ihr lieb ist, bewahren die gerahmten Bilder an der Wand: Tochter Lydia bei der Hochzeit, die drei Enkel, Familienfeiern, sie alle im Sonntagsstaat, Bild gewordene Momente des Sekundenglücks.

Irene Kreuzer fährt fort. Die Finger gleiten unruhig über den Couchtisch oder greifen gierig nach Zigaretten. So sehr ihre Gedanken um den Mord kreisen und kreisen, sie kehren stets zu dem Punkt ihrer Sehnsucht zurück – Annette. »Wir ham sie nimmer sehn dürfen.« Es sind wenige Minuten zum Dorffriedhof. Man muss am Haus vorbei, eine Lampengirlande hängt auf dem Balkon, weiter die Straße runter Richtung Peter-und-Paul-Kirche. Täglich steht sie am Grab ihrer Zweitältesten, durchleidet den Verlust fort und fort. »Du gehst außi und sprichst mit ihr, wie es geht, was passiert ist.«

In ergreifenden Sätzen kommt sie auf Annettes Geburtstag zu sprechen, »33 wäre sie geworden«. Bei Pfarrer Krottenthaler ließ die Familie »eine Messe aufschreiben«. Die Mutter erfleht zuletzt für sich, sie möge »zur Ruhe kommen. Aber i kann net.«

Sie muss nur an die grüne Flur denken, fünf Kilometer nordwestlich. Dort steht ein von Onkel Günther gezimmertes Marterl in der sanft gewellten Landschaft. Autos preschen vorbei. Kupfrig glänzende Kunstblumen und das mit feinem Goldrand gefasste Porzellanbild der Ermordeten – mittags liegt sonniger Glanz darauf – bezeichnen den Ort, an dem ihr Leben erlosch: 200 Meter vom nächsten Haus, niemand hörte sie schreien. In weißen Lettern steht auf dem Kreuz: »Am 8.11.1986 wurde an dieser Stelle Fräulein Annette Kreuzer aus March im Alter von 17 Jahren brutal ermordet.«

Franz Hackl vom »Viechtacher Bayerwald-Boten« hatte an dem Samstag Dienst. Gegen 7 Uhr holte ihn ein Anruf der Polizei aus dem Bett. Sonnenaufgang 7.18 Uhr. Die Meldung »Tote Person aufgefunden« trieb den Reporter zur Eile.

»Kalt, hell und frostig ist es gewesen, ein schöner Herbstmorgen.« Damals wie heute markiert eine Hinweistafel die Parkbucht. Auf der einen Seite steht: »Grüß Gott im Ferienort Patersdorf«, auf der anderen: »Auf Wiedersehen.« Er zeigt uns, von wo aus er mit seiner Canon die schaurige Szenerie festhielt. »Es hat ausgschaut wie im Schlachthaus.« Im Hintergrund fahles Birkengeäst, in der Senke Annette, ein Polizist beugt sich zum Fotografieren über sie. »5000-mal bestimmt« fuhr der Redakteur später an der Stelle vorbei. »Stets sah ich die nackte Frau vor mir«, wurde er mit dem ungelösten Fall konfrontiert und dachte: »Das nimmt der Täter mit ins Grab!« Die Schlagzeile: »Anhalter-Mord. Zum Tod ins Auto gestiegen« vergilbte. Die grausige Wahrheit war nicht zu ermitteln. Polizisten packten die Asservate, darunter Annettes Kleidung, in Umzugskartons und schrieben »Kreuzer« drauf. An Jahrestagen gedachten sie bald mit gewisser Ratlosigkeit des Rätsels um die Tote. Als man den Täter präsentierte, meinte Hackl: »Mich trifft der Schlag.«

5347 Tage lebte H. mit einem unsichtbaren Brandmal, blieb, wie von der mondlosen Nacht verschluckt, unentdeckt. Ob er schon glaubte, das in vielen Artikeln beschriebene Scheusal habe keine Ähnlichkeit mit ihm? Ein Jahr vor der Verhaftung brachte sich seine Mutter um. Jeder im Landstrich meint nun, sie habe es gewusst und die Last nicht mehr ertragen. »Unsinn«, betont H.s Verteidiger Hartmut Finger.

Sein Mandant habe sich nie offenbart. Das steigert im Rückblick den Horror. Denn nicht nur die Kreuzers verbanden mit dem Peiniger ihrer Tochter das Bild eines Ungeheuers. Als man den Schuldigen hatte, entpuppte er sich als hilfsbereiter Zeitgenosse, Rettungsassistent beim Roten Kreuz, vorsichtig, glatt, unangreifbar.

»Ein ausgezeichneter Vater, mehr als rührig um sein Kind bemüht«, erklärt der Anwalt. Schlussendlich wurde er durch »die späte Rache der Annette Kreuzer« überführt, wie das Gericht sagte. Im Todeskampf blieben (für das bloße Auge unsichtbare) Hautfetzen von H. an ihren Fingernägeln haften. Mit Hilfe eines neuen Verfahrens erstellte man daraus ein DNA-Profil, das fehlende Element, der Link zum Angeklagten. 350 Männer aus der Gegend – sie waren alle zur Tatzeit unterwegs – wurden vorgeladen. Der Täter kam als einer der Ersten zur Speichelprobe in die Polizeiinspektion.

Saal 31, Landgericht Deggendorf, von düsterer Würde wie eine

Aussegnungshalle. Beherrschend das metallene Kruzifix an der Stirnwand. Mutter Kreuzer saß beim Prozess im Mai dem Angeklagten schräg gegenüber, nahm den in sich versunkenen H. ins Visier: Die Mundwinkel heruntergezogen, ratlos und erschreckt, darauf konzentriert, ihr und ihrem Sohn Martin nicht in die Augen zu blicken, so wirkte es.

Sie ertrug es kaum. »Er hat nur in den Tisch reingstiert, dieses Regungslose, wie wenn er kein Gwissen ghabt hätte.« Der gefesselte Angeklagte kam mit Strickjacke, weißem Kragen und auffallend verspielter Krawatte. Vielleicht wollte er damit seiner elf Jahre alten Tochter Corinna ein Zeichen geben, das nur sie versteht. Sofern seine Haltung in diesem äußersten Ausgesetztsein etwas ausdrückte, war es Beschämung. Hier hockte ein vom Davonlaufen vor sich selbst Erschöpfter: Bei der Festnahme räumte H. sofort die Tat ein, bedankte sich per Handschlag bei der Kripo, weil man ihn »wie einen Menschen und nicht wie einen Kriminellen« behandelte. Das seien seine Worte gewesen.

Richter Albert Kufner, 55, formulierte das Urteil, ein erfahrener Jurist von bitterer, auch resignativer Schärfe. Wie sie Menschen überkommt, die zu oft in Abgründe blicken. Und die nur weiter Recht sprechen können, wenn sie abgeschlossene Fälle sofort verdrängen. Im Büro hängt ein großer Spiegel, Kufner kann sich selbst zusehen, eine seltsame Gesprächssituation. Öffentlich möchte der Beisitzer nicht gern in Erscheinung treten, erzählt dann aber doch, ihm sei noch kein dermaßen in sich vermauerter Angeklagter untergekommen. »Er hat praktisch nichts gesagt.« Was hätte er vortragen sollen, der Geständige mit dem letztlich unbeschreiblichen Geheimnis? Dass ihm das Verbrechen die Tage verdunkeln und die Nächte hätte erhellen müssen, so furchtbar wie er auf freiem Feld wütete? Kufner schildert, der Kopf des Opfers sei »derart kaputt geschlagen worden, dass man sich überwinden musste, die Fotos anzusehen«.

Fast der perfekte Mord. 1986 kam die Polizei dem 30 Kilometer entfernt in Fichtenau lebenden H. sehr, sehr nah. Man überprüfte nur das Alibi. Die Soko kaprizierte sich auf einen Ford Granada, den ein Zeuge gesehen haben wollte. H. fuhr aber einen Golf. Dabei hatte er bei sich im Dorf den grünen Hut seines Opfers in den Bach geworfen und übersehen, dass der im Ufergestrüpp hängen blieb. Die Fahnder hätten gedacht, das sei eine zu auffällig gelegte Spur, wird erzählt.

Der Fluss der Zeit. Als sei es gestern gewesen, schildert Annettes Mutter in unverminderter Totenklage: Die Tochter habe Stunden zuvor ihr und »Tante Mariechen« selbst genähte Klamotten vorgeführt. Sie wollte hören: »Bin i schee?« Irene Kreuzer fuhr danach mit dem Bus zum Putzen, hat noch im Ohr, Annette werde sich »Leber mit Erbsen« kochen, »das hat sie zu gern gessen«. Die Träume der Haushaltsschülerin gingen nicht weiter als nach Passau, dort sollte sie nach der Ausbildung bei einer Familie arbeiten. Die schöne Stadt, ihr Tor zur Welt, »Schiffe, Ausflüge, die Häuser«, das Unerfüllte.

Dann machte ihr Mörder den Tod zum Mittelpunkt in Mutter Kreuzers Leben, überantwortete sie einem Dasein in der unendlichen Welt der Trauer. Von der Erinnerung erschöpft, sie findet nicht heraus. Niemand kann den bestürzenden Extremen auf den Grund kommen, geschweige denn einen Sinn geben. Aus ihrer Sicht gibt es keine gerechte Strafe, niemand kann das den Eltern verargen: »Was sind 15 Jahre Haft. Er hat Annette 60 Jahre vom Leben gstohlen.« Verteidiger Finger richtete im Gericht das Wort an sie in der Hoffnung, »dass Sie meinem Mandanten eines Tages vergeben können«. »Niemals«, rief die Mutter, unterdrückte mühsam den Zusatz, der ihr auf der Zunge lag: »Der Teufel soll ihn holen. Der gehört mit der Mistgabel aufgspießt.«

Wer ist er eigentlich, der von seiner Vergangenheit eingeholte H.? Ist er noch der, der er mit 22 sein konnte, »brutal und erbarmungslos«, wie das Gericht urteilte? Äußerlich ist er ein Packen Mannsbild. In der Figur steckt noch der mit Anabolika hochgemästete Bodybuilder von 1986.

Zum wenigen, das er preisgab, gehörte, er habe »wie eine Bohnenstange ausgeschaut«, deshalb Kraftsport betreiben. Er wird als introvertiert geschildert, kein Stenz, sondern mit Problemen bei Mädchen, er sieht nicht so aus, als sei er für Überredungsversuche begabt. Seine Clique frönte einer bestimmten Form von Männlichkeit, protzte mit Muskeln. Eine Ersatzhandlung. Ihr Star war Schwarzenegger, im Kino lief der »Terminator«.

Für die übliche Gockelparade in der Regener Disco »Tanzboden« hatte sich H. Ausgang von seiner neuen Freundin genommen. Die hatte »Frauenabend«. Annette fiel ihm durch ihren bizarren Filzhut auf. Die Mutter hat keine Ahnung, woher er stammte. Ihre Tochter, dunkelhaarig, mit der Statur einer Schwimmerin, war nicht zu übersehen. Der Täter kannte sie »optisch« und vom Hörensagen. Laut Einlassung bei der Polizei dachte er, »dass leicht was geht« bei ihr. Die tödliche Konstellation: Annette hatte Macht über Männer, die wiederum in ihr leichte Beute sahen.

Die Eltern glaubten zu gern, das Mädchen sei bei Bekannten. Annette war aber so frei, bei Liebhabern unterzuschlüpfen. Die Kripo ermittelte erheblich mehr Partner, als man von einem Teenager erwartet hätte. Nicht zuletzt der ältere Herr galt als tatverdächtig, aus dessen Bett sie just kam. H. sah sie im alles zerstörenden Moment um drei Uhr morgens wieder zum »Tanzboden« schlendern. Er schlug vor, sie nach Hause zu fahren, insgeheim hoffte er, »mit ihr noch den Geschlechtsverkehr ausüben zu können«. Keine 15 Minuten später würde Annette am Grünbach sterben.

Der Schlüssel zum folgenden Gewaltexzess mag bei H.s Körperkult zu suchen sein, aufgesetztem Mackertum. Er stemmte Eisen, um mehr zu sein, als er war – ein arg durchschnittlicher Bursche. Der radikale Umbau des ganzen Leibs zeugte von Gefallsucht, enthielt den narzisstischen Wunsch, unwiderstehlich zu sein. Er fand sich toll, wollte die Bestätigung im »Schnacksln«, Beischlaf. Annette wies ihn ab, soll »Schlappschwanz« gesagt haben.

Die weite Sternennacht im Bayerischen Wald verengte sich auf den Innenraum seines Golfs. Sie verengte sich auf sie beide, auf Leben und Tod. Wie besessen war H. auf der Suche nach dem Thrill, den ihm die eigene Freundin nicht gab. Später faselte er von einem »Blackout«, meinte die Kränkung, die Annettes Nein für ihn bedeutete, denn zum Sex kam es nicht. Er rastete aus, sie floh aus dem Wagen, er hinterher, würgte sie mit diesen Fingern, die noch einen

Halt suchten, drosch mit dem Pfosten »mindestens sieben Mal, aber vermutlich wesentlich öfter« auf sie ein. Das Mordwerkzeug, Beweisstück 13, zerbrach. Von Westen näherte sich ein Wagen. H. warf sich auf den Boden. »Als ich wieder zu mir gekommen bin, wusste ich, was passiert war«, schrieb er dem Anwalt.

Er prescht davon. Unterwegs steigt er aus und übergibt sich. Was für ein Nachhausekommen. H. steckt das »blutige Gwand« in die Waschmaschine. Die Schuhe schmeißt er in den Müll. Man kann sich lange ausmalen, wie er dann daliegt, wie der Explosionspunkt wiederkehrt, er Annettes weiches, erstauntes, zerstörtes Gesicht sieht, wie er wartet, in der bohrenden Stille hinaushorcht, auf Schritte, auf die Polizei, auf seine Bekannte. Wie er den Tag verfolgt, an dem man sein Opfer zu Grabe trägt.

Und wie er, als sei nichts gewesen, weiter seine arglose Freundin trifft.

Die Jahre des Schweigens beginnen. Eine Ebene des Seins, auf der er äußerlich seine Persönlichkeit aufrechterhält, in verbissener Unauffälligkeit um die Beherrschung kämpft, das Unsagbare innerlich einfriert: Annette, wie sie von ihm zugerichtet worden war. Bald heiratet H. Seine Raserei hatte auch damit zu tun, dass er eine Strafanzeige von Annette befürchtete. Der Mord rettete seine künftige Ehe. Der Glasbläser taucht ab in sein Eigenheim. Er geht zum Bund, schult zum Sanitäter um, spaltet sein Ich in den Helfer und den Täter auf. »Beladen mit der Todsünde«, versagte sich der Katholik die Teilnahme an der Kommunion. Mord verjährt nicht, auf Verjährung war nicht zu setzen. Wen sah er die vielen Jahre vor sich, den Vater einer Tochter oder den Mörder eines Mädchens, vor sich selbst erschauernd?

2016, frühestens, kann der »Lebenslängliche« einen Antrag zur Strafaussetzung stellen, 30 Jahre nach der Tat. Hätte er gleich gestanden, wäre er heute frei. Seinem couragierten Verteidiger verdankt er gewiss, dass das Gericht trotz »klassischem Verdeckungsmord« von der »Schwere der Schuld« absah. Sonst hätte er als Minimum 20 Jahre Haft bekommen.

Man rechnete ihm das jugendliche Alter an, würdigte, er sei nie wieder straffällig geworden, habe sich gewissermaßen selbst resozialisiert.

Anwalt Finger lässt sonst allzu Persönliches nicht an sich heran. Trotzdem fuhr er nach S. zu H.s Frau und Kind, »es ist wahnsinnig lieb«. Der frühere Richter war bisher mit 20 Tötungsdelikten befasst. Das Urteil sei »gesetzmäßig richtig und alles«. Gleichwohl nennt er es »unbillig«. Unbillig deshalb, weil sein Mandant 15 Jahre »zwar körperlich frei, aber geistig gefangen war«. Er habe »gelitten wie ein Hund«. Bei einem solchen Täter sei es doch mit einer »Vollstreckung von sechs bis acht Jahren Sühne« getan. »Und das geht leider nicht.«

H. sitzt in Straubing. Sein Kind besucht ihn. Bis der Vater wieder frei ist, wird Corinna eine junge Frau sein. Den Mann, der ihr die Annette nahm, hätte Irene Kreuzer gern gefragt, »was er gemacht hätte, wenn das seine Tochter gewesen wäre«. Das Gericht ließ die Frage nicht zu.

Der Anwalt des Bösen

Fritz Steinacker hat sein Leben lang die schlimmsten Naziverbrecher verteidigt. Ist er stolz auf seine Erfolge?

Seit beinah 50 Jahren verteidigt Fritz Steinacker ein Phantom. Am 5. Mai 1962 war es leibhaftig in seiner Kanzlei erschienen, er weiß nicht, wie. Damals kam der frühere SS-Arzt Aribert Heim in die Frankfurter Schumannstraße und hinterlegte im Büro Dr. Laternser & Steinacker eine »Vollmacht«. Heim spukt bis heute im Leben des 87-jährigen Rechtsanwalts herum. Steinacker ist mit dem Untoten alt geworden.

Das muss sie sein: Mit müder Sicherheit fischt Steinacker die Kopie aus einer Handakte, Heims kraftvolles »V« für Vollmacht ist gut zwei Zentimeter hoch. In einer Mischung aus lateinischer und Sütterlinschrift betraute Heim »die Herrn Rechtsanwälte« damit, ihn »sowohl in meinen persönlichen als auch vermögensrechtlichen (einschließlich steuerlichen) Angelegenheiten gleich welcher Art gerichtlich und außergerichtlich zu vertreten« sowie alle »Maßnahmen zu ergreifen, die meinen Interessen dienlich sind«. Das beflissene Schreiben war eine verkappte Fluchtankündigung.

Wer bei Wildfremden mit einem solchen Achtzeiler hereinschneit, hat Beistand bitter nötig. Tatsächlich berichtete der Besucher, gegen ihn laufe ein Ermittlungsverfahren. Zwischen Tür und Angel gebrauchte Heim die seltsame Abschiedsformel, im Übrigen werde er von sich hören lassen. Aus dem Abgang konnte geschlossen werden, dass sich der Mandant einem dräuenden Mordprozess jetzt nicht stellen wolle. Wie sich zeigte, auch nie stellte. Im September 1962 verschwand der Kriegsverbrecher auf Nimmerwiedersehen. Für die Strafverfolger blieb er »unbekannten Aufenthalts«.

Wie lange ihre folgenschwere Begegnung dauerte, wer Heim die Kanzlei empfohlen hatte – Steinacker schüttelt den Kopf. »Ich weiß es nicht.« Vermutlich hatte sich unter den alten SS-Kameraden herumgesprochen, dass bereits der nicht weniger luziferische KZ-Arzt Josef Mengele die Sozietät engagiert hatte. Für ihn war im August 1961 hilfesuchend seine Ehefrau Marta aufgekreuzt, wohnhaft in Zürich-Kloten, Schwimmbadstraße 11: »Marta ohne h«, diktiert Steinacker.

Der Mann, dem die Massenmörder vertrauten, hat immer noch ein Büro im Frankfurter Westend, konventionell bestückt mit augenfällig moosgrüner Chesterfield-Garnitur unter dem Merian-Stich von Frankfurt, dazu Yuccapalme und Tresor. Die der Zeit entrückte Ausstattung passt zum konservativen Outfit des Juristen (graue Hose, dunkler Blazer) und verrät eine Menge über den wohlsituierten Notar a. D. Die Handakte mit Heims Papieren klemmt sich Steinacker unter den Arm, wenn er den Besucher bei stillem Wasser und Gummibärchen im Zimmer allein lässt.

Die Welt kennt Heim unter dem schauderhaften Beinamen »Doktor Tod«. Auf seine Ergreifung ist eine Belohnung von 310 000 Euro ausgesetzt. Unendlich grausam muss er gewesen sein. Im KZ Mauthausen hat er »in einigen hundert Fällen aus niedrigen Beweggründen […] Menschen getötet«, indem er überwiegend jüdischen Opfern Chlormagnesium in die Herzkammer spritzte. Nachzulesen in Haftbefehl 6 Js 176/79, ausgefertigt von der Staatsanwaltschaft Baden-Baden. Heim schnitt KZ-Häftlinge auf, übte aus Langeweile am lebenden Objekt, ergötzte sich am Leiden der Geschächteten, ließ Schädel auskochen und präparieren. Die Ermittler hatten Mühe, seine Unbarmherzigkeit rein sachdienlich zu beschreiben.

Immer wieder schreckten Nachrichten die Öffentlichkeit auf, er sei gesichtet worden: in Brasilien, Chile, Dänemark, Österreich, Spanien. Sein Verteidiger schwieg dazu mit ausdruckslosem Gesicht. Geschützt durch das Anwaltsgeheimnis, behielt Steinacker einen Part im makabren Versteckspiel. Nach Recherchen von ZDF und *New York Times* ist Heim schon im August 1992 gestorben und als Tarik Hussein Farid in Kairo begraben worden.

Auch diese jüngste Enthüllung kann Steinacker nicht aus der Reserve locken. Er habe den Bericht zwar »mit großem Interesse« zur Kenntnis genommen. Doch solange Beweise wie eine DNA-Analyse fehlten, Heims Tod nicht in Form einer amtlichen Sterbeurkunde beglaubigt sei, gelte dessen Vollmacht von 1962 weiter. Dass ihr direkter Draht in den Siebzigern abgerissen sei, man fortan über Heims »generalbevollmächtigte Schwester Herta Barth« in Buchschlag kommunizierte, ändere daran nichts.

Zum Anwalt des Phantoms war ich mit gemischten Gefühlen gereist. Steinacker ist der letzte noch lebende Prominente einer Advokatenriege, die sich in den Mammutverfahren gegen Naziverbrecher einen Namen machte. Ob es im Düsseldorfer Majdanek-Verfahren (von 1975 an) um bis zu 250 000 Ermordete ging oder am Hamburger Landgericht um Viktor Arajs, der 1979 wegen gemeinschaftlichen Mordes an 13 000 Menschen zu lebenslanger Haft verurteilt wurde – seine Mandanten sahen sich mit Schuldvorwürfen konfrontiert, die einem die Haare zu Berge stehen lassen. Kaum ein Prozess, in dem nicht von unfassbaren Gräueln, stechendem Verwesungsgestank und Menschenrauch die Rede sein musste; der Rauch waren Kinder, Frauen, Männer. Hinter Steinacker liegt eine vom Leid anderer überfrachtete Karriere, eine Karriere mit vielen Toten. Viel zu vielen Toten, bei seiner Leidenschaft für das Leben.

Man tut sich schwer mit einer Erklärung, ob die niederschmetternde Thematik ihn gefunden hat – oder er die Thematik für sich entdeckte. Niemand hat Steinacker gezwungen, seine besten Jahre reuelosen Nazis zu widmen und dafür Anfeindungen eines argwöhnischen Umfelds in Kauf zu nehmen. Mancher Kollege lehnte diese Kundschaft aus politischen Gründen generell ab. Andere dachten, das epische Verbrechen des Völkermords sei eher geeignet, den eigenen Ruin zu betreiben. Um dann zu erleben, dass die Kanzlei Dr. Laternser & Steinacker florierte. Albtraumartige Verbrechen üben einen Sog auf Strafverteidiger aus, tragen in befremdlicher Dialektik sogar zu ihrem Ruhm bei. Steinacker ist sichtlich bemüht, die Frage, warum er sich in die allertraurigsten und krudesten Fälle hineinziehen ließ, auf der Ebene des rein Forensischen abzuhandeln: »Das hat sich rumgesprochen, das ist der richtige Mann!« Bald war er eine Koryphäe auf diesem Gebiet, wenngleich eine nicht ganz geheure.

Jahrgang 1921 wie Joseph Beuys, ist Steinacker in den Hitler-Staat hineingewachsen. Kurz vor dem Abitur katapultierte ihn die Fliegerausbildung unter die Krieger. Mit der Befähigung zum Blindflug steuerte er Ju 88 und Heinkel 111, das Hakenkreuz prangte am Höhenruder. Der Bomberpilot der Kampfgeschwader 4 und 55 wurde mehrmals in Stahlgewittern »waidwund geschossen«. Das Alter hat ihn verwittern lassen, aber wem im Januar 1945 für »außergewöhnliche Tapferkeitstaten« der auf der rechten Brust zu tragende Orden des »Deutschen Kreuzes in Gold« verliehen wurde, dem ist Draufgängertum attestiert. Beim Rückzug landete er unsanft auf einer Waldlichtung bei Taufkirchen.

Am liebsten wollte der Oberhesse Medizin studieren. Ihm sei jedoch von den Gerüchen bis zur Ohnmacht übel geworden. Nach den verlorenen Jahren kam er mit Daseinshunger zur Juristerei.

Reporter lieben Zufälle. Wir waren im Büro verabredet. Steinacker lief mir schon auf der Straße über den Weg – die Gelegenheit, ihn unbemerkt zu beobachten: Er kommt aufrechter, energischer, vitaler daher, als zu erwarten ist. Beim Reingehen lässt er dem Jüngeren den Vortritt.

Wem das Verbrechen in allen Erscheinungsformen begegnet ist, der muss davon gezeichnet sein, sollte man meinen. Stattdessen sitzt mir nun ein zarter Herr mit Urlaubsbräune am Glastisch gegenüber. Klein von Statur, lädt er dazu ein, ihn zu unterschätzen. In ihm steckt aber ein Roman. Ein Kopf aus einer anderen Zeit. Wären da nicht die prüfenden Augen über den Tränensäcken, sein Gesichtsausdruck wäre unverbindlich. Bittere Falten ziehen sich von den Nasenflügeln zum Mund. Nicht einfach, das Gespräch zu beginnen. Wir bewundern die blühende Robinie vor dem Fenster. Kaffee wird in bunten Tassen serviert. Herumdrucksend tasten wir uns an Schauplätze und Personen heran, seine Mandanten Heim und Mengele, die 1945 nur ein Herzschlag vom Galgen trennte. In Frankfurt ist es drückend, im Raum wird es frostig.

Er blickt verstohlen auf die Uhr. Immer ein wenig steif in der

Haltung, hat Steinacker die solide Ausstrahlung von Disziplin und Vernunft. Er macht einen angespannten Eindruck, mischt Neugier und Skepsis in wechselnden Anteilen mit pädagogischem Eifer. Sparsame Gesten. Gelegentlich blitzt Verschmitztheit auf. Er ist leicht reizbar wie ein Greis, der sich mit Harthörigkeit gegen unangenehme Einwände abschirmt. Duldsamkeit gehört nicht zu seinen Stärken.

Von der ersten Minute an war klar, es würden Termine werden, aus denen man benommen hinausgeht. Verdankt sich sein Rang als »Fachanwalt für deutsche Vergangenheit« doch Klienten, denen alle Varianten von Gewalt vorgeworfen wurden. Vom Tottreten über das Ersäufen bis zum Hineintreiben von Juden in elektrisch geladene KZ-Zäune. Bewandert in der Topografie des Terrors, könnte Steinacker wie kein Zweiter Auskunft geben über Verstrickungen und Täter, die nur ihm die ganze Wahrheit anvertrauten. In diesem Land, in dieser Zeit existieren immer noch Personen, die auf unheimliche Weise mit dem Holocaust vertraut sind und in beängstigender Erfahrungsnähe ihr Wissen direkt von Hitlers willigen Vollstreckern bezogen. Einer wie Steinacker sollte seine Memoiren schreiben. »Mein Sohn sagt das auch.« Er will nicht ausschließen, dass es dazu kommt.

Den Anwalt hat man auf grob gerasterten Zeitungsfotos Seit' an Seit' mit Obernazis gesehen: Steinacker 1972 fürsorglich im Prozess gegen den ehemaligen SS-Standartenführer Wagner. Ein Verfahren mit 20 000 Seiten Material. Unglaublich, der auf Krücken humpelnde Opa soll Beihelfer »zum Judenmord in 356 624 Fällen« gewesen sein. Steinacker im Prozess gegen die Eichmann-Männer Hunsche und Krumey, Letzterer mit »Lebenslänglich« bestraft, weil er gemeinschaftlich die Tötung von 290 000 Menschen zu verantworten hatte. Steinacker mit soldatischem Scheitel beim Verfahren gegen Heim. Steinacker allgegenwärtig, Steinacker allein gegen alle. In mancher Woche verteidigte er hintereinander in Hof, Ulm, Essen, Frankfurt.

Eine Blutspur durch Europa. Ermordete in Tarnow. Ermordete in Zmigrod, Ermordete in Riga. Die Ermordeten von Tschenstochau nicht zu vergessen. Dort soll sein Klient Fasold an der Tötung von »mindestens 180 jüdischen Zwangsarbeitern« als Mittäter teilgenommen haben: Anklage in Frankfurt, »Die Würde des Menschen ist unantastbar«, stand über dem Gerichtseingang. Steinacker vertrat Alois Dörr, die deutsche Mischung aus Spießigkeit und Fanatismus. Der Bauer und SS-Unterscharführer zwang die Häftlinge des KZ-Außenlagers Helmbrechts auf den »Todesmarsch« in Richtung Böhmen und Mähren. Bald würde der Friede kommen. Aber zu spät für diese Herde Verlorener im Frühling des April 1945. Mindestens 129 Frauen, durchweg Jüdinnen, starben, 49 wurden von ihren Bewachern in malerischen Waldstücken wie »Hirschsuhl« und »Hohe Tanne« umgebracht. Dörr erhielt die Höchststrafe. Nachzulesen auf den Seiten 582 bis 701 der Urteilssammlung »Justiz und NS-Verbrechen«, Band XXXII. Die bald 50 Wälzer mit goldgeprägten Titeln waren meine Lektüre zwischen drei Besuchen bei Steinacker.

Die Datenbank des Forschers Andreas Eichmüller belegt 25 einschlägige Prozesse mit Steinackers Beteiligung. Der Anwalt überfliegt die Liste und moniert: »Das müssen mehr gewesen sein.« Ein grober Querschnitt der Angeschuldigten ergibt als gemeinsames Profil den Vernichtungswillen der Nazis. In den Verfahren stand die Tötung von geschätzt einer Dreiviertelmillion Menschen im Raum.

NS-Verfahren fanden nie das Echo wie Eifersuchtsdramen. Trotz mörderischer Klientel sind für heutige Verhältnisse erstaunlich wenige Äußerungen von Steinacker überliefert. Außerhalb der Gerichte sagte er selten mehr als das Notwendige. Nicht weil er sich für unergiebig hielte. Im Gegenteil. Er wollte seinen Job in Ruhe machen. Nennt man ihn verschlossen, ruft er über den Tisch: »Das höre ich zum ersten Mal!« Der CDUler, eben für 30 Jahre Mitgliedschaft geehrt, machte sich rar, als müsse er Missverständnissen vorbeugen.

Die intimste Annäherung ist eine Würdigung zum 80. Geburtstag des Vorsitzenden der Frankfurter Turn- und Sportgemeinschaft. Das Amt brachte Steinacker einiges gesellschaftliches Ansehen und, kritisch beäugt, das Bundesverdienstkreuz ein. Privat blieb die Rolle des Verteidigers nach seinen Worten unumstritten. Weder mit Sohn Peter, lange Kirchenpräsident von Hessen-Nassau, noch mit der

Gattin habe es einen Dissens gegeben. Seine Frau habe lediglich seufzend wissen wollen: »Wann endet das denn endlich?«

Im Frankfurt der 68er-Jahre, mit seinen Kommunen und Revolutionären Zellen, empfahl es sich, nicht zu viel Publicity um die Verteidigung von Heim, Mengele und ähnlichen Gestalten der Finsternis zu machen. Steinacker galt diesen Kreisen als Reaktionär, ein »Linkenfresser«. Zudem wurde ihm angekreidet, dass er sich im Düsseldorfer Majdanek-Verfahren anno 1975 zur Ablehnung des Gutachters Wolfgang Scheffler verstieg. Die »Besorgnis der Befangenheit« begründete er damit, Scheffler arbeite mit jüdischen Forschern zusammen. Schließlich sei dessen Doktorvater auch Jude. Gemeint war der Politologe Ernst Fraenkel, der vor den Nazis in die USA hatte emigrieren müssen.

Der Autor Heiner Lichtenstein berichtete weiter, danach habe sich »fassungsloses Entsetzen« im Zuschauerraum ausgebreitet. Dass Steinackers Entgleisung zwar haften geblieben ist, aber keinen Aufschrei der Empörung auslöste, belehrte über die geistige Verfassung einer Gesellschaft, die sich angesichts von NS-Prozessen in schuldbeladenes Schweigen flüchtete.

Beim großen Auftritt im Frankfurter Auschwitz-Prozess war Steinacker nicht mehr ganz jung, aber doch nur halb so alt wie heute. Mangels anderer Räumlichkeiten begann die Verhandlung in der »Strafsache gegen Mulka u. a.« 1963 im Plenarsaal des Frankfurter Römers. Steinacker mit seinen damals »paarundvierzig« in erwartungsvollem Ernst, vom Auftrag eingenommen. Runde Wangen, frisch glänzende Robe, überhaupt wie aus dem Ei gepellt. Den rebellischen Haarschopf, längst patriarchisch schlohweiß, makellos arrangiert. Er schrieb mit wie ein Wilder. Die Notizen ergaben 1600 maschinengeschriebene Seiten, erster Beweis der ihm nachgesagten Hartnäckigkeit. Mit ihr hat er den Zeitläufen getrotzt, findet es normal, weiter täglich in der Kanzlei zu sein. Nach einer Krankheitspause beginnt er jetzt wieder mit Tennis.

Die Deutschen pflegten fleißig ihre Schlussstrich-Mentalität, da schlug Steinackers Stunde der Bewährung. Zusammen mit seinem Mentor Hans Laternser vertrat er fünf Angeklagte: eine trostlose

Anordnung von SS-Dienstgraden an kleinen Tischen mit großen Nummern, die den Überblick erleichtern sollten. Wer als Zuschauer gekommen war, um KZ-Peiniger endlich ihren Strafen ausgeliefert zu sehen, stieß auf Biedermänner. Kontur konnten sie nur durch Verbrechen gewinnen. Sie hatten, nachdem sie ihre Gewaltfantasien ausgetobt hatten, die SS-Kluft gegen demokratischen Zwirn und weiße Kragen getauscht. Bei der Rückkehr ins Bürgerliche assistierten Ehefrauen mit Bienenkorbfrisuren. Die Täter tarnten sich mit Unschuldsmienen oder versteckten sich hinter Zeitungen.

Getrieben von leicht zu durchschauender Untertänigkeit, standen die Angeklagten stramm, sobald sie angesprochen wurden. Die Subalternen glaubten nicht an ihre Schuld, sondern an Schicksal. Sie litten an phänomenalem Gedächtnisschwund. Von ihnen zugeordneten Verbrechen wussten sie nichts, als hätte ihr zweites Ich im KZ ein Eigenleben geführt. Lediglich ihre Namen hatten sie sich gemerkt.

Victor Capesius. Lagerapotheker von Auschwitz, mit höchster Finesse vom Duo Laternser/Steinacker verteidigt. Er bestimmte laut Urteil »mindestens 8000 Opfer« zur Vergasung. Nach Dienstplan erhob er sich neben Steinackers abscheulichstem Mandanten Mengele an der Rampe von Birkenau zum Herrn über Leben und Tod. Die Freundlichkeit des SS-Sturmbannführers war noch fürchterlicher als seine Feindschaft. Mit heuchlerischer Ruhe begrüßte Capesius in der Vorhölle Landsleute aus Siebenbürgen, die seinen Beistand erflehten. Man kannte sich aus dem Schwimmbad Schäßburg (Sighisoara). Er überwachte das Einschütten von Zyklon B in die Gaskammer, verfolgte durchs Guckloch das Sterben, bis Stille und Erstarrung eintraten. Nachschub für die eisernen Öfen.

Während die Nachtseite des Dr. Capesius verhandelt wurde, verbarg er die Augen, die das Schlimmste gesehen hatten, hinter einer dunklen Brille. Dank anwaltlicher Kunstgriffe kam er als »Beihelfer« davon; mit neun Jahren Zuchthaus war er ausgesprochen gut bedient. Obwohl er »heimtückisch und grausam« gehandelt und sich »in schamloser Weise« an der Habe Ermordeter bereichert hatte, verneinte die Kammer in einigermaßen verdrehter Logik ein »persönliches Interesse« an der Tötung von Häftlingen. Seiner Frau hatte er die Göppinger Markt-Apotheke überschrieben, in Reutlingen warb ihr Institut für Cosmetologie mit dem Motto »Sei schön durch eine Behandlung bei Capesius«.

1964 ist Steinacker bei der Ortsbesichtigung in Auschwitz dabei. Das Gericht reiste im Monat Dezember, der besonders dazu prädestiniert ist, den von den Deutschen vergifteten Landstrich mit leichenhafter Farbe zu bedecken. Die 28 Häftlingsblocks waren nun keine Planskizze mehr, die lediglich zur Orientierung im Gericht diente, sondern der konkrete Tatort seiner Mandanten. Stellte sich ihr Anwalt unter den winterkahlen Platanen die Deportierten in Fünferreihe vor, mit dem Blick erloschener Hoffnung, der sie bis zum Sterben nicht mehr verlassen würde? An diesem Ort brachte Mengele mit wissendem Lächeln jedem Unglück: Eine Daumenbewegung nach links schickte Menschen ins Gas, eine nach rechts Arbeitsfähige zur kümmerlichen Gnadenfrist ins Lager. Was mag dem Verteidiger so vieler Menschenschinder an den Gleisen durch den Kopf gegangen sein? Darüber erfährt man nichts.

Der Schriftsteller Peter Weiss begleitete die Delegation. Steinacker hat ihn nicht wahrgenommen, trotz rotem Schlips zum blauen Hemd. Weiss' dem Prozess abgelauschtes Theaterstück »Die Ermittlung« har er nie gesehen, obwohl Capesius darin eine Rolle spielt und Verteidiger agieren, die Steinacker verdammt ähnlich sind. Beim nächsten Termin bringe ich den Text mit. Er leiht mir auf meine Bitte ein vergriffenes Auschwitz-Buch.

»Vor Ihrem Capesius hat es mich geekelt!«, muss ich bei unserem nächsten Gespräch loswerden. Der Anwalt antwortet: »Ich habe ihm seine Darstellung damals geglaubt. Können Sie in einen Menschen hineingucken?« Er pflegte freundschaftlichen Umgang mit dem Ehepaar Capesius.

Steinacker war Juniorpartner einer Kanzlei mit der Kernkompetenz für NS-Verfahren. Unterschwellig ist das Verhältnis zum älteren Kollegen Laternser nicht unbelastet durch Rivalität. Steinackers Pendant sprang die Eitelkeit aus allen Knopflöchern. Laternser passte perfekt ins Feindbild der Protestgeneration. Zeugen, die mit den verstörten Gesichtern der Davongekommenen ihre Reise durch die Hölle schilderten, befragte er nicht, er knöpfte sie sich vor: Traumatisierten mit Wunden, die man nicht heilen konnte, im Prozess aufs Neue überwältigt von der nicht verjährten Tragödie, hielt er vor, »kommunistisch indoktriniert«, von »Rachegefühlen« geleitet zu sein. Nicht frei von Gefallsucht gegenüber dem Senior, verfocht auch der ehrgeizige Steinacker »keine Wischiwaschi-Strategie«. Manche Einlassung war fatalerweise so auslegbar, dass sie (ohne seine Billigung) in Pamphleten von Rechtsradikalen auftauchte.

Allen voran ihre Kanzlei wälzte das, was Deutsche im Orden unter dem Totenkopf verbrochen hatten, auf den »Hauptverantwortlichen Hitler« ab und reklamierte mildernden »Befehlsnotstand« für die Täter. Diese simple Erklärung des Unerklärlichen – »Ich war's nicht, Hitler war's«! – leuchtete Ex-Wehrmachtsoffizieren wie Steinacker und Laternser sofort ein. Ihre Verteidigungen glichen Papierschlachten.

Richter erzählen, jeder zu »Lebenslänglich« verurteilte Täter lasse Spuren in ihnen zurück, ja sie fühlten sich als Gefangene ihrer Erinnerung. Fritz Steinacker scheint in seinen Geheimnissen zu ruhen. Außer einem bisweilen verdrießlichen Zug bietet er wenig sichtbare Emotion an, sondern bevorzugt Wendungen, die schon oft gebraucht worden sind: »Die den Mandanten gemachten Vorwürfe belasten einen. Das wird immer so bleiben. Fallen ihre Namen, kommen die Bilder wieder hervor!«

Steinacker zieht sich gern auf sicheres Terrain zurück, nimmt Deckung hinter dem Gesetzbuch. Der Fachjargon dient dem Selbstschutz, kann inneren Nöten wehren und hinter Formelhaftem die schaurigen Details verbergen. Seine Tätertypologie gipfelt in dem Allerweltssatz »Das waren Menschen wie du und ich!«, der abgedroschen klingt, aber genauso bedeuten kann, dass jeder das radikal Böse in sich trägt.

Im Gespräch legt er Wert auf eine bizarre Feststellung: »Meiner Erinnerung nach habe ich keinen Angeklagten vertreten, der persönlich mit Pistole oder Gewehr einen Menschen umgebracht hat.« Das mussten die Experten für die »Endlösung der Judenfrage«

auch nicht: Heim und Mengele praktizierten ihre speziellen Killermethoden.

Mengele, einen Mediziner von kosmischer Kälte, der kartonweise Augäpfel getöteter Kinder nach Berlin gesandt hatte, vertrat er in »zwei Verfahren ohne ihn, den Herrn Mengele«. Steinacker stritt um dessen Titel als Dr. med. und Dr. phil. Deren Aberkennung durch die Universitäten Frankfurt und München traf den dünkelhaften KZ-Arzt schwer. »Herrn Mengeles Aufenthaltsorte kannte ich nicht. Mit ihm habe ich weder gesprochen noch ihn je gesehen.« Und trotzdem genoss der dauerhaft von der Bildfläche Verschwundene Steinackers Schutz. »Wenn Sie mich so fragen, mein Honorar ist wahrscheinlich von der Günzburger Firma Mengele bezahlt worden.«

Sein Engagement für Heim sollte sich als desaströs erweisen und brachte ihn in heftige Begründungsnot. Ende der Sechziger- und Anfang der Siebzigerjahre hat er jeweils zwei, drei Tage in der Anonymität von Kairo seine gefährliche Nähe gesucht. Thema bei ihren Begegnungen war das anhängige Mordverfahren. Steinacker hat dann ein paarmal zu oft auf den diskreten Charakter ihrer Beziehungen hingewiesen, ein paarmal zu oft damit kokettiert, Heim sei wie Mengele, »der ist auch vorhanden und nicht vorhanden!« Das kam dem *Spiegel* so vor, als spräche ein »Medium« des Geflüchteten. Beschützerisch hat Steinacker als sein Beistand kommentiert, man könne es Heim nicht übel nehmen, dass er sich dem Haftbefehl entziehe. Seinetwegen handelte Steinacker sich (im Sande verlaufene) Strafanzeigen ein. Hochnotpeinlich für den Ehrenrichter der Rechtsanwaltskammer, der es mit den Standesregeln bei anderen immer ganz genau nahm.

Steinacker ist Jurist. Juristen sind Pragmatiker, das beantwortet die Frage nach der Moral. Mitwisser von Schuld zu sein und Parteilichkeit gehören zum Wesen des Berufes. Insoweit war ihm schlecht vorzuwerfen, dass er einen Teuflischen in Statements verteidigte, die eben die eines Verteidigers sind: Heim habe »jede Misshandlung oder gar Tötung von Häftlingen« bestritten. Er wäre kein Advokat seiner Klasse, wäre nicht wie aus der Pistole geschossen gekommen: Die Vorwürfe stünden »auf geduldigem Papier«. Mit stupender Ruhe trennt er bis zum Beweis des Gegenteils die Paragrafen von der Schuld, den gnadenlosen »Doktor Tod« vom einnehmenden Doktor Heim, der einst in der Kanzlei anklopfte.

Der Anwalt erweckt nicht den Eindruck, dass ihm das Skandalöse des Heim-Komplexes voll bewusst ist. Der weltweit Gesuchte machte die Zielfahnder zum Gespött, derweil mehrte er in der Bundesrepublik sein Geld: Mieteinnahmen, Wertpapiere, er galt als Millionär. Damit das Monetäre seine rechte Ordnung hatte, pflegte Steinacker Heims Steuererklärungen einzureichen. Zum Nachweis seiner Existenz brachte er Heims Stimme auf Tonband bei. Der muss Steinackers Loyalität blind vertraut haben. Man wüsste gern, was der Kitt ihres Vertrauens gewesen ist.

Es muss einen Grund gegeben haben, warum die Kriegsverbrecher ausgerechnet ihn für geeignet hielten, sie gegebenenfalls vor dem unausweichlichen »Lebenslänglich« zu bewahren. Warum mancher die letzte Chance auf Freispruch mit Steinacker verband, ist dem Veteran in jeder Sekunde anzuspüren. Sein konzilianter Ton kann jäh in resistente Härte umschlagen, mindestens die Härte von Palisanderholz. Beruflich hatte er Pflichterfüllung über Gefühle zu stellen. Steinacker gilt als Aktenfresser mit legendärem Faktengedächtnis. Wenige konnten für Schuldiggewordene unnachgiebiger streiten als der Meister juristischer Spitzfindigkeiten. Wehe, sein Späherblick bohrte sich missbilligend in Prozessgegner.

Staatsanwälte suchten in den Angeklagten tief verwurzelten Antisemitismus, Verblendung, schiere Mordlust, die Paranoia der Zeit. Steinacker fand im Monströsen die juristische Herausforderung. Dank gerichtsnotorischer Zähigkeit war er überaus erfolgreich, das lässt sich nicht leugnen. Bitterer Lorbeer sozusagen, der den Tätern, nicht aber den Opfern Genugtuung verschaffen konnte. Doch sind das kaum Erfolge, mit denen man sich brüstet. Recht und Gerechtigkeit sind zweierlei. Steinacker ist selbst Zeitzeuge einer Periode, in der die Bundesrepublik daran scheiterte, die NS-Verbrechen juristisch zu bewältigen.

Wir hatten unser Gespräch mit dem Fall Heim begonnen. Eine

mühsame Verständigung über Raum und Zeit hinweg. Es war fast unheimlich, aber wie im Entwicklerbad tauchte allmählich ein NS-Scherge nach dem anderen auf. Unwirklich, draußen ging die Bankenstadt ihren Geschäften nach, wir saßen in einer gediegenen Bibliothek, gingen die Namen von Hitlers Schreckensmännern durch. Der Kontrast konnte nicht krasser sein. Fast meinte man, nach diesen Begegnungen müsste Steinacker auf der Netzhaut des Auges noch die Bilder Hunderttausender Opfer haben.

Im September 1941 war er, keine 20, zur weiteren Fliegerausbildung in Finsterwalde. Sein späterer Mandant Adolf Janssen diente beim Sonderkommando 4a. SS-Obersturmführer, groß, schlank, sehr blond. Nach dem Urteil des Landgerichts Darmstadt unter anderem bei der Exekution von 33 771 jüdischen Bürgern dabei, alle unweit des Friedhofs in der Schlucht von Babij Jar (Kiew) hingerichtet. Bei Ankunft der Frauen und Männer ist die Luft mit Mordlust geladen. Ihre panischen Blicke tasten das Gelände nach einem Ausweg ab. Sie sind umzingelt. Schützen warten schon im sandigen Grund. Mit dem Gesicht nach unten müssen sich die Wehrlosen auf die bereits Getöteten legen.

Die Landschaft nach der Schlacht, ein Tal der Tränen. Nackte Körper im Vordergrund, übereinander, nebeneinander, wie Holzscheite stapeln sie sich im Massengrab. Die Fotos schnüren einem die Kehle zu. Als im schwindenden Licht das barbarische Ritual vollendet ist, lässt Janssen das Zusprengen des Tatorts vorbereiten, um Spuren zu beseitigen. Sein Beitrag zum Massaker nach gerichtlicher Feststellung: Erde auf die Toten, Erde auf die nicht tödlich getroffenen Lebenden. 33 771 Opfer kann man zählen, jedoch nicht unter einem Leichentuch verstecken. Bald hebt und senkt sich der Boden blubbernd unter den freigesetzten Gasen.

Manche Geschichte verliert ihren Schrecken, je öfter sie erzählt wird. Diese wird immer grauenvoller. Über dem Blutbad liegt ein durch keine Zeit zu löschender Wahn. Man möchte für ausgeschlossen halten, dass die Täter je aus dem Labyrinth der Verstrickung zurückkehren konnten. Doch die Mörder lebten unter uns, im sicheren Versteck des Alltags. Auf die Gewaltkarriere folgte beruflicher

Aufstieg. Der Staatsanwalt stöberte Bankdirektor Janssen, Fachgebiet Beleihungen, im gepflegten Taunus-Zuhause auf.

Janssen musste wegen »Beihilfe zum Mord« für elf Jahre ins Gefängnis. Auf den Richter, der seine Schuld verkündete, machte er einen beinah ungerührten Eindruck. Steinacker erinnert sich an ihn als »hochintelligent«. Nach der Freilassung hielten sie Kontakt. Seines Wissens sei er verstorben. Die Telefonnummer überdauert im schwarzen Adressbüchlein von antiquarischem Wert: »06081/ 50 54«, 06081 für Usingen.

Steinackers Mandant Rolf-Joachim Buchs lehrte Staatskunde an der Landespolizeischule Dasseldorf, bis endlich Anklage gegen ihn erhoben wurde. Glattes Gesicht, SS-Rune am Kragenspiegel, unter dem Sternzeichen Jungfrau geboren, Angehöriger des Polizeibataillons 309. Kein Rassenfanatiker. Buchs fürchtete bloß den Makel der Weichheit.

Am 27. Juni 1941 war es heiß in Białystok. An dem Freitag sperrten die Deutschen dort 700 jüdische Bürger in ihrer Synagoge ein. Kompaniechef Buchs erkannte laut dem Wuppertaler Landgericht »die Sachlage voll und ganz«. Die Sachlage war das Verbrennen der Eingesperrten bei lebendigem Leib. Er wartete, bis Brandbeschleuniger in das Bethaus gebracht worden war. Er wartete, bis drinnen das Wehklagen verstummte, er wartete, bis der sich hochschaukelnde Pogrom mit dem infernalischen Tod endete. Er wartete, bis schwere Qualmwolken über der Ruine waberten. Obwohl er wusste, zu welchem Tod diese Menschen verdammt waren, griff Buchs erst dann ein. Sein Befehl hätte, so das Urteil, dem Morden Einhalt gebieten können. Stattdessen kratzte man zusammengebackene Mumien vom Boden.

Die Wahrheit des Augenblicks: Geblendet von der Aussicht auf Beförderung, verpasst Buchs die Chance, ein Mensch zu sein. Das Gericht stufte ihn als »Mittäter« beim Mord ein. Steinacker ging in Revision. Die verkürzte das »Lebenslänglich« auf vier Jahre Haft, zur Bewährung ausgesetzt. Die Lokalzeitung titelte: »Schuldig, aber frei!«

Fritz Steinacker verstand sein Handwerk. So gut, dass einige der erfochtenen Urteile im Ausland Proteste hervorriefen und ihm Gegnerschaft bis hin zu anonymen Drohungen eintrugen: »Dich bringen wir auch noch um.« Dem wegen gemeinschaftlichen Mordes zu »Lebenslänglich« verurteilten SS-Obersturmführer Strippel erstritt er 121 500 Mark Entschädigung für zu Unrecht verbüßte Haft. Ein Siegerlächeln huscht bei der Erwähnung über sein Gesicht. »Das war rechtsstaatlich geboten.« Strippel kaufte eine Wohnung in Frankfurt. 1987 stellte die Staatsanwaltschaft das nächste Verfahren gegen den gefürchteten Rapportführer im KZ Buchenwald »aus Gesundheitsgründen« ein. Ihm war die Beteiligung an der Erhängung von 20 jüdischen Kindern in Hamburg vorgeworfen worden.

Von den NS-lastigen Mandaten schlossen Steinackers Kritiker nicht bloß auf Tüchtigkeit, sondern auch auf Gesinnung. Ohne Affinität zur Szene spezialisiere sich niemand auf solche Leute, raunten sie. Insbesondere Heim und Mengele brachten ihm den Ruf ein, »mit dem Satan« zu paktieren. Das Gemunkel hing auch mit seiner NSDAP-Mitgliedschaft zusammen. Der 17-jährige Fritz war gemeinsam mit Kameraden aus der Friedberger »HJ-Gefolgschaft Burg« eingetreten, laut der im Bundesarchiv liegenden Gaukartei war er Parteigenosse 7 125 239. Aufnahmedatum 1. September 1939. Steinacker sagte, es sei 1943 gewesen.

Dass man ihn flugs dem rechten Lager zuschlug, ist für Steinacker starker Tobak. Selbst rechnet er sich, ohne mit der Wimper zu zucken, zum liberalen Flügel seiner CDU. Wer ihm Überidentifikation mit Altnazis vorwirft, lernt seine Kämpfernatur kennen: Hier geht es um »rechtsstaatliche Überprüfung von Vorwürfen, mit Sympathisantentum hat das nichts zu tun«. Basta! »In eine rechte Ecke gedrängt zu werden, muss ich ertragen.« Schulterzuckend trotzt er der Nachrede, klingt aber gekränkt.

An seiner mit den schlimmsten Verbrechern verwobenen Lebensgeschichte ist mir am Ende manches schleierhaft geblieben. Schwere Schatten lasten auf Steinackers Mandaten, sein wiederholter Hinweis »Jeder, auch der Mörder, hat Anspruch darauf, dass er vor Gericht ordentlich vertreten wird!« kann sie nicht vertreiben. Der innere Konflikt ist nicht aufzulösen, doch muss man hoffen, dass

Steinackers Mitfühlen den Opfern seiner Klienten gilt, Klienten, die der Anwalt blendend verteidigte. Mit fast 88 gehört er nicht zur »Generation der Selbsterforschung«. Da fängt niemand mehr an, sich anderen, wie sagt man, »zu öffnen«. Würde man nicht erwarten, dass er am Ende die eigene Profession verflucht und den Satz hinterherschickt, der Mensch sei in seiner Grausamkeit am kreativsten? Der zeitgleich mit den NS-Verfahren angetretene Vereinsvorsitz war wohl auch eine Flucht aus lähmender Schwermut in ein Gemeinschaftsgefühl.

Die Erwägung, wie ein Einzelner die abgrundtief traurige Vertrautheit mit den Peinigern überhaupt ertragen konnte, muss man ihm nicht aufnötigen. Die Erinnerung pocht noch schwer genug gegen die Stirn. Aber im biblischen Alter liegt ein gewisser Trost darin, dass einem manches ins Unscharfe entgleitet. Und man kann sich nicht jeden Tag das unlösbare Rätsel stellen, warum der Mensch dem Menschen ein Tier ist. Von leiser Melancholie erfüllt, wirkt er versöhnt mit sich und dem, was er glaubte tun zu müssen.

Herr Steinacker, Neues vom Phantom? Bei Doktor Heim laufe sein Auftrag, »bis die Entscheidung gefallen ist, dass er nicht mehr lebt«. Treu bis in den Tod. Der Anwalt hat fast alle Mandanten überlebt.

Der Türspion

Als Schlosser besorgte der Westberliner Stasi-IM »Genua« Schlüssel für seine Auftraggeber, öffnete Wohnungen und Polizeiwachen. Wie lebt er heute damit?

Nie hätte ich mich draußen vor dem »Café Kranzler« verabreden sollen. Eisiger Ostwind am Ku'damm, wer nicht aus der Kälte kam, war der Ex-Spion, den ich porträtieren will. Er hatte Gründe fernzubleiben. Ich hatte mich durch die Stasi-Akte des IM »Genua« gekämpft, 1693 Seiten, keine schmeichelt seinem Charakter. Gerade als ich gehen wollte, kreuzte eine Frau mit Begleiter auf. Sie habe mir was auszurichten: »Lassen Sie den Mann in Ruhe!« Sprach's und drückte mir einen Wisch mit der Adresse seines Anwalts in die Hand.

Anscheinend war ich in die Fortsetzung eines Agententhrillers geraten. Mir hätte klar sein müssen, dass er jemanden vorschieben würde. Am Handy hatte »Genua« gejammert: »Ich bin ein alter Knochen. Warum wollen Sie ausgerechnet über mich schreiben?« Das Muster kannte ich. Dahinter lauerte die Frage, warum ich mir keinen anderen von den 12 000 Inoffiziellen Mitarbeitern, IMs, der DDR-Staatssicherheit herauspickte. Die Antwort ist denkbar einfach. Wenige Vorgänge aus dem unterwanderten Berlin entlarven die Stasi so wie der exemplarische, im harten Kern jedoch einzigartige Fall: Er verscherbelte sensible Schlüssel nach drüben. Er war der Türspion.

Zu meiner Verblüffung ist sein Anwalt eine Westberliner Institution. Beim Gespräch in der Kanzlei ist der Wachsamkeit des Juristen eine sanfte Melancholie beigemischt, die in dem Job nicht ausbleibt. Er hat viel Übung darin, mit schwäbischem Zungenschlag gute

Worte für Klienten zu finden. An der Wand hängt eine Zeichnung des Erpressers »Dagobert«, neben ihm der Advokat mit schlohweißem Haarkranz. Nach der Wende stand er Erich Honecker bei.

»Genua«, berlinerisch »Jenua«, trägt eine grüne Strickjacke mit Zackenrand. Der ältere Herr soll Deals für die Stasi gefingert haben? Er ist steif und käsig wie aus dem Wachsfigurenkabinett. Die verschafften Hände führen zittrig die Tasse zum Mund. Man mag kaum glauben, wie behutsam der Schlosser mit Metallstiften in Schlüsselkanälen stocherte und ihr Inneres ergründete. Das ganze Gebaren ist das eines gedemütigten Menschen, der mit der Vergangenheit hadert.

Man entschuldige das Wortspiel, aber der traurige Spion gehört unbedingt in einen Schlüsselroman über die Stasi. Die taxierte IM-Kandidaten mit den Augen von Jägern, die auf leichte Beute lauern. Ich war darauf aus, seine Verstrickungsgeschichte von ihm selbst zu hören, die Geschichte von einem Schrauber, der ihr williges Werkzeug, aber auch ihr Opfer wurde, das immerhin muss man ihm zugutehalten.

Der Handwerker ist eine echte Type mit Berliner Schnauze. Im Wechsel zwischen Rage und Zerknirschung kann er einen mit seinem rauen Charme sogar für sich einnehmen. Mit diesem ertappten Gesicht und der fast befangen machenden Schutzlosigkeit, die von Personen ausgeht, die sich selbst in die Bredouille brachten. Ganz zu schweigen würde ihn auf die Rolle des Bösewichts festlegen, die er loswerden will. Jetzt redet er sich wenigstens das eine oder andere von der Seele. Die Fakten sind eh, wie sie sind, komprimiert in der von Führungsoffizier Rainer Lüer im Juni 1989 mit der Plombierzangennummer 1730 versiegelten Akte. Darin Treffberichte, Aufstellungen »über ausgezahlte Beträge und geleistete Sachwerte«, schmutzige Details in abgegriffenen Heftern des VEB Organisation-Technik Eisenberg. Das Publikum hat gelernt, solche Dossiers wie historische Schmöker zu lesen. Die Wahrheit hat nichts von ihrer Brisanz verloren. »Stasi« ist das aggressivste Wort der Wiedervereinigung.

Eine Unterredung im beruhigenden Ambiente schöner Kunst,

trotzdem mit diesen unangenehmen Pausen, die alles sagen. Mein Gegenüber gibt sich geläutert: »Ich schäme mich«, flüchtet sich aber in Wehleidigkeit: »Ich habe gesundheitliche Probleme.« »Man ist so krank wie seine Geheimnisse«, behauptet Philip Roth. Wie viele Zuträger war der IM irgendwann, irgendwie in die Sache hineingerutscht und wollte die schnelle Mark mitnehmen. Wie andere Glücksritter erlag er dem Trugschluss, er habe alles unter Kontrolle.

Aparter Zufall, die Kanzlei liegt unweit des Hotels »Savoy«. Im Herbst 1979 hatte der IM gen Osten vermeldet: »Anbei Schließplanentwurf und Funktionsbeschreibung für die Schließanlage Savoy Hotel. Gruß Genua.« Bald folgt die elektrisierende Vollzugsmeldung: »Duplikate vom Generalhauptschlüssel und Gefahrenschlüssel« besagter Nobelherberge in der Fasanenstraße konnten »zur weiteren operativen Verwendung beschafft werden«! Damit ließen sich in dem Haus, das den Gästen »Diskretion« verspricht, »Haupteingang, Konferenzzimmer, Direktionsbüros sowie alle Hotelzimmer« schließen. Was abgeschlossen werden kann, lässt sich wieder öffnen, die eiserne Regel von Schlossern und Einbrechern. Ein Sechser im Lotto, die Stasi hatte das Savoy als »Treffpunkt des Bundesnachrichtendienstes« im Visier. Am 8. Januar 1980 streicht der IM für seine Dienste ein Stasi-Salär von 3500 D-Mark ein. Nicht das erste und nicht das letzte Mal, dass er Schließtechnik mit allem Drum und Dran in die DDR verscherbelte, die er im Westen zuvor gegen Bezahlung installiert hatte.

Weit mehr als jeder klassische Spionagefall öffnet die Akte »Genua« den Blick auf die verborgene Wirklichkeit der infiltrierten Frontstadt, eine City voller Verschwiegenheiten. Berlin undercover war ein Großversuch der Stasi. Historiker dringen wie Archäologen allmählich zu den Schichten vor, in denen noch manch bittere Sensation lagert. Das jetzt mögliche »Verlinken« des gesammelten Aktenwissens bestätigt in erschreckender Deutlichkeit jene, die in »Horch & Greif« eine nach Art der organisierten Kriminalität agierende Firma sehen. Alles, was als Bande durchgeht, Betrüger, Diebe, Fälscher, Schieber, kam zum Einsatz. Die Stasi bediente sich hemmungslos ihrer Hilfe. Im Protokoll einer Referatsbesprechung steht die Forderung: »Ein System von IM aufbauen, welche in der Unterwelt verankert sind«! Die Handlanger machten sich die Hände schmutzig, wurden verheizt wie »Genua«, der seine geheimdienstliche Agententätigkeit mit 18 Monaten auf Bewährung büßen musste. Analog zur Mafia kamen die meisten Paten ungeschoren davon. Nie wieder hat er von ihnen gehört.

»Genua« war Mitte 30, als er für Mielkes berüchtigte »Hauptabteilung VIII« zu fräsen begann. Im bürgerlichen Leben bis dahin unbescholten, ein rechtschaffener Berliner, würde man sagen. Stand jemand händeringend vor seiner Tür, weil er sich ausgeschlossen hatte, war er mit kundigem »Ich mach das schon« zur Stelle.

Einen von dieser Profession »zu tippen«, zu dingen, hieß, einen Volltreffer zu landen. Geschult an Messing und blankem Stahl, erkennen Experten das Fabrikat eines Schlosses am Schnappen. Das Berufsbild passte unbedingt in die Verratsbranche. Spionage ist eben vorwiegend exakte Handarbeit. »Genuas« Metier bot die perfekte Tarnung. Außerdem war er ein netter Kerl.

Mit ihrem Gespür für Verlierer kriegte die Stasi den Kandidaten denkbar einfach dran. Tastend bewegte sie sich auf ihn zu. Sie wollte sein Know-how. Es dauerte Jahre, bis er realisierte, dass der Geheimdienst mit einem Job am Grenzübergang Dreilinden listig die Bekanntschaft mit ihm einfädelte. Über Funk hatte man ihn zum Öffnen eines Autos gerufen. Der Hilfesuchende ließ sich die Karte des Schlossers geben. Danach kam 1970 der telefonische Lockruf eines »Herrn Brandt«. Der verkaufte ihm die Lüge, beim »Ministerrat der DDR, Sektor Botschaften« tätig zu sein. Wäre der Schlüsselmann befragt worden, er hätte geschworen, der Herr Brandt sei echt gewesen. Sie rekrutierten gern Leute, die ihre Blindheit mit Scharfsinn verwechselten. Ob er Schlüssel liefern könne, »die wir nicht anfertigen können«?

Mielkes Truppe spannte einen desillusionierten Mittelständler vor ihren Karren. Ein Schlosser galt nicht viel, Eisenwaren warfen Pfennigbeträge ab, die Miete stieg, die Steuereintreiber hatten ihn im Schwitzkasten, er fühlte sich deklassiert. Ihm schwante, mit ehrlicher Arbeit allein wird das nix: Det is Berlin, man hört die geplagte

Seele aus ihm sprechen. Sein Politikverdruss spielte der Stasi in die Karten. Nur einer, den sein Los erbitterte, konnte auf ihre fadenscheinige Legende hereinfallen. Der Schlüssel-Bund funktionierte denkbar einfach: Sie zahlten, er schaffte an.

Es herrschte Kalter Krieg. Verfeindete Brüder und Schwestern in Ost und West. In der geteilten Stadt wählten Zeitgenossen wie »Genua« gemeinhin CDU, verteidigten die Freiheit gegen die verabscheute SED, ein sprichwörtliches Bollwerk gegen den Kommunismus. Umso hartnäckiger versuchte die Stasi, »kleine Gewerbetreibende aller Berufsrichtungen« umzudrehen. Mit seinem fragilen Dasein gehörte der IM einem leicht zu lenkenden Typus an – Menschen, die sich durch Verrat für mangelndes Prestige und Unterlegenheitskomplexe entschädigen, eine subtile Form der Rache. Der Agent war naiv. Aber nicht so naiv, dass er keine merkantile Fantasie gehabt hätte. Ein Vermerk hält fest, »Genua« habe die »Bedingung« gestellt, dass er das, was er ihnen verkaufe, »nicht von der Steuer absetzen muss (ohne Rechnung)«! Sie sponserten ihm sogar die 500 D-Mark für eine Hertha-Jahreskarte.

Westberliner hielten sich was auf ihren Instinkt zugute. Sollte er eine Vorahnung gehabt haben, wie windig »Herrn Brandts« Herkunft war, brachte er nicht die Kraft auf, sich zu wehren. Mit den Bemerkungen »Lieber Freund. Weiterhin überall an Zweitschlüsseln Interesse. Wir vergüten Dir alles [...]. Geld für Dich liegt auf der Straße« stifteten sie ihn zum Fehler seines Lebens an, der jede erdenkliche Katastrophe einschloss. »Für mich war jeder Pfennig lebenswichtig«, erklärt »Genua« kleinlaut. Das Wasser stand ihm bis zum Hals, er ließ sich treiben. Beim Aktenstudium kann man nur staunen, wie beiläufig die Einflüsterer ihn ins Unglück stießen.

Hüben war er ein klammer Handwerker, der den Umsatz durch eine Schuh-»Absatzbar« steigern und sich mit einem Kleinbus ein Zubrot verdienen musste. Die da drüben werteten ihn zur Koryphäe auf, schmeichelten ihm durch ihr Interesse, ein lang entbehrtes Gefühl. Clever, wie sie ihn unter dem Deckmantel »Ministerrat der DDR« vereinnahmten und einen schwachen Moment ausnutzten. Er konnte anfangs nicht wissen, für welches Schurkenstück er bestimmt war. Die Stasi-Zentrale fehlte auf dem Stadtplan des VEB Tourist. Seine neuen Bezugspersonen von der »HA VIII« waren abgefeimte Profis, inszenierten »Maßnahmen gegen Einzelpersonen, Gruppen und Einrichtungen« in der BRD. Ihre »Schließtechniker« studierten »Schlüsselangriffskurven« wie Wissenschaftler, machten vor keiner Türe halt. Einstweilen feilten sich die Kader »Genua« zurecht wie er ihnen die Profile.

Auch nicht dumm, bei ihm auf einen Schuss Abenteuerlust zu spekulieren. In seinem freudlosen Einerlei fühlte er sich sportlich herausgefordert. Die DDR-Partner gurkten im Moskwitsch herum. Den Unterlagen zufolge zog er für die Geschäftspartner eine Schau ab, knackte, unbemerkt von Passanten, einen Dacia in zwölf Sekunden und behauptete, beim BMW 732 i brauche er nicht länger als 20. Binnen 40 Minuten fertigte er 24 Schlüssel für VW 1300, BMW 2000 und Mercedes 250. Fantastische Werte unter Genossen, die so etwas auf ihre Jahrespläne hochrechneten. »Genua« verfügte über die Art von zupackender Energie, die ihnen fehlte. Sogar Schlüssel für den Austin/Vauxhall waren ein Klacks. Alles, was vier Räder hatte, sollte durchsucht werden können.

Wie sich herausstellte, legte die Stasi ihn in Gestalt von Hans Kusche herein. Ein Hartgesottener in der Maske des Biedermanns, von Dank für die große Mutter Partei erfüllt, die den Traktoristen zum Akademiker machte. Einer dieser Mini-Mielkes. Er bastelte gern Agentenringe, aufschlussreich sein Faible für fernwehkranke Tarnnamen à la »Genua«. Am Feierabend ging es heim zu Muttern in die Plattenbauidylle am Strausberger Platz.

Dienstgrade wie er waren Führungsoffiziere. Aber mehr noch waren sie Verführungsoffiziere, ihre Überredungskunst hätte Gänsen die Federn abschwatzen können. »Glaube mir!«, stand auf seiner Stirn geschrieben, aber dahinter formte sich der Gedanke: »Für Geld kann ich dir jedes Geheimnis entreißen.« Ängste von IMs an der geheimen Front zerstreuten die Bürohengste mit Geplapper, man könne getrost sein Leben auf sie verpfänden. Ehrlicher klingt ihr gern kolportierter Kantinenwitz: »Spion ist, wer sich schnappen lässt!«

Agenten wollen durch Wände gehen können. Wie sollte das funktionieren? Zum Beispiel durch das »Anlegen eines übersichtlichen Schlüsselarchivs«. Kusche träumt diesen Traum aller Spione. Er befiehlt die »Forcierung der Angelegenheit betreffs Beschaffung aller zugänglichen Schlüssel aus dem Bereich WB« (Westberlin), damit im Bedarfsfall eine »allseitige operative Nutzung möglich ist«. Eine feine Umschreibung für Einbrüche und Bespitzelung. In seiner Lakonie liefert das Dokument das Selbstbild von Größenwahnsinnigen. Das Berlin ihrer Hirngespinste ist ein total transparentes Gebilde mit einem Stadtplan der Häuser, zu denen sie sich Zugang erschleichen könnten. Durchweg gutbürgerliche Adressen.

»Genua« kannte Kusche nur als »Hans«. Am 6. Juni 1975 kungelten sie im Restaurant Budapest in der Karl-Marx-Allee. Vorgeblich kreiste ihr Gespräch um Schlüssel für Depeschentaschen »Made in Hongkong«, eine Order aus dem Ministerflügel. Wichtiger schien, den Treff heimlich zu knipsen. Die Fotos tauchen einen Herrn ohne Aktentasche (»Hans«) an der Seite eines Herrn mit Aktentasche (»Genua«) in Schwarz-Weiß, der eine wie der andere die Unauffälligkeit in Person. Hätte der IM von der Fahne laufen wollen, wäre er durch das Beweisbild erpressbar gewesen.

Peu à peu fügte »Genua« der Westexistenz eine östliche Schattenexistenz hinzu. Die Gespaltenheit der Stadt entsprach seiner eigenen. Hier gab er vor, der zu sein, für den man ihn hielt, da spielte er den Spitzel, zu dem die Stasi ihn laut Gericht 1975 gemacht hatte.

In den Lehrjahren mischen sich seine Transaktionen mit den tragikomischen Elementen einer »Miljöh«-Studie im Schutz der Mauer. Die Firmenreklame am Auto montierte der Grenzgänger beim Seitenwechsel alsbald ab. Unschuldig war er nicht mehr. Sicherheit war sein Beruf, nun ist Gefahr sein Geschäft.

Kusche & Co. hatten ihm diverse Agententricks beigebracht. Beim Ausspionieren sollten Blumen im Arm die Harmlosigkeit unterstreichen. Platzte eine Verabredung, galt: Wiederholung nächster Tag, gleiche Zeit. Der ums Eck an einer Telefonzelle hinterlassene Satz »Grüße aus Genua« sollte signalisieren, der »tote Briefkasten« (TBK) muss geleert werden. »Es geht allen sehr gut« bedeutete, die

Luft ist rein. Klingt nach Agentenkino, das im Allgemeinen mit dem Scheitern der Hauptperson endet.

Im Frühjahr 1976 hatte der IM seine Initiation mit einem besonderen Coup bestanden. Was trotz Anweisung höchster Stellen »den dafür zuständigen Diensteinheiten nicht möglich war«, schaffte »Genua«: Er organisierte »STUV-Sicherheitsschlösser Nr. 4374 G/P« für Postschließfachschränke. Nun kann man rätseln, wessen Briefe die Stasi fortan klaute.

Die »VIII« war unersättlich. Mal verlangte sie »eine Spezial-Codefräsmaschine WASTA-TEX 72 zur Anfertigung von Schlüsseln, ca. 600 kopierte Schlüsselcodeunterlagen mit dazugehöriger Leittabelle, 101 Lehrenschlüssel zur Nachfertigung fast aller geläufiger Kfz-Schlüsseltypen nach Schlüsselnummer«. Mal schleppte er aus dem »NSW«, nichtsozialistischen Wirtschaftsgebiet, unbehelligt 80 Kilo schwere Diamond-Safes ran, feuersicher, metallic anthrazit. Gebraucht wurden 1500 D-Mark teure »Koffer mit Öffnungsbesteck«, Magnetschlösser sowie Alarm-, Rund-, Halb- und Knaufzylinder, mit und ohne Entkoppelung. Hunderte von Posten, Seite um Seite. Übergabe des Schmuggelguts an abgesicherter Stelle im Transitraum beim »Nothalt nach Hinweisschild Ausfahrt Lehnin 1000 m«. Aus Angst vor Verfolgern vor dem Umladen kurzer Stopp auf rumpeliger Zonenstraße am »Sichttreffort zum gegenseitigen Erkennen«.

Mit den von »Genua« still und leise rübergeschafften Stücken (außer der Reihe mal ein Kalender mit Jagdmotiven für den Bereichsleiter) hätte man einen Warenkatalog bestücken können. Das Gericht bezifferte den Wert später auf rund 220 000 D-Mark entsprechend 1,5 Millionen Ostmark. Weit mehr als die nackte Zahl enthüllte das Lob der Schlüsselfetischisten den eigentlichen Zweck der Trophäen, die »in vollem Umfang gegen den Gegner eingesetzt werden« konnten. Die Unterlagen seien »in keinem Fall offiziell zu beschaffen«. Die »wertvolle Quelle« habe bereits »ca. 40 Schlüssel« angefertigt. Man war »alsbald zur Herstellung jeglicher Sicherheitsschlüssel in der Lage«.

Im Stasi-Kosmos fungiert die »VIII« dabei als Lieferant streng abgeschotteter Kader. Deshalb ist kaum zu klären, was im Einzelnen mit den aufgetriebenen Teilen angestellt worden ist. Die Annahme kann nicht falsch sein, dass es einen Schnüffler bei kriminell erworbenen Schlüsseln sofort in den Fingern juckt.

Ende 1978 verbuchte die HA VIII in feiner Perlschrift die Übernahme eines »speziellen Sicherheitsschlüssels« der Westberliner Polizei, »welcher für dienstliche Obliegenheiten im gesamten Territorium verwendet wird: Betätigung aller Verkehrslichtsignaleinrichtungen, Öffnen aller Polizeirufsäulen, Öffnen der Eingangstüren aller Reviere, Öffnen aller Einfahrtstore zu Polizeiparkplätzen«. »Genua« hatte den Schlüssel aller Schlüssel bei einem Ordnungshüter abgekupfert. Fix testeten IMs die Funktionstüchtigkeit bei der Wache Prinzenallee. Noch der demonstrativ sachliche Bericht lässt ihr Triumphgeheul ahnen.

Mit dem Notschlüssel hätte die Stasi im Westen ein heilloses Chaos anrichten, sämtliche Ampeln auf Rot stellen können. In ihrem lächerlichen Hochgefühl ließ die »VIII« sich nicht lumpen, honorierte dem IM diesen »Ausdruck einer absoluten gegenseitigen Vertrauensbasis« mit 800 D-Mark Prämie.

Ihr Partner war ein Kumpeltyp, verbreitete sich redselig über seinen Alltag. Sie wussten über ihn Bescheid, mehr als er selbst: Dass ihn die Werkstatt 80 000 D-Mark gekostet hatte. Dass er für fast 15 000 D-Mark Rohlinge mit dicken und mit dünnen Rippen angeschafft hatte. Dass er seinem Türken 12 D-Mark die Stunde zahlte, acht weniger als den Deutschen. Dass seine krummen Dinger mit ihnen gute, weil vom Finanzamt »unkontrollierbare Einnahmen« waren. Dass er wenig Zeit an der Ladentheke verbrachte, ideal für die raschen Manöver, die sie mit ihm vorhatten.

Familienbande. Unter dem Vorwand, er besuche den Onkel in Bernau, stahl er sich zu Stasi-Terminen. Die gleichfalls im Osten gebliebene Schwiegermutter plagte ihn, wollte oft zur Tochter in den Westen. Der lange Arm der Stasi sorgte dafür, dass sie das durfte, was »weitere Dankbarkeit des IM zur Folge hatte«. »Genua« glaubte an eine fürsorgliche Geste, während die Dunkelmänner ein Netz von Abhängigkeiten spannen, das ihnen Macht über ihn verlieh. Vordergründig scheißfreundlich, observierten die Zyniker, wohin er fuhr.

Schon beinah wieder komisch, ausgerechnet den Überwachern zu beichten, wie gern er in Touristenfallen wie der Disko in der Wisbyer Straße die Puppen tanzen ließ. Bei den Kontrollfreaks schrillten die Alarmglocken, sie fürchteten, er würde sich »dekonspirieren«.

Ehe er sich's versah, verschränkte sich seine Vita mit der von sechs auf ihn angesetzten Offizieren. Dramatisch, wie schnell ihre Hinterlist abfärbte. Beruflich pflegte »Genua« Umgang mit Schupos. Jetzt verkloppte er der Stasi für 500 D-Mark eine Liste mit 28 Personen, deren Wohnungen er im »Beisein der Polizei öffnen musste«. Fast der Gipfel der Schäbigkeit: Der Dienst baggerte gern Gestrandete an, entlockte dem IM Daten von Mietern, deren Türen er für Pfändungen aufschließen musste. So wechselte ein Schlüssel aus der Bernauer Straße die Seiten. Dort lebte ein mit 6000 D-Mark verschuldeter Polizist, für den sich die Stasi brennend interessierte. Oder: Ihr Helfer verkehrte mit dem Einbrecher Rudi. Den soll er der »VIII« als »absolut brauchbar für unsere Arbeit« empfohlen haben. Rudi bekam das Alias »Tresor« verpasst.

Solide und deutsch, der Schlosser arbeitete nach Tarif, verlangte 800 D-Mark für den Schlüssel einer »relevanten Person«, 1000 D-Mark kostete der einer »Persönlichkeit im öffentlichen Leben (Politiker)«, da er »stets ein hohes Maß an Risiko zu tragen hat«. Nachdem er sich für die Stasi ruiniert hat, könnte man meinen, er habe sich weit unter Wert verkauft.

Es läuft wie geschmiert. »Genua« baut in der Goethestraße eine Schließanlage ein. Danach kassiert er drüben 500 D-Mark für den Generalschlüssel, der Haustür und fünf Wohnungen des Objekts öffnete, die Mieterliste im Honorar inbegriffen. Zur Besänftigung seines Gewissens lässt die Stasi »als Anreiz« für einen Schlüssel aus der Bismarckstraße acht Blaue springen. Damit erwirbt sie günstig Zugang zur Wohnung der Bundestagsbediensteten M. Eine Agentin, behauptet die Stasi. Bei Übergabe des »schließtechnischen Materials« ergeht die Maßgabe, die Codenummern müssten herausgeschliffen werden.

Nicht viel anders verfährt »Genua« mit dem Passepartout von Rechtsanwalt Wolfgang Büsch in der Wilmersdorfer Straße, Sprechzeit »wochentags 15–18 Uhr«. Der Innensenator a. D. – pikanterweise trat er einst in der Affäre um den inzwischen als Stasi-Spion enttarnten Todesschützen Karl-Heinz Kurras zurück – mochte gehofft haben, der Schlosser sorge für mehr Sicherheit bei ihm. Stattdessen nimmt der einen Schlüssel für die HA VIII an sich. Stolz wie Bolle prahlen sie damit im Ministerbüro. »Genua« dealt ferner mit dem Zweitschlüssel zur Wohnung einer Mitarbeiterin von CDU-Bürgermeister Lummer, den die Stasi auf dem Kieker hat. Nicht unwichtig die Warnung für potenzielle Stasi-Einbrecher, die Dame lebe mit »zwei sogenannten Edelkatzen«.

Nach der gewöhnlichen Maxime, die da heißt, die Stasi hortet alles, klimpert er im August 1981 mit dem Sicherheitsschlüssel B 21/ O4 77 51/ SP 30. Die Nummer führt zur Grund Kreditbank EG, Volksbank, Eichhorster Weg 93, heute eine Kneipe mit Biergarten. Das Asservat findet sich auf Seite 68 im zweiten Aktenband. Was wurde damit angestellt? Im Februar 1983 besorgt »Genua« das Original mit Sperrprofil zur Wohnung einer in »1000 Berlin 31« lebenden SFB-Redakteurin. Der IM rät zur Vorsicht, der Schlüssel dürfe »auf keinen Fall« in falsche Hände geraten, »da man hier keine Ausrede« habe. Als Anerkennung händigt man ihm 600 D-Mark aus. Dann will die Stasi die »S- und M-Sätze« für Briefkästen, 120 Schlüssel mit Mengenrabatt für 600 statt 840 D-Mark, damit seien »fast alle geläufigen Briefkästen zu öffnen«. »Genua« kommt aus Erlangen mit einem »Meteor«-Schlüssel für den »letzten Briefkasten oben rechts« eines Hauses in der Bamberger Straße zurück. Muss was Wichtiges gewesen sein, man hatte ihn dafür nach Bayern gehetzt.

Endlich der Schlüssel zum Ostberliner ARD-Fernsehstudio. Ein Angestellter, Kennung 499-22/85-K im Stasi-Fotoarchiv, hatte das Ding bei »Genua« bestellt. Der zieht fix eine Kopie. Auf Befehl von oben macht man »vorerst aus Gründen der Sicherheit für den IM« keinen Gebrauch davon.

Aufs Ganze gesehen ist in den langen Jahren der Dusel »Genuas« wichtigster Verbündeter. Niemand kommt ihm auf die Schliche, auch nicht, als er, so die Akte, den Sicherheitsschlüssel zur Hauptverwaltung der Jüdischen Gemeinde in der Joachimsthaler Straße abzwackt. Nur den von ihm angebotenen Generalschlüssel zur Detektei P. verschmäht die »VIII«. »Genua« konnte ja nicht ahnen, dass sich sein Bekannter P. der Stasi als »Selbstanbieter« angedient hatte und durch aktenkundige »Skrupellosigkeit« gefiel.

Im Januar 1990 ging bei der Stasi das Licht aus. Wer hat die in der Akte »Genua« inventarisierten Schlüssel zu Adressen in der Burchardstraße, Kantstraße, Rankestraße, Wundstraße, Wiener Straße mitgehen lassen? Unauffindbar, keine schöne Vorstellung.

Der Agent war weder revolutionär noch radikal. Wer einen Ami-Schlitten Chevrolet Camaro chauffierte, konnte dem Trabi-Land nichts abgewinnen. Er war bloß ein kleiner Schlosser mit großen Sorgen und der Illusion, das lächelnde Stasi-Monster erlöse ihn von der ewigen Misere. Dabei geriet er endgültig auf die Verliererstraße und vergeigte, was er retten wollte: seine Existenz. Mit einer für einschlägige Dossiers paradoxen Sorglosigkeit setzte »Genua« den Klarnamen unter Aufträge und Quittungen über empfangene Zahlungen.

Die Stasi war ein Betrieb für Junkies, gierte ständig nach stärkerem Stoff. Am 1. August 1985 dirigierte man »Genua« in die konspirative Wohnung »Amsterdam«; das Schloss hätte er mit der Nagelfeile geknackt. Es roch nach Gulasch und Rotkohl. Besonders penetrant stank es nach Verrat. Er kannte den Block in der Willi-Bredel-Straße 48, hatte dort Beträge bis 10 000 D-Mark in die Hand gedrückt bekommen. Diesmal ging es um 800 absprachegemäß gewünschte »Schlüsselrohlinge« der besten Fabrikate: »Abus, BKS, Börkey, FAB, Zeiss Ikon, Corona«. Außerdem sollte er »zielstrebig« den Schlüssel des »Zielobjektes Canaria« in der Pestalozzistraße 3 beibringen und die »Möglichkeit einer konspirativen Öffnung« der Wohnung eruieren.

Man saß unter einer fünfflammigen Lampe. Kein schlechtes Versteck für eine Wanze? Die Schrankwand »Carat II« nahm viel Platz weg. Rainer Lüer, der letzte Führungsoffizier, erinnerte den Gast bei Wein und Kaffee an den »Dauerauftrag zur Bereitstellung von Duplikaten zu Wohnungsschlüsseln interessanter Personen« aus Westberlin. Nach dem Motto »Alles in der Welt hat seinen Preis« hob der Punkt »Finanzielle Mittel« die Laune. »400 DM Gehalt Juli 1985«, 500 für den Auftrag »Canaria«, 300 für Arbeitsausfall, 150 für »2 Kodak-Filme und Benzinkosten«. Die Treffkosten von 38,13 Ostmark streckte »Rainer« vor, 78 Pfennige für saure Sahne inklusive.

Der Hauptmann trug Karos wie Nick Knatterton und sah entschieden zu naseweis aus. Nach außen verbindlich, bemaß der falsche Freund den IM nur nach Schlüsseln, beurteilte ihn streng wie ein Bulle: »Genuas Gesamtinformationen trugen einen stark belastenden Charakter über Personen, Objekte und andere Sachverhalte aus dem Operationsgebiet.« Sprich: Er hatte sich strafbar gemacht, saß in der Falle. Sie hatten ihn ausgesucht, um nicht mehr von ihm abzulassen.

Der IM nahm seinen festen Platz im Stasi-Gesamtplan ein. Das Schäbigste ist oft das Magnetische. Hätte er aussteigen können? Nur um den Preis der Entlarvung. Die Situation war ihm entglitten, er war zum Mitmachen verdammt. In »Arbeitsnachweisen« hatte er reichlich Spuren hinterlassen, tauchte in Besucherlisten »konspirativer Wohnungen« auf wie der von einem Witzbold »Palast« getauften Bude im 19. Stock der Hanns-Eisler-Straße 2. Sie führten über jede Schieberei Buch, über jede geköpfte Flasche »SU-Wodka«, rechneten auf Formblatt 29 die »Rückführung von Pfandflaschen« ab. Man kann in dieser bürokratischen Obsession einen Beitrag zum Untergang der DDR sehen. Am 17. April 1989 schließt die Bilanz mit 30,56 Mark Ost für »Speisen und Getränke«.

1981 balancierte der IM mit 150 000 D-Mark Schulden am Rand der Pleite. Die Rettung war ein »ausgehändigter« Stasi-Kredit über 17 000 D-Mark, zinslos, auf Heller und Pfennig zurückbezahlt. Zum Kleingedruckten gehörte die »Bereitschaft, entsprechend seinen Möglichkeiten jeden Auftrag zu realisieren«. Anno '88 half ihm die »VIII« erneut mit 7000 D-Mark »Prämie« und »Gehaltsvorauszahlung« aus der Patsche, verbunden mit dem Gelöbnis »weiterer guter Arbeitsergebnisse«.

Agenten mit finanziellen Motiven sind besser zu führen als Überzeugungstäter. Man kannte sich. Bei so einem geizte die Stasi nicht mit »Drachenfutter«: Zum Geburtstag kaufte man für seine Frau Merci-Schokolade, der IM bekam Rotkäppchen-Sekt statt billigen Zarea aus Rumänien. Zur Hochzeit kam ein »Weingeber« vom HO Kunstgewerbe. Lüer war echt von den Socken, dass sein Agent aus steuerlichen Gründen seine Gattin ein zweites Mal ehelichte, von der er sich aus ebendiesen Gründen vorher hatte scheiden lassen.

Mehr ins Gewicht fielen Boni in Form geldwerter Anerkennungen. So geschehen mit 500 D-Mark für die »sofortige Herstellung von Nachschlüsseln einer Westberliner Institution, welche im Interesse der Sicherheitsbedürfnisse der DDR benötigt wurden«. So geschehen bei jeweils 1000 D-Mark zum 30. Jahrestag der DDR-Gründung und als Prämie für 1988. So geschehen bei den 2000 D-Mark »insbesondere für die […] gegebene Information zu mir bekannt gewordenen Mitgliedern einer kriminell tätigen Menschenhändlerbande in West-Berlin«, gemeint: Fluchthelfer. Das von der Stasi formulierte Bekenntnis ist vergiftet, verrät »Genua« als Verräter. 1989 zeichnet man ihn mit der »Verdienstmedaille« aus. Die 500 D-Mark nimmt er mit, die Medaille verbleibt in der DDR, sagt er. Bei der deprimierenden Sachlage versteht man, warum er dem Leben hinterherweint, da er noch nicht »Genua« gewesen war.

Schon seltsam, die Begegnung mit »Genua«, der sich vor der Vergangenheit verkriechen möchte. Der Mann bleibt ein Rätsel. Hätte er den Stasi-Windbeuteln misstraut wie dem Reporter, wäre ihm viel erspart geblieben. Er sitzt wie auf Kohlen, sehnt sich nach der Süße des Vergessens, während die Anatomie der Stasi präziser und präziser wird. Konkretes steuert er kaum bei, schon gar nicht zum Fall des Jürgen Fuchs. Den 1999 verstorbenen Autor hat die Stasi besonders geschunden. Bis heute ist dem vielleicht begabtesten Lyriker der DDR keine Gerechtigkeit widerfahren; seine Peiniger blieben ungeschoren. »Genua« kundschaftete Fuchs' Wohnsituation im Westen aus. Zwar weihte ihn die »VIII« mit keiner Silbe in die perfide »Zersetzungsmaßnahme« ein. Aber über allem lag Niedertracht. Noch immer hält sich das Gerücht, die Stasi habe ihren »Staatsfeind« beseitigen wollen.

Bericht »zur spezifischen Aufklärung F.« vom 24. Mai 1983. Der

IM wurde für die verdeckte Aktion eingespannt, beschafft zwei Nachschlüssel »zum Betreten des Hauses« am Tempelhofer Damm. Das Kerfin-Schloss stellt »eine gewisse Kompliziertheit dar«. An Fuchs' Tür ein »Weitwinkelspion«, ein »Zeiss-Ikon-Kastenschloss 7 RN« mit Verriegelung, Stahlbeschlag, Bohrschutz, feststehendem Türknauf, Schließzylinder unbekannter Fabrikation: »konspiratives Eindringen« unmöglich. Die massive Bewehrung spricht dafür, dass der Literat mit dem Schlimmsten rechnete. Der IM vermutet Reserveschlüssel in Keller Nr. 69, das Vorhängeschloss »mittels Tastwerkzeug« zu öffnen scheitert.

Das in acht Einsätzen erarbeitete, gleichwohl »sehr wertvolle Ergebnis« landet auf Mielkes Schreibtisch: »Erledigt 25.05.83«. Ende 1987 folgte ein »Bildbericht« mit 16 Aufnahmen. »Genua« testete vor Ort Fuchs' Hausschlüssel. Das Relikt, mit glattem Schaft und DDR-Plastikanhänger für 15 Pfennig, wird fortan in einem Kuvert verwahrt. Der IM erhält gemäß Abrechnung 500 D-Mark.

Dann das wilde Finale. Hals über Kopf bestellt ihn Lüer in den Wendewirren zum Tierpark und schwört, »Genuas« Akte werde vernichtet: »Gegloobt hab ick et ihm nicht.« Am Tag des Mauerfalls hat der IM im Südwesten zu tun, »als vor mir ein Trabi auftauchte«. Er dachte an eine Erscheinung. Es war, als fasse eine kalte Hand nach ihm. Den mit der Stasi verabredeten Alarmanruf »Elke ist schwer erkrankt!« konnte er sich sparen. Der Rest war vorhersehbar, Verhaftung im Geschäft, Urteil.

Er wird durch die Akte überführt, die Lüer zu schreddern versprach: Am Anfang und am Ende hat ihn die Stasi mit einer Lüge hereingelegt.

Der perfekte Mord

23.31 Uhr, Ostermontag 1991. Treuhand-Chef Detlev Rohwedder steht in seinem hell erleuchteten Arbeitszimmer. Aus dem Garten gegenüber fällt ein Schuss. Rohwedder ist sofort tot. Von den Tätern fehlt jede Spur – bis heute.

Das Fernglas des Killers hat die Nummer 2.5 im Beweismittelverzeichnis. Eine Mitarbeiterin des Wiesbadener Bundeskriminalamtes stellt das olivgrüne Gerät auf den Tisch von Büro A 365. Es steckt in einem durchsichtigen Plastikbeutel und trägt die Produktionsziffer 5606.

Durch diesen Feldstecher vom Typ »Ultra« verfolgten Terroristen in der Nacht zum 2. April 1991 jede Bewegung von Treuhand-Chef Detlev Rohwedder. Wie auf einer Guckkastenbühne bewegte sich der Mann, der 8000 ehemalige DDR-Betriebe abwickeln sollte, am Düsseldorfer Kaiser-Friedrich-Ring 71 im beleuchteten Arbeitszimmer. Seine Mörder von der Rote Armee Fraktion (RAF) verschmolzen auf der gegenüberliegenden Straßenseite mit der dunklen Masse von Büschen und Bäumen. Der Topmanager stand im Schlafgewand beim Schreibtisch, von den auf ihn fixierten Augenpaaren ahnte er nichts. Für die Heckenschützen ist er bereits ein toter Mann: Sie mussten nicht ins Schwarze zielen, bloß ins Helle.

Gegen 23.31 Uhr trifft den Familienvater die Kugel durch den Rücken in die Brust. Das Geschoss bohrte sich in 1,50 Meter Höhe links neben der Wirbelsäule in den Körper. Im Protokoll heißt es: »Die Verletzungen führten zum sofortigen Tod.« Ein perfekter Mord. Außer besagtem Fernglas ließen die Attentäter drei Patronenhülsen mit der Bodenprägung FNM 575 zurück, Kaliber 7,62 x 51 Millimeter. Ferner ein königsblaues Handtuch und einen schwarzen Plastikstuhl. Daneben lag der Bekennerbrief mit RAF-Emblem.

»Der Anschlag mit den wenigsten Spuren«, erklärt ein Fahnder. Es brauchte nur ein NATO-Gewehr. Die »Systemspurenlage« spricht für das Modell FAL aus Belgiens »Nationaler Kriegswaffenfabrik«. Laut Katalog ein 4,3 Kilogramm schwerer, 1,05 Meter langer Karabiner mit Revolverknauf. »Robust, zuverlässig, einfach zu handhaben.« Zum Transport blitzschnell in zwei Teile zerlegbar, bequem zu verstecken: »Auspacken, zusammensetzen, peng!« So einfach ist das nach den Worten eines BKA-Kriminaldirektors. Wahrscheinlich stützten die Täter das Gewehr auf dem Möbel ab, hielten kniend auf Rohwedders neun Meter höher gelegenes Fenster im ersten Stock. Der Winkel betrug 9,5 Grad.

Als es krachte, saß Hergard Rohwedder nebenan auf der Bettkante, plauderte mit dem zwei Schritt entfernten Mann. Es patschte, als ob eine Glühbirne geplatzt wäre. Geschockt glaubte die Frau an einen elektrischen Schlag. Sie wollte zu Hilfe eilen, da erwischte sie der zweite Treffer. Die Kugel schrammte an einem Acrylkästchen ab, zertrümmerte ihren linken Ellbogen. Dann der letzte Schuss.

Die Salve aus 63 Meter Entfernung knackte Rohwedders kleine Festung wie nichts. Bei der Distanz braucht es keine Scharfschützen, um dünnes Einscheibenglas zu durchlöchern, einen 1,90-Meter-Riesen zu fällen. Die Reichweite der Waffe beträgt fünf Kilometer. Die sechs zur Polizei aufgeschalteten Notrufanlagen drinnen, die im First montierte Überwachungskamera für draußen, eine mit der Sicherheitszentrale der Hoesch AG verbundene Alarmstation – nutzlose Vorkehrungen im entscheidenden Moment.

Niemand weiß, wie lange die Schattenkrieger die neben dem Kanzler wichtigste Figur des Wiedervereinigungsprozesses zuvor ausgespäht hatten. Als das »Kommando Ulrich Wessel« (ein bei der Stockholmer Botschaftsbesetzung 1975 getöteter Terrorist) Posten stand, begünstigten bedeckter Himmel und abnehmender Mond den Plan. Altmodische Laternen erhellten den Straßenzug auf Höhe von Rheinkilometer 746 kaum. Erst die Polizeischeinwerfer schälten den Tatort aus der Dunkelheit. Zum Leidwesen des Ermittlungsführers gilt noch immer, was ihm angesichts des Modus operandi sofort durch den Kopf ging: »Da werden wir sehr viel Glück haben müssen.«

Kaum dass der Notruf – »Mein Mann ist getötet worden!« – bei der Wache Oberkassel einging, informierte die Nachrichtenführungszentrale Johannes Rau daheim über das Verbrechen. Büroleiter Wettengel läutete bei Bundesinnenminister Wolfgang Schäuble in der Gengenbacher Wohnung an. Am Tag danach schoben Helfer den sechs Monate zuvor durch ein Attentat schwer verletzten CDU-Politiker im Rollstuhl durchs Haus. Bonns Finanzminister Theo Waigel, der Rohwedder überredet hatte, den schwierigsten Job Deutschlands anzunehmen, unterbrach seinen Kurzurlaub. Oft denkt der Politiker an den Toten, wenn er zu Hause die Rollläden herunterlässt. Beim Treuhand-Chef wurden die schweren Klappläden im Erdgeschoss jeweils mit Hilfe des Begleitschutzes geschlossen, sobald er das Haus betrat. Unten war alles dicht, indes ließen sich die oberen Klappläden nicht schließen. Sie gängig zu machen, daran dachte man vorher nicht, zumal gegenüber Rohwedder von einer Gefahr im ersten Stock nie die Rede war. Hätte sich der »Manager des Jahres 1990« doch wenigstens angewöhnen können, auch dort die schweren Vorhänge zuzuziehen, bevor er das Licht anknipste – sonst eine reflexartige Handlung gefährdeter Personen. Drei Abende vor dem Ende erinnerte ein Leibwächter dringlich an diese Vorsichtsregel. Rohwedder rangierte bei der Polizei in Gefährdungsstufe 2, per Dienstvorschrift 100 so definiert: »Ein Anschlag ist nicht auszuschließen.«

Der damalige Generalbundesanwalt Alexander von Stahl sieht in seiner Berliner Wohnung fern. Da wird die Nachricht vom Anschlag eingeblendet: »Der einzige RAF-Mord in meiner Amtszeit.« Er kontaktiert telefonisch den »Staatsanwalt vom Dienst«, lässt erklären, seine Behörde übernehme die Ermittlungen: »Ich meine, dass ich Justizminister Klaus Kinkel verständigte.« Am 11. April berichtet er hinter verschlossenen Türen den Bundestagsausschüssen für Inneres und Recht. Stahls düsterer Vortrag nimmt vorweg, was sich bis heute nicht geändert hat: »Eine sogenannte heiße Spur hat sich noch nicht ergeben.«

In den Sturzbach von 900 Hinweisen floss das öffentliche Entsetzen über die Kälte des Verbrechens ein. Alle Tipps sind bearbeitet, die sechzigköpfige Sonderkommission »Treuhand« längst aufgelöst. Als habe man es mit einem Phantom zu tun, verlief die Fahndung im Sande. Das zurückgelassene Fernglas, Vergrößerung 9 x 63, entpuppte sich als Massenware, seit 1976 von Porst, danach ab 1986 von der japanischen Firma Hoya vertrieben. Recherchen bis nach Asien, ohne dass der Verkäufer, geschweige denn der Käufer gefunden wurde. BKA-Erkenntnis: »Gibt's überall!« Oder das Handtuch mit eingewobener Zierleiste, Beweisstück 2.8 aus der Asservatenkammer. Die mutmaßlich zwei Täter hängten es wie zum Trocknen im Gestrüpp auf. Die Textilie dürfte aus einem Nachbargarten stammen, ebenso der Stuhl, der dem Tatortfoto etwas Surreales gibt. Die Ermittler zersägten ihn in sämtliche Einzelteile.

Und das für Präzision gerühmte FAL-Gewehr, vielleicht am 13. Mai 1984 beim Überfall auf eine Militäranlage im belgischen Vielsalm erbeutet? »Es rostet irgendwo im Depot«, meint ein Fahnder. Die Guerilleros hatten es schon beim Anschlag auf die Bonner US-Botschaft im Februar 1991 benutzt, dreißig Hülsen mit identischen Verfeuerungsspuren sind bislang der einzige Anknüpfungspunkt zu Rohwedder. Ansonsten kann die Bundesanwaltschaft derzeit nur den Orakelspruch aufsagen: »Wir haben einen langen Atem. Mord verjährt nie.«

Wie vom Erdboden verschluckt sind die beiden Männer, die in den Tierheimen Düsseldorf und Neuss Hunde ausleihen wollten. Erfolglos: Die einen geben keine Tiere an Spaziergänger raus, die anderen nur für eine Stunde, was zeitlich nicht zu Rohwedders Haus reicht. Die Beobachtung gilt gleichwohl als »tatrelevant«, seit RAF-Aussteiger verrieten, mit harmlosen Viechern an der Seite hätten sie früher das Bonner Umfeld von Hans-Dietrich Genscher erkundet. Einer der falschen Tierfreunde trug das mittelblonde Haar auffällig zusammengebunden. Die Frisur stach noch einem Zeugen ins Auge, der am 1. April gegen 18.50 Uhr einen Mann mit zwei Frauen auf dem Weg beim Schauplatz sah. Ins Leere führte auch die dort gesicherte Reifenspur. »Wurde von einem Berechtigten verursacht«, steht lapidar in den Akten. Dreimal fiel unweit von Haus 71 ein abgestelltes Motorrad auf. Der Fahrer trug eine viereckige Foto- und Fernglastasche. Das Stuttgarter Kennzeichen war wahrscheinlich gefälscht. Wieder nichts.

Keine Fingerabdrücke, keine Fehler. Da bleibt außer Vermutungen nur noch der Terroristen-Steckbrief von 1991: »Vorsicht Schusswaffen« – sowie acht Namen, darunter Andrea Klump, Friederike Krabbe, Barbara und Horst Meyer. Ein Oberstaatsanwalt räumt ein, man tappe im Dunkeln, wer eigentlich konkret zum harten Kern »der 3. RAF-Generation« gehöre. Die Hinrichtung lasse sich beim jetzigen Erkenntnisstand partout nicht mit einem Gesicht verbinden.

Sechs Jahre nach dem Attentat ist auf dem Düsseldorfer Nordfriedhof Rohwedders Ruhestätte, nahe der Kapelle, von Efeu überwachsen. Der klassizistische Grabstein setzt Patina an. Die Witwe zog auf die andere Rheinseite, mit ihr des Gatten prächtige Bibliothek – ein Museum der Erinnerung, das weiterlebt. Gezeichnet von ihrer Verletzung und durch das Erlebte, mischt sich bei der Verwaltungsrichterin tiefe Traurigkeit mit Erbitterung darüber, wie still es um den Fall »2 BJs 62/91« geworden ist. Neulich meldete sich das BKA und befragte sie zu einer jungen Frau, die damals in der Straße herumgegeistert sei. »Warum erst jetzt?«

Am Standort der Schützen in Flurstück 36 geben bunte Kinderschaukeln der Szenerie eine heitere Note. Auf dem Damm davor bilden großkronige Platanen ein grünes Dach. Bei dieser Belaubung wäre es unmöglich gewesen, Rohwedder einfach abzuknallen. Über dem Fenster, hinter dem er starb, blitzt wie zum Hohn ein rotes Warnlicht im Sonnenschein. Vom Zimmer aus hatte er die mächtigen Pylone der Theodor-Heuss-Brücke mit ihren rot beleuchteten Spitzen im Blick. Davorgelagert die Aue, durch die Jogger hecheln. Liebespaare knutschen auf Bänken. Auf den ersten Blick das alltägliche Leben.

In der Traumlage zu wohnen hieß bis dahin, gesellschaftlich angekommen, mit dem soliden Gefühl der Unantastbarkeit versehen zu sein. Vornehme Architektur betont Haus für Haus den Eindruck von Gediegenheit und Lebensqualität. Und doch sickerte in das von Amts wegen besonders beäugte Quartier klammheimlich Bedrohung ein, was das Drama umso unheimlicher macht; wie immer, wenn der Schrecken in die Idylle einbricht. Alexander von Stahl wundert sich bis heute, dass die RAF dort überhaupt zuschlug: »Ihre Chance lag bestenfalls bei 60 Prozent.« Sonst kalkuliere sie mit 98 Prozent: »Die müssen stark auf den Zufall vertraut haben.« Das erhöht die persönliche Tragik.

Bei aller planmäßigen Abgebrühtheit – in Düsseldorf hatte die RAF mehr Glück als Verstand. Schlampereien und fatale Umstände verschworen sich auf schicksalhafte Weise gegen Rohwedder, öffneten eine Sicherheitslücke, in die das Kommando hineinballerte. Bis unmittelbar zuvor hatten verdeckte Fahnder in der Umgebung »208 Maßnahmen durchgeführt«. Nach dem geheimen »Anti-Terror-Konzept 106« observierten sie seine Routen, kontrollierten Autos und die Kleingärten, in die sich dann die Täter einnisteten. Am Ostermontag fährt die Streife um 15.05, 17.55 und 20.10 Uhr vor – die Stippvisite der Nachtschicht stand an. Der sonst von Wachleuten und Hunden geschützte Nachbar, Ex-Thyssen-Chef Diether Spethmann, weilte in Amerika. Schließlich fanden die Terroristen ihr Opfer in einem Raum ohne schusssicheres Glas. Von dieser Schwachstelle konnten sie nichts wissen.

Am 20. September 1990 kam es im Haus 71 zu einer Besprechung mit der »Kriminalpolizeilichen Beratungsstelle«. Anwesend der bautechnische Experte Fischer, die Polizisten Evers und Möller, von Rohwedders ehemaliger Firma Hoesch die Herren Jacobs, Haneke und Niesen. Die Witwe berichtet, es sei darum gegangen, »das Eindringen in Keller und Erdgeschoss zu verhindern«. Nach dem Attentat beeilte sich Düsseldorfs Innenministerium mit der Darstellung, die Polizei habe dabei empfohlen, »alle Gläser« sollten durchschusshemmend »gemäß DIN 52290, Teil 2« ausgelegt werden. Dem widerspricht Hergard Rohwedder vehement: »Von einer solchen Verglasung im Obergeschoss ist nie die Rede gewesen!« Das Stockwerk sei damals überhaupt nicht inspiziert worden, man habe sich nur unten aufgehalten.

Mag auch der selbstgewisse Lenker der weltgrößten Industrieholding in seiner ganzen Statur nicht der Mann gewesen sein, der sich gern etwas vorschreiben ließ: Insider versichern, der 58-Jährige habe sich von Bodyguards rasch eingeengt gefühlt. Dennoch bleibt schwer nachvollziehbar, warum er der Empfehlung – wenn es sie denn je gab – nicht hätte folgen sollen, die oberen Schotten dicht zu machen. Ohne Zögern wurde das Parterre mit »beschusshemmendem Glas der Klasse C 3« nachgerüstet, der Eingang gepanzert. Der Bau gehörte Hoesch, der Konzern zahlte die Installation. Ein Teilnehmer der Runde vom 20. September betont, er wisse nichts davon, dass die Familie irgendeine Maßnahme abgelehnt hätte: »Aus heutiger Sicht muss man wohl sagen, wir alle sind ziemlich blauäugig an die Sache herangegangen.«

Vielleicht, weil an der herrschaftlichen Adresse nichts unvorstellbarer erscheint als jene Albtraumnacht? In solchem Ambiente ist die Versuchung groß, die Wirklichkeit zu verdrängen, weil es gut ist, wie es ist. Der große Knall schien eine ziemlich abstrakte Möglichkeit, obwohl die Polizei nach Augenschein am 15. Januar 1991 festhielt: »freie Sicht« aus Schrebergärten auf die Hausfront. Und das bei einem Mieter, den der Staatsschutz Berlin »zu den am meisten gefährdeten Personen« des Landes zählte. Der frühere SPD-Staatssekretär hatte mit Luftfahrt und Atomkraft zu tun gehabt, dem »militärisch-industriellen Komplex« im linken Jargon. Auch dies machte ihn nach Angaben eines Top-BKAlers – zusammen mit dem Bankier Alfred Herrhausen – zur »absoluten Nummer eins« in der Rangliste potenzieller Ziele für Terroristen. Das inhaftierte Gruppenmitglied Birgit Hogefeld räumte jetzt in einem Interview ein, in ihren Rohwedder-Diskussionen habe eine Rolle gespielt, »sich stärker als bisher auf reale Bewegungen in der Gesellschaft zu beziehen«.

Zuletzt hatte die RAF spektakuläre Sprengstofffallen gebastelt, Lichtschranken installiert, Kabel verlegt, Opfer mit Hightech getötet. Vielleicht mutet die Gewehrvariante deshalb trivial-anachronistisch an. Zudem ging die Kripo daheim davon aus, »der örtliche Schwerpunkt seiner Gefährdung liege zur Zeit« am Treuhand-Sitz Berlin. Dort hüteten ihn die Kollegen wie den Kanzler. Sie handelten flexibel nach der höchsten Sicherheitsstufe 1, chauffierten ihn im gepanzerten Wagen, immer waren drei Begleiter an seiner Seite. Unter der Woche residierte er im »Grandhotel«, »ein Polizeiposten in bürgerlicher Kleidung« wachte auf dem Flur.

Seit Passanten das Terrain nun mit den Augen der Mörder sondieren, erscheint der Kaiser-Friedrich-Ring plötzlich als idealer Tatort. Die Standortvorteile der bevorzugten Gegend kehren sich bei der Rückschau in Deckung für die Täter um. Die schöne Promenade auf der anderen Straßenseite geht in die Gartenkolonie über, ideale Unterstände für Rohwedders Jäger. Auf dem Fluchtweg zur Autobahn liegt nur eine Ampelkreuzung. Zum Fluss hin herrscht reger Publikumsverkehr durch eine beliebte Gaststätte. Die Ringfahndung begann drei Minuten nach dem Alarm, rein rechnerisch war es den Tätern möglich, trotzdem auf die A 52 zu entwischen. Wahrscheinlich mied das Kommando die Rheinbrücken. Naheliegender, sich in die Büsche zu schlagen, querbeet auf Trampelpfaden, von der Finsternis verschluckt. Dann auf Landstraßen Richtung Meerbusch. Mangels Personal konzentrierte sich die Polizei auf die Hauptrouten, klärte die bei Pendlern beliebten Feldwege nach Nordwest nicht sofort ab. Von da geht's übers Strümper Autobahnkreuz gen Holland. Zum Straßenbahnhalt Luegplatz – Linien 70, 74, 75, 76, 77 – war es nur ein Katzensprung. Fahrgäste wurden anfangs nicht kontrolliert. Reichlich Schlupflöcher für Täter, die abgefeimt genug waren, ihr Opfer in aller Ruhe durchs Fernglas zu betrachten.

Der Name Rohwedder steht am 13. Dezember 1989 erstmals in der »Gefährdungseinschätzung« der Düsseldorfer Polizei. Zellendurchsuchungen bei RAFlern hatten »gewisse Hinweise« ergeben. Am 20. August 1990 steigt er zum Treuhand-Vorsitzenden auf. Nun ist der Nadelstreifensozi eine äußerst öffentliche Person; der Erwählte sprach von der »geradezu furchterregenden Dimension« der Aufgabe. Vom 5. September 1990 datiert ein BKA-Lagebild mit dem Hinweis, aus der Funktion könnten »zusätzliche Gefährdungsaspekte entstehen«. Seit dem 25. Juli 1990 rangiert er in Sicherheitsstufe 2, hat unterwegs Begleitschutz. Am 28. September nimmt die

Polizei »für den Fall einer terroristischen Entführung« Stimm- und Blutproben sowie Fingerabdrücke von ihm. Mitte November erstellt das BKA die Rasterauswertung 221 392, »VS – Nur für den Dienstgebrauch«. Unter dreißig Führungskräften, die als Zielscheiben der »RAF – Kommandoebene« gelten, trägt er die Nummer 5.2.10 und das Stichwort: »Privatisierung von ehemaligen DDR-Unternehmen.« Parallel dazu setzen sich die Terroristen mit der Ankündigung einer neuen »Interventionslinie« unter Zugzwang, bedrohen Wirtschaftsbosse mit »Schnittstellenfunktion« im »imperialen Großdeutschland«. Die Kugel für Rohwedder war geschmiedet.

Ein Frühling des Missvergnügens. Im Osten sind bereits 330 Betriebe mit 100 000 Arbeitsplätzen »abgewickelt«. Mitte März protestieren 70 000 Demonstranten in Leipzig gegen die »Veruntreuungsanstalt«. Metaller Franz Steinkühler tönt vom »Schlachthaus« Treuhand. Die Vereinigungseuphorie kippt in Enttäuschung um, der Missmut konzentriert sich auf die Reizfigur Rohwedder, beschimpft als Prototyp des gemeinen Kapitalisten. Eine Woche vor dem Mord schreibt ein Magazin, er sei zum »bestgehassten Mann unter ostdeutschen Werktätigen« geworden. Die Dämonisierung kulminiert in der Fernsehsendung »Was nun, Herr Rohwedder?«. Überraschungsgast Regine Hildebrandt, Brandenburgs Sozialministerin, lässt sich durch einen Handkuss nicht von ungestümer Kritik abhalten. Rohwedder ist nicht der Typ, dies elegant abzufedern. Gekränkt fährt er der Genossin über den Mund. Seine unnahbare Abwehrhaltung wird als Arroganz ausgelegt.

Die Erregung jener Wochen ist kaum mehr nachzuzeichnen. Frau Rohwedder erzählt von ihrer »Riesenangst« seinerzeit. Sie habe viel geweint, verstört über Stimmungsmache und grauenhafte Drohungen gegen ihren Mann. Tenor: »Hau ab, du Schwein, solange du noch kannst!« Nächtliches Klingeln und Telefonterror hielten sie in Atem. Kam der Gatte aus Berlin heim, versuchte sie ihre Anspannung zu verbergen. Sie sah, wie ihn die Berufung mit Stolz erfüllte. Das Amt passte zum ausgeprägten Ehrgeiz, Pflichtgefühl und Sendungsbewusstsein des gebürtigen Thüringers. Er hatte seine Mission: »Er musste das machen.«

Gründonnerstag. Nach ihrem Empfinden »war was in der Mache«. Gegen 3.20 Uhr Klingeln wie gehabt. Sie ruft die Polizei, bittet um verstärkten Schutz, wird beruhigt mit Hinweisen auf »verdeckte Fahndung«. Am Karfreitag zündet in Berlin »Thomas Münzers wilder Haufen« eine Treuhand-Filiale an. Die förmlich mit Händen zu greifende Zuspitzung bestätigte geheime BKA-Szenarien, in denen es hieß, beim nächsten Anschlag könnten Deutschlandpolitik und Osteuropa »thematisch und personell« ein »mitbestimmender Faktor« sein. Die Sicherheitsbürokratie zog aus richtigen Warnungen falsche Schlüsse, ließ Rohwedder allein, was die RAF als Einladung zur Liquidierung nahm. Die Schüsse bewiesen die Exaktheit der Analysen. Wolfgang Schäuble sprach danach von der Chronik eines angekündigten Todes: »Es war nicht überraschend, dass sich ein Anschlag gegen eine der Hauptfiguren des deutschen Einheitsprozesses gerichtet hat.« Prompt gerieten alte Stasi-Seilschaften ebenfalls unter Verdacht.

Tote reden nicht. Nach dem Mord räumte niemand einen Fehler ein. Mit absurder Logik verteidigte Düsseldorfs Innenminister Herbert Schnoor die Arbeit der Behörden, als hätte ihn die grausame Realität nicht widerlegt. Die Sprachregelung lautete: »Es sollte aber heute noch nachvollziehbar sein, dass die Gefährdung des Bundeskanzlers höher eingeschätzt werden musste als die von Dr. Rohwedder.« Zudem streute man aus, er habe schusssicheres Glas im oberen Stockwerk nicht gewollt, was suggerieren sollte, irgendwie sei er selber schuld. Dabei hätten ob der bösen Vorzeichen sämtliche Alarmglocken schrillen müssen, der Treuhand-Manager nach BKA-Meinung ohne Wenn und Aber in die Schutzkategorie 1 gehört: Niemand auf der Gefährdungsliste war heftiger angefeindet als er. Politisches Gespür, ja gesunder Menschenverstand hätten geboten, ihn rund um die Uhr zu bewachen, mit Posten vor dem Haus. Stattdessen hieß es buchhalterisch, dafür benötige man 15 Beamte. Die Angehörigen sind überzeugt: »Bei hinreichendem Schutz wäre die Tat an diesem Tag so nicht passiert.« Schnoor sei mitschuldig am Tod. Ihm will Frau Rohwedder nimmermehr die Hand reichen.

Ministerpräsident Johannes Rau hielt die Trauerrede. Danach bog er jede Pannendiskussion ab. Es hieß, eine solche Debatte arbeite den Terroristen in die Hände. Die CDU vergaß prompt die berechtigte Frage, ob die Regierung nicht eine Leiche im Keller habe. In bewährter Weise ließ Rau eine Expertenkommission zum Thema einsetzen. Nach ebenso bewährter Praxis verschwand deren Bericht im Giftschrank.

Momentan wird der blutige RAF-Herbst 1977 in Wort und Bild bilanziert und dabei gern vergessen, dass noch fünf Attentate der Nachfolgegeneration mit sechs Toten sowie diverse Mordversuche ungeklärt sind. Das BKA bearbeitet den Fall Rohwedder weiter. Die Bundesanwaltschaft hofft »auf einen Zufall«. Vielleicht auf einen Verräter, der sich aus Gewissensqual offenbart. Kanzler Kohl hält Kontakt zu den Rohwedders. Zur Feier der deutschen Einheit lud das Land Nordrhein-Westfalen die Witwe jenes Mannes nicht mal mehr ein, der nun wirklich ein Wiedervereinigungsopfer ist.

Sein brennendes Bekenntnis

Er war nicht der Einzige, der den *Bild*-Verleger Axel Springer hasste, aber der Einzige, der sein Haus anzündete. Jetzt stellt er sich.

Domina-Beichte des TV-Stars«.

»Hoeneß geht auf Klinsi los«.

»Unseren schönen Puff hat das Arbeitsamt finanziert!«.

Das sind die *Bild*-Schlagzeilen des Tages, an dem der Schriftsteller Daniel de Roulet in Zürich erzählt, wie er aus politischen Gründen das Schweizer Berghaus von Axel Cäsar Springer anzündete.

Der preisgekrönte Autor war vor ein paar Wochen ins Theater Stadelhofen gekommen, um zwischen Aufführungen von »Hotzenplotz« und »Wie Gretel dem Räuber eine Suppe kocht« aus einem schmalen Buch zu lesen: Der Titel »Ein Sonntag in den Bergen« verspricht alpine Literatur, indes offenbart de Roulet auf 124 Seiten, dass er es war, der im Januar 1975 ein nie aufgeklärtes Verbrechen beging, indem er unweit der Gemeinde Rougemont bei Gstaad Springers einsames Chalet abfackelte. Schaden: gut eine Million Mark. Bis zu seinem romanhaften Geständnis wurde unterstellt, »Elitekommandos, die aus der Kälte kamen«, hätten dort auf 1857 Meter Höhe zugeschlagen.

In Wahrheit war es das Werk des Einzelkämpfers de Roulet. Seine Freundin stand mit der Trillerpfeife Schmiere. Nachdem der Brand gelegt war, verschickten sie »per Eil« Bekennerschreiben an Redaktionen und Agenturen des Inhalts, Springer versuche in seinen Blättern »die Linke zu erledigen«. Am Montag danach saß der »Sonntagsterrorist« um 8.30 Uhr wieder am Architektentisch eines Zürcher Planungsbüros. Draußen verloren sich die Skispuren im

Schnee, drinnen lauschte de Roulet dauernd auf die Schritte der Ermittler. Ihm war lange, als stünde ihm der Anschlag auf die Stirn geschrieben. Er habe einkalkuliert, »für die gute und richtige Sache müsse er vielleicht in den Knast«, und staunte nun selbst, wie unerschrocken er sich vorkam. Die internationale Fahndung lief. Doch nie fiel Verdacht auf ihn.

Die Linke war auf den *Bild*-Herausgeber fixiert wie er auf sie. Er war der Mann, der nach Meinung Zehntausender Demonstranten von Paris bis Berlin den Studentenführer Dutschke auf dem Gewissen hatte. Auf Transparenten stand »Verhaftet Springer!« In ihren Augen war er ein skrupelloser Meinungsmacher, seine Gazette mit den großen Buchstaben überhaupt das Letzte: »*Bild* macht dumm«, skandierten sie.

Anno '75 war der Autor 30 Jahre alt und ein Überzeugungstäter. Jetzt ist er 62 und von der Front der ideologischen Selbsttäuschung zurückgekehrt. Die Glut, die ihn trieb, wurde Papier: »Meine Tat ist jetzt ein Buch.« Zur Bekräftigung verweist er darauf, der »Bericht« sei nach einem Gespräch mit Kanzler Gerhard Schröder entstanden. Den hörte er 2003 in Locarno sagen: »Ich weiß nicht, ob es Ihnen so geht wie mir, Tag für Tag bekämpfe ich das, wofür ich mich als junger Mensch engagiert habe.« Die Bemerkung habe ihn »im Innersten berührt«. Seltsam, ausgerechnet der frühere Juso Schröder, wahrlich kein Bücher-Freak, ist es gewesen, der den Gleichaltrigen erleuchtete. Ebenso seltsam, dass sie sich beim Bankett des Verlegers Michael Ringier trafen, der sich oft als »Schweizer Springer« tituliert findet und sich die Dienste des Altkanzlers sicherte.

De Roulet mustert den Saal, den grüblerischen Blick von der Brille gefasst. Dann erhebt er sich, bleibt zur Lesung stehen – ein Anwalt mit junger Stimme beim Plädoyer in eigener Sache. Der Schriftsteller ist angespannt, stürzt ein Glas Wasser nach dem anderen hinunter. Ein hagerer Athlet, ergraut, mit der rosigen Haut des Marathonläufers. Man hat von seiner Bestmarke gelesen: Wochenpensum 30 Trainingskilometer.

Die Miene des Romanciers ist einerseits spöttisch, andererseits distanziert. Man kennt den Typus nur zu gut: Alt-Linke von romantischer Empfindsamkeit gegenüber globalen Ungerechtigkeiten, die zu verändern die 68er-Generation angetreten war, leicht verletzlich in Stolz und Überzeugung. Von de Roulet hört man endlich wieder einmal den Namen Sartre. Nun wird beim Rückblick aus großen Hoffnungen große Melancholie; die Zustände sind, wie sie sind: »Gesellschaftlich hat sich wenig verbessert!« Beim Eidgenossen rührt der momentane Frust auch daher, dass er in den Feuilletons wegen der sensationellen Enthüllung arg rangenommen wird.

Damals begleitete den »Polit-Anschlag« (*Blick*) klammheimliche Freude nicht zuletzt der bundesdeutschen Szene. Es war die Zeit der unbedingten Parolen »Sieg oder Tod« und »Weg mit den Alpen, freie Sicht aufs Mittelmeer«. Heute steht der Dichter unter doppeltem Rechtfertigungsdruck gegenüber einstigen Genossen, die sein Werk als Verrat an der Sache (miss-)verstehen, als überflüssige Entschuldigung bei Springer lesen und seinen nach ihrem Geschmack zu feierlichen Versöhnungswillen monieren. 1975 vermeldete die *Welt* die spektakuläre Brandstiftung mit neun Zeilen, während sein Geständnis dem Blatt aktuell eine ganze Seite wert ist.

Vielleicht, weil er auch einen so poetischen wie illusionslosen Abgesang auf die wilden Jahre liefert. Seine Elegie handelt von der Vergeblichkeit von Hoffnung, getragen vom wehmütig-fernen Klang des Glücks, weil die Utopie machbar schien. Zwischen den Zeilen steht, man habe sie zwar geliebt, die Revolution, und wie. Aber womöglich nur deshalb, weil sie nie stattfand. Insbesondere nicht in der Schweiz, einer selbst in den Extremen politisch gemäßigten Zone.

Gesinnungspolizisten mutmaßen darüber hinaus, da wolle einer Knete abgreifen durch die Resteverwertung linker Gesinnung. Es hilft de Roulet nichts, dass er die Einnahmen seiner total verrückten, unglaublichen Selbstbezichtigung spenden will. Die Szene missgönnt Ruhm und Geld, wie der Polit-Aktivist anderen Ruhm und Geld missgönnte, als er noch keinen Namen hatte, sondern allein eine anschwellende Schnüffelakte der Polizei. Die führte ein schlussendlich drei Kilo schweres Dossier über den »gefährlichen Chaoten« und zerstörte damit seine Architektenkarriere. Nur beim Zündeln im Oberland observierten ihn die »Bullen« nicht. Ein perfektes Verbrechen!

Nach eigenen Beteuerungen kann de Roulet gut mit den schwankenden Urteilen umgehen. Das behauptete er jedenfalls beim »Egli Fitness«-Teller in der Kneipe »News«. Der Blick ging hinüber zur Helvetia über der Bahnhofsuhr, ein stimmiger Anblick zum Gespräch über die verlorene Zeit. In Wirklichkeit ist er feinnervig, von der Wucht voll getroffen, mit der die Beichte auf ihn zurückschlägt, von der NZZ zur »politischen Bankrotterklärung« abgestempelt.

Auch wird der Ich-Erzähler attackiert, weil er die schwere Brandstiftung damit begründete, er habe Springer für einen Nazi gehalten! Holde Einfalt. Inzwischen habe er lernen müssen, dass der Großverleger kein Nazi gewesen sei. Man kann auch sagen: Erst in Erkenntnis seines Irrtums fühlt er sich der längst verjährten Tat schuldig. Weil er ihr die ideologische Begründung entzieht: »Ich habe einen Fehler gemacht, ich bereue es.« Der Berner *Bund* schreibt ihm hingegen ins Stammbuch, seine späte Einsicht »disqualifiziert noch lange nicht die Empörung einer ganzen Generation junger Menschen über die Perfidie und Verlogenheit der Springer-Presse«.

De Roulet macht einen erschöpften Eindruck und erklärt, lieber würde er schlafen, als weitere Statements zu seiner durchaus sentimentalen »Vergangenheitsermittlung« abzugeben. Er kommt von Fernsehaufnahmen, trägt ein hellblaues Hemd mit Oxfordstruktur unter dem Sakko. Man könnte ihn für einen Abteilungsleiter halten – nach der Umschulung zum Informatiker einst seine Funktion im Genfer Kantonsspital. Zur Lesung am Abend belässt er es beim schwarzen T-Shirt unter dem Sakko. Kombiniert mit Jeans und Rucksack gibt ihm das die Aura eines Berufsjugendlichen, wie ihn hierzulande die Grünen kreierten.

Der gebürtige Genfer inszenierte das große Feuer vom 7. Januar 1975 als eine Lovestory. Von Entschlossenheit getrieben, rückte Springers Domizil ins Visier: »Ich wollte wenigstens dieses eine Mal zu meiner Überzeugung stehen […]. Ja, ich würde zur Tat schreiten.« Mit der grünäugigen Freundin, »die schönste aller Frauen«, buchte er unter der Berufsbezeichnung Arzt im Gstaader Hotel

»Palace«. Man nahm aus Tarnungsgründen beim Klassenfeind Quartier, als brauche ihr Abenteuer einen zusätzlichen Kick. Sie reisten getrennt an, Skier geschultert wie normale Touristen, über Gebühr verliebt, was ja vorkommen soll. Das Paar verhielt sich konspirativ bis hin zum Geflüster zweier Verschworener. Clever versteckte er die Bekennerbriefe zunächst im Friedhof Saanen. De Roulet hatte das Terrain inspiziert, Springers Gipfel-Refugium nahe der Baumgrenze war auf der Karte eingezeichnet. Vom »Palace« zoomte er sich mit dem Feldstecher ans Ziel heran, ein schwarzer Punkt nur, den es auszuradieren galt. Einmal entfacht, so das Kalkül, würde der Brandherd im Schnee unerreichbar sein. Tatsächlich stand das Haus nachts um vier lichterloh in Flammen. Es sah aus, als würde die Finsternis brennen. Die Feuerwehr kam nicht durch, auf Tatortfotos sind die verkohlten Reste zu sehen.

Springers Chalet auf 4500 Quadratmeter Almwiesen machte wenig her, trotz Kamin, Glockentürmchen, Granitfassade, Schieferdach, gepanzerter Haustür. Die Gemeinde Rougemont ließ den »deutschen Pressebaron« auf dem Plateau außerhalb der regulären Bauzone siedeln, mit sagenhaftem Blick auf Wildstrubel, Sanetschpass, Oldenhorn und Diablerets-Gletscher. Ihr Ehrenbürger ließ sich im Gegenzug mit einer Spende über 400 000 Mark auch nicht lumpen. Für ihn war es offensichtlich eine Zuflucht von starkem symbolischen Wert, eine Adresse von der Sorte, die man hat, aber selten bewohnt. Fast 2000 Meter über dem Meer, enthob es ihn den Alltagsniederungen. Dort hinauf konnten die APO-Parolen »Enteignet Springer!« und »Springer-Mörder!« nicht schallen. Im Flachland galt der Verleger der Protestbewegung als Hassfigur. Schon in de Roulets früherem Roman »Double« geht es um *Bild*: »Axel Springer hetzt darin täglich gegen die studentische Gefahr.«

Ob er das Blatt gelesen hat? »Ich wüsste nicht.« Doch was er zu wissen glaubte, entzündete schließlich dessen »windumbrausten Adlerhorst«, vom Autor damals mit Hitlers Alpenfestung am Obersalzberg gleichgesetzt; er nannte seine Aktion bewusst »Operation Berchtesgaden«.

Nach einer heftigen Liebesnacht im »Palace« (als sei es ihre letzte) beginnt das Pärchen den mühsamen, nicht enden wollenden Aufstieg. Bergan ertrinken sie fast im Tiefschnee, zumal sich de Roulet beim Kartenlesen verguckt. Seine Partnerin versteckt ihr Blondhaar unter einer schwarzen Perücke. Er trägt Seidenhandschuhe, um Fingerabdrücke zu vermeiden, im Tornister Brecheisen, Axt, Fernglas nebst Tatwaffen: rote Weihnachtskerzen und Brandpaste – »teuflisch simpel«. Die Polizei spekulierte später über den Modus operandi, verdächtigte deutsche Terroristen. Dabei hatte sich de Roulet aus einschlägigen Handbüchern der Schweizer Armee bedient. Major von Dach habe ein Guerilla-Buch für die Eidgenossen verfasst, worin Tipps für das Anzünden von Häusern nachzulesen seien.

De Roulet mag sich ausgemalt haben, der von ihm entfachte Großbrand könne mindestens symbolisch ein weithin sichtbares Fanal setzen. Er schreibt: »Ja, ich hatte eine Rechnung zu begleichen mit dem, der für so viele gedruckte Lügen verantwortlich war.« Und: »Dieser Springer war ein mieses Schwein.«

Mit schmalen Fingern deutet de Roulet auf das Messtischblatt 1245, »Château-d'Oex«, Maßstab 1:25 000. Der Tatort ist mit einem »X« markiert. Exakt diese Stelle stimuliert seine Allmachtsfantasien, der Zorn glimmt stärker mit jedem Schritt. Der Bekennerbrief fordert: »Raus mit den Nazis und Dritte-Welt-Ausbeutern, die unsere herrlichen Alpen als Schlupfwinkel missbrauchen! Aber ein bisschen plötzlich, Kameraden!«

Endlich am Ziel, lauscht er der Stille, knackt einen Fensterladen, ein Moment wie losgelöst von allem. Es bleibt keine Sekunde, die Angst in sich zu entdecken. Schon steht de Roulet im Wohnzimmer des Hauptfeinds. Die Einrichtung erinnert ihn an die vom Großvater im Engadin, was enttäuschend ist. Dann bastelt er aus Gardinen mehrere Brandherde. Schon geht's durch die Hintertür hinaus zur Komplizin für die halsbrecherische Schussfahrt ins Tal. Ihre Liaison endete wenige Monate nach der Tat, als hätte sich ihre Passion in dem Coup erschöpft, ein Verbrechen aus Leidenschaft, ihre beiderseitige Einwilligung in ein bis heute bewahrtes Liebesgeheimnis. Selbst vor seinem Vater, einem Pfarrer, versiegelte de Roulet die Lippen.

Nach der Begegnung mit Kanzler Schröder schrieb der renommierte Literat die Geschichte auf, die Geschichte einer nachgetragenen Sehnsucht. Dann traf er die Freundin in Zürich wieder. Zwei vertraute Fremde. Sie entband ihn vom Schweigen. Sein lakonisches Buch ist der inzwischen an Krebs verstorbenen Geliebten gewidmet, ein Requiem für sie.

Der Täter kehrte eines Sommers zum Tatort zurück, fand heroben nur eine vom Hausherrn gestiftete Mahntafel mit dem Spruch des Nationalheiligen Nikolaus von der Flüe: »Was die Seele für den Leib ist, ist Gott für den Staat.« Springer gab den Platz der Natur zurück. Von der Tat blieb nichts im Gedächtnis als das verschwenderische Licht eines strahlend blau erinnerten Wintersonntags.

Mit dem für seinen Fall zuständigen Lausanner Untersuchungsrichter hat de Roulet telefoniert. Der schmeichelte ihm: »Ihr Buch ist meine Bettlektüre.« De Roulet wird das Exemplar gelegentlich signieren.

So ändern sich die Zeiten.

Der Knastintellektuelle

Er war der erste deutsche Geiselgangster. Dimitri Todorov saß 30 Jahre im Gefängnis. Wie lang ist lebenslänglich?

Achtzehn Jahre reiste Dimitri Todorov mit seinem Atlas um die Welt. In der Münchner Wohnung kramt er das großformatige Werk hervor. Es ist aus dem Leim gegangen, einzelne Seiten sind lapprig und eingerissen, Klebeband hält den dunklen Schuber zusammen. Blatt 16 mit der Spanien-Karte fehlt. »Die hat jemand geklaut. Ich hatte das Buch verliehen.«

Für ihn gab es keine andere Freiheit, als mit Hilfe des »Times Weltatlas«, Ausgabe 1977, das Weite zu suchen. Todorov schmorte nahezu drei Jahrzehnte im Gefängnis, 22 Jahre an einem Stück. Er floh mit dem von der Mutter bezahlten Folianten über die Mauern der Vollzugsanstalten Stadelheim und Straubing, machte sich so in unbekannte Länder und Kontinente davon, verdichtete die Ansichten zu seinem Bild der Erde: Wieder und wieder habe er den Lauf der Flüsse verfolgt, den Grand Canyon durchquert, Gebirgszüge erklommen, die Weite Asiens ermessen, New York erkundet oder sich ausgemalt, »wie es in der Wüste ist«. Nord, Süd? Die Realität war für den Eingeschlossenen nur ein Schemen, vom Reisen im Kopf konnte er nicht genug kriegen. Oft wechselte der 55-Jährige die Zellen, in allen hing ein Kreuz im Eck. Der Atlas kam mit.

Der gebürtige Grazer war »ein Runder«, ein Lebenslänglicher. 1971 fuhr er unter anderem wegen versuchten Mordes »in die Kiste«. Gefängnisse hießen Zuchthäuser. Es gab keine Radios, geschweige denn Fernseher. Man trug Blaumann, sonntags filzartige Kluft, für lange Haare setzte es »Absonderung«. Zuvor hatte Todorov fast sechs Jahre Jugendstrafe abgebrummt, Quittung für eine

Phase des Sich-treiben-Lassens in seiner Bande. Wie im Kultfilm »Die sieben Samurai« sahen sie im Handeln die Wahrheit: »Wir identifizierten uns mit Gangsterwerten.« Einer war Waffennarr, er Autoknacker und Einbrecher. Die Clique erkannte sich an einem bis in den Körperslang ausgedrückten Cool-Sein, das die Ziellosigkeit tarnte. Ihn trieb das Gefühl eigenen Ungenügens und von Deklassiertheit um. Die Verrohung des Dimitri T. lief auf das Erwartungsbild von sich selbst hinaus: »die Existenz als Berufskrimineller.« Bestimmungsort: der Knast.

Die Geschichte, seine Geschichte, ist kaum in Einklang zu bringen mit dem Erzähler, der in Pantoffeln durch die Wohnung schlurft. Mühsam genug versucht mit ihm ein Mensch wieder Fuß zu fassen, der mit dem Kumpel Hansi Rammelmayr anno '71 die Deutsche Bank in Münchens Prinzregentenstraße überfiel und als »erster Geiselgangster Deutschlands« Kriminalgeschichte schrieb. Sie brachten 17 Kunden in ihre Gewalt, von einem »einzigartigen Kulminationspunkt der Verbrechensentwicklung« war die Rede. Dafür buchtete man Todorov länger als jeden anderen ein, als müsse mit seinem Wegsperren ein höchst umstrittenes »Lebenslänglich« bekräftigt werden.

Die beiden Asphalt-Cowboys zogen aus, um reich zu werden, bereit, sich mit der Härte von Stahl zu messen. Die vom »Superding« beflügelte Fantasie trog über die eigenen Möglichkeiten. Unter der Oberfläche pochte die Angst, der Coup sei einige Nummern zu groß. Für das Eingeständnis »Ich habe Schiss« sei man zu feig gewesen. Monatelang baldowerten sie »die Sache« aus, die fixe Idee vom schnellen Geld. Ihr nie gefasster Mittäter »Holger« kannte die Bank.

Giesing, ein Hinterhaus mit Laubengang und Topfpflanzen im Flur, an Todorovs Tür pappt ein Engelein. Er empfängt in grauer Trainingshose mit Bändel, trägt unter dem offenen Fleecehemd Pullunder, fummelt an der Heizung herum: »Mich fröstelt leicht.« Sein Lebensgefährte J. verfolgt unsere Treffs auf dem Bett liegend, die spiraligen Locken effektvoll um sich ausgebreitet. Über ihrer Schlafnische glänzt Flitter silbrig-bunt. Beide schwärmen von ihrer Liebe.

Als müsse die Zellenödnis optisch vollkommen getilgt werden, verwandelte das Paar die Wohnung zum behaglichen Nest, süßlich, dekadent. Der Überfluss an Teddybären, Kissen, Kerzenständern, bemalten Federn, Kästchen, Teppichen, Figürchen, Deckchen, Töpfchen und Krimskrams zeugt von Sammlern, die sich auf der Suche nach Geborgenheit von nichts trennen können. Das Ambiente betont das Entbehrte, Zeichen verpasster Lebensmöglichkeiten und unterdrückter Wünsche und Träume.

Ein plüschiger Mix verwirrender Details: rote und weiße Plastikrosen. Gräser und Strohblumen zittern leise im Luftzug. Künstliches Efeu rankt sich. An der Wand Fotos des barbarinischen Fauns und Männerakte. Eine Kopie von Michelangelos »David« steht herum, Afro-Schnitzereien und eine Flaschenbatterie. Auf dem Katzentisch sein Computer, im Raum vier Uhren, »jede geht anders«. Regale mit Literatur und Aktenordnern. In Plastiktüten Gutachten zum Fall. Hinter einem Vorhang seine Tagebücher, »Rechenhefte DIN A5, seit 1980«. Eine ums Kuschelsofa gruppierte Grotte von eigenartiger Intimität, skurril-melancholisch, eher für Teenager. Todorov musste 50 werden, bis er sagen konnte: »Ich komme gern heim.«

Er wirkt trotz gelichteter Stirn jünger, ein Kerl mit harten Muckis und dem Brustkasten des Gewichthebers. Ginge es um eine bürgerliche Vita, müsste man ihn dynamisch nennen. Täglich absolvierte der Häftling sein Pensum, drückte 110 Kilo Eisen. Der Marathonmann rechnet vor, im Knast 80 000 Kilometer gerannt zu sein, »manchmal 20 Kilometer am Tag und im Kreis«. Das Kurvenlaufen brachte ihm ein Fersenüberbein ein. Der leidensfähige Willensathlet isolierte sich, blieb 22 Jahre freiwillig und nahezu ganztägig auf der Zelle, »das tut sonst keiner«. Er sei nie krank gewesen, nie durchgedreht, sieht man davon ab, dass er nach zehn Jahren Tütenkleben »einen Durchhänger« hatte. Später habe er gemerkt, »gar net mehr nach dem Himmel« gesehen zu haben, dem Sinnbild der Freiheit.

Todorov kannte seinen Vater nicht. Die Mutter schaffte als Bardame. Sein gefürchteter und bewunderter Opa erzog ihn. Der Bub schmiss Mittelschule und zwei Lehren. Im Chaos der Gefühle (der Dichter Per Olov Enquist würde es »Frostschäden in der Seele« nennen) gab es Sehnsucht nach einer klaren Rolle, die er weder daheim noch beim Klauen fand. Wäre er auf schiefer Bahn zu heutiger Einsicht fähig gewesen, er hätte sein starkes Außenseitertum und die Fixierung auf das Böse als aggressiv verbrämten Schrei nach Liebe und Anerkennung gedeutet. In der Einsamkeit vieler Enttäuschungen bewunderte der Halbstarke Schurkenhelden wie die Posträuber von England. Was er nicht wusste, lernte er im Jugendarrest. Aber keinen seiner Gang erwischte es später so bös wie Todorov.

Der Schriftsteller arbeitet sich jetzt durch die Vergangenheit: Zurück zum entsetzlich schönen Sommertag vom 4. August 1971. Dimitri und Hansi trafen sich am Friedensengel, gingen die paar Schritte, stürmten die Bank mit gezückten Waffen. Er, der Wortführer, brüllte: »Überfall! Machen Sie keine Dummheiten, verhalten Sie sich ruhig!« Sie kamen mit rot gefärbten Sturzhelmen, und sie kamen mit einer russischen MP, Todorov drückte Rammelmayr die Spritze in die Hand: »Durchgeladen!« Er fuchtelte mit seiner Smith & Wesson herum.

Das war der Anfang vom Ende, obwohl er sich »stark fühlte in dem Moment«. Man fesselte die Geiseln, forderte ein Fluchtauto und zwei Millionen Mark Lösegeld »in 20 Paketen à 1000 Hunderter-Scheinen« – das erste Delikt dieser Art hierzulande und eine Wahnsinnssumme. »So viel Geld konnte ich mir gar nicht vorstellen, ich hab' nie eins gehabt.« Tatsächlich besaß er nicht mal einen Anzug. Fürs Gericht steckte man ihn in ein zu kurzes gefängniseigenes Jackett.

Im Rückblick wirkt die Aktionsfolge stilisiert und von einem anderen Reißer abgekupfert. Sechs Monate zuvor raubten Gangster in Toulouse eine Bank aus, sackten 273 000 Mark Beute und Lösegeld ein, nahmen auf ihrer Flucht Geiseln mit. Todorov hörte »wahrscheinlich im Bayerischen Rundfunk« davon. Das war das Wetterzeichen, aber von ihnen falsch gedeutet. Die Vorbilder wurden gleich geschnappt, er zog sein Ding trotzdem durch: »Wir ham das gar net draufghabt.« Wie hätten sie sich sonst in der Illusion wiegen können, alles werde nach Plan laufen. Zur Demonstration von Härte zündete »Holger« draußen an einem Leitungsmast eine Mini-

Sprengladung. Ging es nicht prächtig? Der Geldsack kam wie bestellt, Dimitri sah rein, gab per Funksprechgerät das Zauberwort »Winter Erfolg!« an »Holger« durch. Derweil steckten bei der Polizei die Kugeln für den Showdown schon im Lauf, nahte das bittere, wie von einem Dramatiker vorbestimmte Ende. »Wir ham gedacht, die behandeln uns wie rohe Eier.« In der Tiefe der Nacht zogen zum blutigen Finale Scharfschützen auf.

Das Ultimatum lief. Die Täter stülpten sich rotsamtene, selbst genähte Kapuzen mit Sehschlitzen über. In der Dämmerung wirkte die Kostümierung gruselig-komisch. Hinter Gardinen sah man die verschwommenen Umrisse spitzköpfiger Gestalten herumgeistern. »Ihr Aussehen glich dadurch dem mittelalterlicher Henker«, steht im Urteil. Gegen Mitternacht war nach endlosen Minuten der Spuk vorbei. Der Geruch des Geldes wich kreatürlicher Angst.

Hansi lag draußen vor der Tür bereits in seinem Blut. MP-Garben peitschten in die Erwartungshaltung der Schaulustigen am Drehort, in unheimlich kaltem Scheinwerferlicht. Scharfschützen hatten Rammelmayr beim Einsteigen in den Flucht-BMW gestoppt. Der 31-Jährige tötete gleichsam mit dem letzten Atemzug die Geisel R. Sie starb gefesselt und mit verbundenen Augen auf dem Beifahrersitz. Ein furchtbares Ende. Todorov feuerte drinnen im Chaos herum, lauter als alles andere hörte er den eigenen Atem. Einen Schuss soll er gezielt auf den Polizisten T. abgegeben haben. Jemand riss ihm die Maske vom Gesicht. Das nächste Bild zeigt ihn in der »Minna«, die Augen von Blitzlicht oder Schock aufgerissen, Blutstriemen auf dem nackten Oberkörper. Versehen mit denkbar schlechter Prognose wegen »sozialer Haltlosigkeit«, kam »der hartnäckige Rechtsbrecher« in den Bau.

Drinnen schwor er sich: »Ich werde entlassen, wie ich eingesperrt worden bin, fit, ungebrochen, stark!« Sein Versuch, »die Zeit ungültig zu machen«. Todorov bringt frischen Kaffee und fährt fort: Nicht einmal »Bitternis« plage ihn wegen der hinter ihm liegenden, ins Endlose gedehnten Strecke. Er lächelt vage: »Ich bin nicht leicht zu enttäuschen.« Das Wort »hadern« sei ihm fremd. Er gibt sich als »Fatalist« zu erkennen, wunschlos im Unglück, illusionslos, wie er war und ist. »Die Erwartung, ich müsse gerecht behandelt werden«, habe er nicht. Er sei Buddhist – das heißt: in der Gegenwart leben.

Heute doziert Todorov sehr belesen über seine verkappten Motive, wobei der wandbreite Zimmerspiegel die Szene verdoppelt. Es ist, als ginge er über heiße Kohlen beim Hineintasten ins Fiasko. Mit sanfter Stimme trägt er vor: »Das war ein Gewaltausbruch beim Erwachsenwerden.« Er spricht von »Männlichkeitsbehauptung«, von »Identitätsproblemen mit der Homosexualität«, von »Stärkeidealen, die ich brauchte«, vom Wunsch, ein ganzer Kerl zu sein. Dann hockt der Referent wieder auf dem Stuhl, die Hände auf den Knien. Erst im Nachhinein merkt man, wie beim Gespräch das Monströse der Tat entglitt, das er emotionslos schildert, als kenne er den Täter nicht. Rein äußerlich betrachtet gingen die Jahre durch ihn hindurch und er durch sie.

Irgendwann kam der Tag, an dem akzeptierte er das Gefängnis: »eine Existenzform.« Die Renitenz ließ nach. Todorov spann sich in seine »bewusste Geisteswelt« ein, saugte Wissen auf von dem Moment an, da er sich nach drei gescheiterten Ausbrüchen – »das war wie eine Sucht« – besser arrangierte. In einer Mischung aus Trotz und Stärke bekämpfte er die Leere der Haft, las parallel Nietzsches alles hinterfragende Philosophie und Stifters idyllische »Nachsommer«-Prosa. Zwischen diesen Polen begann seine Emanzipation. Fast im Alleingang machte er das Abitur, studierte Sozialwissenschaften, lernte mehrsprachig zu parlieren. Eine Form der Rebellion; der Bücherwurm genoss das Renommee des Knastintellektuellen. »Lebenslänglich« verlor den Schrecken, zurückgeworfen auf sich selbst fand er hinter Schloss und Riegel innere Sammlung, die er in Freiheit manchmal vermisst.

Das Kaffeehaferl in der Hand, geht er auf und ab, auf und ab. Eine Zellenangewohnheit. Todorov beschreibt die Stille dort, eine bestimmte Art von Stille. Eine durch das flüchtige Trampeln und Sprechen auf dem Flur verstärkte Ruhe, ein typisch gedämpftes Dahinplätschern, das an sein Ohr drang. Kein Vergleich mit dem Getöse einer Stadt. Nur Türenschließen unterbrach das Gleichmaß, »die Schlüssel gehen hart ins Schloss«. Im Wechsel kamen »die netten Wärter«, öffneten die Türen sanft. So tröpfelten die Tage und die Jahre dahin, verloren ihre Bedeutung. Wenn sein sportiver Eifer samt Studium der Umwelt etwas sagen wollte, dann dies: Ich stehe über der Eintönigkeit, werde euch überleben! Das Entlassungsdatum nach einem Rückfall, der ihm weitere drei Jahre brachte? »Ich merk mir das nicht.«

Endstation Straubing, einer von 200 Lebenslänglichen im Labyrinth. Nicht wenige »Runde« sah Todorov »verdämmern«, zählte 40 Selbstmorde. Er kennt viele trostlose Storys. Da gab es den Professor, der seine Frau mit dem Auto ermordete. Er sah »den Jugo« einfahren, mit vier Menschen auf dem Gewissen, »der macht seine 40 Jahre!« Oder den Familienvater und dreifachen Mädchenmörder. Nie traute Todorov sich, den zu fragen: »Warum die beiden anderen auch noch?« Eine Etage unter ihm hockte K., der erste Bankräuber nach dem Krieg. Bei Ökobauer »Max«, wegen Sexualdelikten eingesperrt, lernte er Pflanzenbestimmung. Besucht er heute den Rosengarten an der Isar, merkt er sich jedes Mal ein anderes Gewächs – am Montag war es der Korkenzieherbaum.

Todorov stand in der Hierarchie vorn, ein Star: »Räuber sind hochgestellt, wenn sie gut sind.« Ihrem Kodex zu gefallen war ihm wichtig – so wichtig, dass 1993 bei seinem ersten Interview (er kriegte 3000 Mark Honorar vom *Stern*) »meine Hauptsorge war, ob ich meine Kollegen drinnen zufriedengestellt habe«. Überhaupt findet er sich »eher weich als hart. Ich bin ein gutmütiger Kerl, kann nicht nein sagen.«

Berge von Artikeln wurden über Todorov verfasst. Aber keiner ersetzt die Begegnung mit ihm. Sein Blick ist skeptisch, lauernd und taxierend unter den ausgeprägten Brauen. Mit der großen Brille wirkt er lehrerhaft. Auffallend der Schwung des etwas beleidigten Mundes und das sehr bairische Idiom. In angespannter Offenheit beschwört er die Erinnerungsschatten. Ob alles im Lot ist? Gutachten charakterisieren ihn als »nachgereifte Persönlichkeit«, mit einem durch Bildung aufgewerteten »Selbstgefühl«, stabilerem Ich. Nur er weiß, wo man die unsichtbare Grenze zum anderen, »gefühlsarm« genannten Dimitri touchiert, der in Angst und Schrecken versetzen konnte, eigenen Regeln gehorchte, ohne Sinn für die Beute.

Was seine Autorenexistenz betrifft, bleibt er dem Krimistoff verhaftet, muss seine eigene Story vermarkten. Beim Schreiben fühlte er »Bringschuld« gegenüber Knastbrüdern. Das färbte sein Buch »22 Jahre Knast« da und dort mit dick aufgetragener, sicher viele berührender Sozialromantik. Erst seit er mit J. zusammen ist, löste er sich aus der Szene, reduzierte Knacki-Kontakte, fühlt sich nicht mehr verantwortlich für die ganze Welt. Beim Sozialamt hat sich Todorov abgemeldet. Er gibt Deutschunterricht, sofern man ihn trotz Vorstrafen lasse: »50 Mark Honorar für 45 Minuten.«

Mit Entdeckerdrang streift er durch die ihm fremde Wirklichkeit, motiviert von Sehlust und Neugier, die keine Erklärung braucht. Immer führt er ein kleines Diktiergerät mit. Heute schwärmt er von der mit rätselhaften Skulpturen geschmückten Regensburger St. Jakob-Kirche mehr als von dem zum Drehbuch verarbeiteten »besten Ausbruch, den ich kenne«. Gerne schriebe er Gedichte, »Liebesgedichte und mystische«. Die Proben zeigt er nicht her. Seine Lesetour beginnt. Er übte dafür beim Rezitator, »damit ich mich nicht blamiere«.

Noch ziehen sich Sprünge durch das Bild, das zu zeichnen er sich bemüht. Die dunklen Stellen lassen sich nicht verdrängen, »die Prägung, mit der ich lebe«. Nach dem in jeder Weise deprimierenden Werdegang empfindet er heute das »Dasein reich und in Fülle«, spricht beseelt von »Seins-Wunder und Faszination«, von »Karma und Erleuchtung«. Die Sehnsucht nach Weite ist dem Lebenslänglichen geblieben. Stund um Stund möchte er hinausblicken, wünscht »das Meer in mir zu haben, aber ein Horizont muss dabeisein«. Ohne gläubig zu sein, liebe er »das religiöse Gefühl«. Er hat Ideen und vor, sich mehr um Politik zu kümmern. Schließlich ist er Grüner, die Straubinger Knast-Gruppe der Partei hatte 200 Mitglieder, »mehr als der Ortsverband draußen«.

Viele Amtsgänge, die Mobilität, »die mir fremd ist«, und der Stress stören seinen Rhythmus. Er müsse sich »mit Kraftaufwand in den Alltag reinzwingen«, fühle sich verunsichert, rasch überfordert vom Wirbel, habe gern »seine Ruhe, diese leeren Tage«. Beim Führerscheintest patzte er auf der Autobahn, erschrocken über das Tempo und die Weite, würde es noch mal versuchen, »wenn ich Geld hätte«.

Demnächst will er auf den Friedhof am Perlacher Forst zum Grab des erschossenen Hansi. Der Partner liegt direkt an der Stadelheimer Gefängnismauer. Das Rätsel um »Holger« ist ungelöst. Todorov verriet ihn mit keiner Silbe, gemeldet hat er sich nie mehr. Keine Spur vom dritten Mann?

Quellen

Wo ist Tristans Mörder?
»Der Tagesspiegel«, 17. November 2002

Tödlicher Ausgang
»Süddeutsche Zeitung Magazin«, 16. Oktober 1998

Der Mann, der sie zum Schweigen brachte
»Der Tagesspiegel«, 14. Februar 2004

Blutige Tränen
»Der Tagesspiegel«, 19. Oktober 2003

Wie trauert eine stolze Stadt?
»Der Tagesspiegel«, 21. März 2004

Der Millionen-Raubzug
»Der Tagesspiegel«, 24. Dezember 2005

Eine tödliche Lektion
»Der Tagesspiegel«, 29. Oktober 2000

Der Berühmte und der Berüchtigte
»Der Tagesspiegel«, 23. November 2000

Sonntagsmorde
»Der Tagesspiegel«, 21. Mai 2000

»Ja, Mama, ich war's«
»*Der Tagesspiegel*«, 7. Dezember 2002, 24. Mai 2003, 13. Juli 2005

Leben auf der Kippe
»*Der Tagesspiegel*«, 20. Februar 2000

Blutrache
»*Der Tagesspiegel*«, 4. September 2005

Wer ist Jenny S.?
»*Der Tagesspiegel*«, 12. Mai 2001

Ein Ehrenmord, der keiner war
»*Der Tagesspiegel*«, 18. April 1999 und 23. Dezember 2001

Wie lebt ein Mörder?
»*Der Tagesspiegel*«, 7. Juli 2002

Der Anwalt des Bösen
»*ZEIT-Magazin*«, 29. Oktober 2009

Der Türspion
»*ZEIT-Magazin*«, 4. Februar 2010

Der perfekte Mord
»*Süddeutsche Zeitung Magazin*«, 30. Oktober 1997

Sein brennendes Bekenntnis
»*Der Tagesspiegel*«, 6. April 2006

Der Knastintellektuelle
»*Der Tagesspiegel*«, 10. März 2002

Personen- und Sachregister

68er-Generation 205

Aachen 89, 91, 92
Adams, Paul 61–63
Al-Qaida 54, 57
Albert, Günther 35
Alcalá de Henares 51, 56
Anti-Terror-Konzept 106, 197
Antisemitismus 172
APO 207
Arajs, Viktor 163
Astner, Marion 116
Asylverfahren 136
Atocha (Bahnhof in Madrid) 51, 53, 55
Attentat 194
Auschwitz 168, 169
Auschwitz-Prozess 167
Autismus 31
Aznar, José María 57

Baader, Andreas 73
Barth, Herta 163
Becker, Heinz 96
Becker, Paul 84–86
Becker, Rita 84–86
Belgrad 145
Berlin 177, 179, 183
Bertschi, Marcel 32
Beuys, Joseph 164
Beziehungstat 38
Bielefeld 92
Birkenau 168
BKA 17, 36, 127, 193, 195, 196, 199–204
Blum, Dieter 30

Blutrache 127, 128, 131, 146
Bombenanschlag 55
Böse, Wilfried 69, 72
Brandstiftung 203, 205, 206, 208
Brandt, Susanna Margareta 44
Brasey, Ursula 144
Brückner, Günter 133–137, 139–141
Brumann, Jeanette 23
Brumann, Pasquale 20, 21, 23–25, 27, 28, 31–33
Buch, Rolf-Joachim 174
Bundesnachrichtendienst 179
Büsch, Wolfgang 186

Camen, Reto 144
Capesius, Victor 168, 169
»Carlos« siehe Ramírez Sánchez, Ilich
CDU 181
Cohn-Bendit, Daniel 76, 82
Contreras , Jacqueline 58
Cozzio, Agostino 145

Daschner, Wolfgang 105
DDR 179, 180, 189, 190, 192
Degen, Wolfgang 127
DNA-Analyse 35, 36, 38, 42, 118, 135, 163
Doppelmord 90
Dörr, Alois 166
Drittes Reich 90
Dutschke, Rudi 204

Ehrenmord 125
Eichmüller, Andreas 166
Endlösung 170

Endres, Ulrich 103, 104, 110
Engelwies 149
Ensslin, Gudrun 73
Entebbe 72
Entführung 107, 113
Erpressung 89, 107
ETA 54, 57

Familienehre 124, 130, 146
Fangschaltung 60
Fasold, Walter 166
Fauser, Jörg 78
Fehr, Bruno 145, 150
Ferré, Francisco 53–55, 58
Filbinger, Hans 90
Finger, Hartmut 155, 157, 160
Fischer, Joseph (»Joschka«) 72, 76–82
Folterandrohung 105
Folterverbot 105
Fraenkel, Ernst 167
Franke, Rolf 148
Frankfurt/Main 16, 43–45, 62, 63, 71, 98, 99, 104, 133, 136, 161, 164
Freigang 21, 28, 89, 93, 94
Friedrich, Thomas 61
Fuchs, Jürgen 190

Gaddafi, Muammar al- 69
Gäfgen, Günther 98
Gäfgen, Magnus 98–113
Gäfgen, Maria 98, 99, 100, 108, 110, 112, 113
Gaugele, Roland 59–62, 64–66
Gecaj, Besarta 142–150
Gecaj, Ded 142–145, 147, 149, 150
Gecaj, Roze 146, 150
Gefallsucht 71, 106, 158, 170
Gehrke, Heinrich 67, 72, 74
Genscher, Hans-Dietrich 195
Gewohnheitsrecht 146
Goethe, Johann Wolfgang von 44
González, Felix 52
Göppingen 60, 61
Gros, Reiner 61

Hackl, Franz 154, 155
Hauert, Erich 20–33
Heim, Aribert 161–165, 167, 171, 172, 175, 176
Herrhausen, Alfred 198
Heuchemer, Michael O. 112
Heyer, Karl 100
Hildebrandt, Regine 200
Hogefeld, Birgit 198
Holocaust 165
Homosexualität 215
Honecker, Erich 178
Hunsche, Otto 165

Ileri, Atilay 32
»IM Genua« 177–191
Indizienprozess 115

Janssen, Adolf 173, 174
Juden 165
Jugoslawien 137
Justizmord 33

Kalter Krieg 181
Keller, Andreas 32
Kindsmord 145, 11, 121
Kinkel, Klaus 194
Kirstein, Jutta 22
Klein, Hans-Joachim 67–79, 80, 82, 83
Kleinwalsertal 138
Klump, Andreas 196
Knorr, Walter 114
Koblenz 84, 89, 93, 94
Kölb, Adolf 119
»Kommando Ulrich Wessel« 193
Kommunismus 138, 181
Kornexl, Roswitha 35–39, 41, 42
Körperkult 158
Krabbe, Friederike 196
Kreuzer, Annette 152–155, 157–160
Kreuzer, Irene 152–154, 156–158, 160
Kriegsverbrecher 161, 172
Krumey, Hermann 165

Kü, Yusuf 126
Kufner, Albert 156
Kurras, Karl-Heinz 187
Kurtenacker, Ralf 84
Kusche, Hans 182
KZ Buchenwald 175
KZ Mauthausen 162

Laeri, Markus 30, 31
Laternser, Hans 167, 169, 170
Leuenberger, Moritz 32
Lichtenstein, Heiner 167
Lösegeld 100, 109, 213
Lüer, Rainer 178, 188, 190, 191

Madrid 51–53, 55–58
Majdanek-Verfahren 167
March 152, 154
Märklin 61–65
Massenmörder 162
Meier, Hans-Ulrich 21, 22, 26, 27, 29–31, 33
Meins, Holger 73
Mengele, Josef 164, 167–169, 175
Menschenrechtskonvention 105
Metzler, Jakob von 8, 45, 98–103, 105, 107–109, 111, 113
Meyer, Barbara 196
Meyer, Horst 196
Mielke, Erich 180
Milieutheorie 9, 94, 105
Mille, Lothar 86, 87
Mordserie 122
Moreno, Francisco 52

NATO 80
Naziverbrecher 163
Notzucht 21, 89
NS-Verfahren 166, 169, 176
Nürnberg 120

Obduktion 114, 134
Oberursel 122, 128
Offenbach 43

OPEC 67, 68, 74, 76
Opfertyp 17

Pabst, Alice 22
Patersdorf 152
Pathologie 24, 49
Prinzing, Andreas 142, 148–150
Profiler 17
Pseudodemenz 138
Psychotherapie 26

RAF-Mord 194
Rajoy, Mariano 57
Ramírez Sánchez, Ilich 67, 69, 70
Rammelmayr, Hans Georg (»Hansi«), 213, 214
Rau, Johannes 194, 203, 204
Raubüberfall 21, 89, 124
Rebsdorf 99
Regensdorf 28
Remagen 84, 92, 95, 97
Remagen-Morde 93
Revolutionäre Zellen 69, 71, 80, 83, 167
Ribi, Hans 21
Ringier, Michael 204
Rohwedder, Detlev 192–199, 201, 202
Rohwedder, Hergard 193, 197
Roma 138
Rote Armee Fraktion (RAF) 73, 192, 193, 195–202
»Roter Stern« (Verlag) 73
Roth, Philip 179
Roulet, Daniel de 203–209
Rückfalltat 15

Sachsenhausen 101
Sánchez, Francisco 52
Sánchez, Rodrígo 52
Sartre, Jean-Paul 73
Schartmann, Herbert 88–91, 93
Schäuble, Wolfgang 194, 203
Schauerwald 99
Scheffler, Wolfgang 167

Schily, Otto 73
Schmuckraub 103
Schnoor, Herbert 203
Schröder, Gerhard 204
Schröder, Kurt 84, 85
Schröder, Maria 84–86
Schweiz 142, 144, 150, 205
SED 181
Selbstjustiz 146
Sexualverbrechen 20, 29
Sicherungsverwahrung 97
Silcher, Günther 61, 62
Sofia (Königin von Spanien) 53
»Soko Tristan« 11
»Soko Carla« 117
Speicheltest 42, 117, 155
Spethmann, Diether 197
Spionage 180, 183
Spirig, Janine 145, 148, 149
Spirig, Paul 142–150
Springer, Axel 203–207
St. Gallen 142–145, 147
Stahl, Alexander von 194, 197
Stasi 177–191
Steinacker, Fritz 161–176
Steinkühler, Franz 200
Stöckle, Uli 62

Tatmuster 15
Tatort 12, 15, 17, 20, 193, 209
Tatrekonstruktion 23
Tatwaffe 18
Terrorismus 51, 54, 56, 70, 192, 196–200, 202
Thalwil 22
Thomas, Rudolf 11–16, 18, 19
Tichler, Anton 68

Todesmarsch 166
Todesurteil 90
Todorov, Dimitri 210–218
Tötung, fahrlässige 96
Triebtäter 36, 62
»Türkenszene« (Wiesbaden) 124

Überidentifikation 27, 175
Unterlegenheitskomplex 181

Vergewaltigung 20, 22, 85, 117, 146
Verschwörung 124
Vertuschungsreflex 107
Verwahrlosung, erzieherische 26
Verzweiflung 8, 99, 112
Vinzenz, Toni 149
Völkermord 163
Volksfront für die Befreiung Palästinas (PFLP) 62, 72
Vollzugsbürokratie 24

Wagner, Horst 165
Waigel, Theo 194
Weber, Jürgen 82
Weiss, Peter 169
Wiederholungszwang 22
Wiedervereinigung 178, 193
Wien 67, 69, 70–72
Wiesbaden 122, 124, 128, 192
Wiesbadener Bandenkrieg 126
Würger von Griesbach 35

Zapatero, José 56
Zech, Marion 116
Zollikerberg-Mord 20
Zürich 20, 23, 31, 33, 203
Zurwehme, Dieter 84–97